JN133132

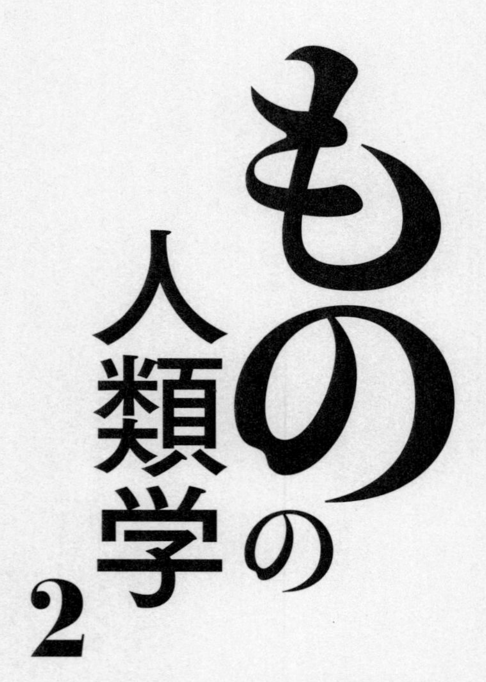

床呂郁哉　河合香吏［編］

TOKORO Ikuya　KAWAI Kaori

Contents
目　次

序　章

床呂郁哉・河合香吏

新たな「もの」の人類学のための序章
――脱人間中心主義の可能性と課題

1 「もの」からの出発

何ということのない普段の生活のなかでも，私たちは周囲に存在する夥しい「もの」たちに囲まれている．意識するにせよしないにせよ，私たちは，こうした多様な「もの」との関わりのなかで日々，生きている．改めて言うまでもなく，私たちの社会的世界は，なにも人間だけで成り立っているわけではない．朝起きてから寝るまでの私たちの活動を思い起こせば容易に気がつくように，私たち人間の生活は，実際には人間以外の「もの」たちに取り囲まれ，そうした人間以外の「もの」たちとの絶え間のない関わりあいを通じて営まれている．たとえば私たちが毎日，口にする食物をはじめ，身に着ける衣服，寝起きする住居などを含む夥しい「もの」なしには，そもそも私たちは必要最低限の生活，いや生存さえも不可能であることは，改めて仰々しく指摘するまでもない，ごく平凡で当たり前の事実のように見える．

しかしながら，この自明で平凡な（ように見える）事実がもつ重要性や意味について，私たちは必ずしも自覚してはいないのではないだろうか．本書は，一見すると平凡で取るに足らないように見えるこうした「もの」たちを主題とし，そうした各種の「もの」と人間とののっぴきならない関係を，人類学ならびに関連する学問分野の視点から，「人間だけを特権的に扱うのではない」ような枠組みから語り，考察していくことを主眼としている．言い換えれば，さまざまな「もの」たちと人間の関係について検討する上で，人間中心主義的な枠組みを超えたアプローチや語り方の可能性を追求することが，本書の第一の課題である．「もの」と人間の関係を語るにあたって，人間を特権化するのではなく，むしろ，あえて「もの」の側に寄り添い，「もの」から出発することを，本書では目指していく．

2 「もの」をめぐる逆説的状況

本書は，人工物や生物，自然物など，さまざまな「もの」と人間が織りなす多様で複雑な関係を対象としている．ここでは，なぜ本書では「もの」を殊更に取り上げるのか，について予告的に述べてみたい．

先に述べたように，各種の「もの」との関わりは，人間にとって極めて基礎的で必要不可欠な事柄であるにも関わらず，いや，だからこそ一層，普段の私たちはあまりその事実に思いを致さず，むしろ自明で平凡な日常の一部として見過ごしてしまいがちである．われわれは，現実の具体的な実践のなかでは，夥しい数の「もの」たちに囲まれ，それらの多種多様な「もの」と絶え間なく関与することで生存も可能となり，人間社会もまた，それにより成立していると言ってよい．しかし他方では，明示的な意識のレベルでは，こうした夥しい「もの」たちの関与や貢献は，ほとんど自覚されないか，されたとしてもその真の重要性は，ともすると見過ごされ，過小評価されてしまう傾向にある．このように普段の私たちは，いわば実践における「もの」の過剰さと，意識の面での「もの」の過小さとの間の分裂とでも言える状況を生きている．これを，「もの」をめぐる過剰と過少の逆説と言うこともできるかもしれない．

翻って考えるに，人間であるわれわれ自身も，実は広い意味では「もの」（の一部）であるとさえ言える．私たち人間は，実際には人間以外の「もの」たちと潜在的な連続性や共通性を持ち，俯瞰的に見れば，広義の「もの」の一種を構成しているのである．たとえば人間は，他の多くの動物と同じように一定の大きさの身体をもち，呼吸をし，他の生物を食べて生きている．進化生物学を持ち出すまでもなく，ヒトも何十億年というスケールに及ぶ生命の進化史の産物であり，その点では他のすべての生物とまったく同等の存在である．そして自分たちの身体を顧みれば，たとえばヒトの身体は物理的空間の中で位置を占める一定の延長を有し，触知可能な物質性を有した「もの」であることにおいては，机上のパソコンとかスマホ，あるいは路傍に転がる石や空き缶などのありふれた物体となんら変わりがない．

このように見たとき，「人間と動物」や「人間ともの」といったありふれた言い回しにも，ある種の不自然さ，ないし，やや大げさに言えば逆説（パラドックス）を含み込んでいるという事実に気付かされる．たとえば日常的な場面では，「人間と動物」（ないし「人間ともの」）といった言い方は取り立てて不自然さや逆説性を感じさせる発話（文）ではないかもしれない．しかし，そうした日常的な文脈における「人間と動物」という言い回しでは，暗黙の裡に「人間」と「動物」は排他的なカテゴリーとして理解されている．つまり，後者の「動物」には暗黙裡に「人間」は含まれてはいないのである．

しかし，これは翻って考えればやや奇妙な事態ではないだろうか．少なくとも生物分類学的には，人間（ヒト＝ホモ・サピエンス）もれっきとした動物界の一部（メンバー）である筈だ．こうして「人間と動物」という発話では一方（日常的文脈）では「人間」と「動物」が相互に排他的なカテゴリーを意味するのに対して，それは同時に，別の文脈から見れば，集合とその要素という関係にある．つまり，原理的には異なるレベル（集合とその要素）に属する筈の存在者が，別の文脈では同じように並置されているような事態を呈しているのである．この事態を暫定的に「動物と人間のパラドックス」と名付けておこう．この逆説は，言い換えれば，次のような事態である．すなわち，日常的な理解において，「人間」は動物ではない．逆に言えば「動物」と発話した場合，そこには人間は含まれない．暗黙のうちに動物のカテゴリーから人間は排除されている[1]．しかしまた他方で，人間は紛れもなく動物でもあり，動物のなかに人間も含まれるのは否定しようのない事実である．これは集合論の比喩を使えば，「人間と動物」という極めてありふれた言い回しの中に，言わば集合とその要素という異なるロジカルタイプに属するはずのものが混同されているかのような状況と言えるかもしれない[2]．しかしながら，少なくとも日常的な文脈では「人間と動物」や「人間ともの」といった表現は，なんらパラドックスや不自然さを感じさせることなく流通している（ように見える）．なぜならば，少なくとも日常的な文脈では，「動物」という語は，いちいち明示的に言わなくても，あくまで「人間を除く動物」「人間以外の動物」を含意する，という暗黙の前提が存在するからに他ならない．この意味で，「動物と人間のパラドックス」は，図らずもこの暗黙の通念的な前提を逆照射していると言える．「もの（物，モノ）」についても事情は同様であり，いちいち明示的に述べずとも「もの」とは，「人間以外（非人間）のもの」という意味で通念的には理解されているのである．

3 関連諸分野における「もの」への回帰

前節で論じたように，人間と「もの」や動物との関係に関しては，実際には他ならぬ人間自身も「もの」や動物の一部であるという側面を指摘できるにも関わらず，他方で日常的な場面では，前節で述べた「動物と人間のパラドックス」が示すように，暗黙のうちに両者のカテゴリーのあいだの非連続性や非対称性が前提とされがちである．本書の出発点の一つは，こうした諸前提が，実は自明でも普遍的でもないのではないか，という根本的な問題意識である．

概して近代化（ないし都市化，世俗化，欧米化）された社会のなかで暮らす私たちの多くにとっては，人間と人間以外の存在（それが動植物であれ，人工物や自然物であれ）のあいだの連続性や共通性・対称性という側面を自覚することは，あまり多くないかもしれない．そもそもユダヤ・キリスト教的な伝統の系譜では，万物の創造主である神と人間を含むその他の被造物の距離が強調されるが，他方では人間と人間以外の被造物の間にも価値の違いが設定され，後者は前者の利用や便宜に供されるべき存在として位置づけられる傾向があった．その後，近代以降に支配的になった西欧的な世界観の中では，（例外はあるものの）概してむしろ人間と人間以外の「もの」との非連続性の側面を強調し，さらに言えば後者に対する人間の特殊性（特権性）や優越性を強調するような思想，すなわち人間中心主義（ないし人間例外主義）的な思想が相対的に有力となったと言えるだろう．

人間以外の「もの」との関係が主題となる場合，しばしば「もの」は人間に対して一方的に従属し，奉仕し，支配され，操作され，統御される便利な道具のような存在として位置づけられることが少なくない[3]．またヒトとヒト以外の動物の関係についても，近代西欧的な思想の文脈では，（C. ダーウィンのような有力な例外を除けば）人間は他の生物とは異なる特殊な存在として特権化される傾向が主流であったと言える．とりわけ R. デカルト以降に次第に顕著になった，いわゆる動物機械論の思想においては，動物が人間と似たような心や理性（ないし魂や感情）を有する生き物であるという視点は後景に退き，むしろ心なき自動機械であるかのような見方が支配的となった．デカルトに言わせれば動物がときに示す行動の巧みさや正確さなどは，動物が精神や心を持つことの証拠にならないばかりか，むしろ動物が一種の「心なき機械」にすぎないことを逆に証明しているとされる（デカルト 1997：78）．その後，教科書的に言えば，この動物機械論は哲学者 N. マルブランシュ（1638–1715）らによって，より通俗化したかたちで西欧社会に普及し，影響を及ぼしていったとされる（金森 2012：73–81）[4]．

こうしたある種の人間中心主義的な傾向は，その後も西欧の思想史の中でも形を変え，変奏されてきたことがしばしば指摘される[5)]．また言語や道具の使用に代表される高度な知能や，複雑な社会性といった特徴などを持ち出してきては，ヒトとヒト以外の動物との差異や非連続性を殊更に強調するような議論も繰り返し再生産され続けている．こうした議論も，広義の「人間中心主義」ないし「人間例外主義」を補強するものであることは，改めて指摘するまでもないだろう．しかしながら，近年における人類学や関連諸学の展開，およびテクノロジーの急速な進展といった学術的，および現実の社会的な状況の新たな動向において，近代西欧の思想の中で支配的だった人間中心主義（ないし人間例外主義）は大きく見直しを迫られつつあることも確かである．以下では，いわゆる（文化／社会）人類学の分野における最近の学問的動向に関しては後で詳しく述べるとして，それ以外の分野から先に簡単に触れておきたい．

まず霊長類学をはじめとする動物を対象とした研究からは，これまでヒト独自の特徴だと思われていた道具使用や複雑な個体間の社会交渉をはじめとする知的・社会的な活動が，実際にはヒト以外の複数の動物種にも広く存在することを強く示唆する証拠が積み上がりつつある（マックグルー 1996；西田 2007；山極 2008；中村 2009）．霊長類学者らによる最近の研究を踏まえた知見は，ともすると狭義の「文化（社会）」人類学者による議論では見落としがちな点を補って，人間と動物の関係に関しての脱人間中心主義的な視点を構築していく上でも極めて重要な問題提起を含んでいる．これを踏まえ，本書のもととなった東京外国語大学アジア・アフリカ言語文化研究所の共同研究課題（「ものの人類学的研究（2）―人間／非人間のダイナミクス」）には複数の霊長類学者が参加し，本論集でも共同執筆者となっている．

次に人類学の隣接分野とも言える考古学に関して述べよう．考古学的遺物や物質文化など「もの」に焦点を当てた研究は，そもそも同分野の誕生以来の中心的な方法であり続けてきたのは改めて言うまでもない．これに加えて近年では，さらに理論的な枠組みにおいても，人類学や哲学，認知科学などとの学際的な交流を背景として，「マテリアル」なエージェンシー（agency；行為の主体性，能動性）であるとか，「もの」と人間の身体（や心）との複雑なエンタングルメント（entanglement；絡み合い）などのテーマに焦点を当てた野心的な研究が展開されている（Boivin 2008；Knapett 2005；Knapett & Malafouris 2008；Hodder 2012；ミズン 1998）．

また哲学の分野でも，広義の「もの」や動物をめぐる問題系が，大きな注目を集めつつある．「もの」をめぐる問題系は，近年ではQ. メイヤスーらをはじめとする「思弁的実在論（Specultive Realism）」であるとか，「オブジェクト志向存在論（Object Oriented Ontology）」と称される潮流を筆頭に，重要な主題として浮上しつつある（メイヤスー 2016；シャヴィロ 2016）．その詳細に関しては本書における檜垣立哉による章に譲るが，檜垣の言葉を借りれば，近年の哲学では，言わば「ものへの回帰」が顕著となっていると言えるだろう．哲学におけるこうした「ものへの回帰」の傾向は，人類学におけるいわゆる「存在論的転回」「多自然主義」といった傾向（後述）とも少なからず共振しながら展開していることも注目に値する[6]．

さらにテクノロジーや工学の分野に目を転じれば，人間と「もの」の関係について根本的な再検討を迫るような社会状況が急速に顕在化しつつあると言ってよい．たとえば，少し前までは，人間と機械の比較において，人間の側の優位が揺らぐことはないか，あるとしても相当先の話になると思われていたような領域，たとえば本書の久保明教の章が扱う将棋をはじめ，チェス，囲碁，ポーカーなどの高度に知的なゲームなどにおいても，最近ではコンピュータ・ソフトが人間の（プロの）プレイヤーと互角か，むしろ人間を凌ぐパフォーマンスを発揮するような事態が急速に現実のものとなりつつある．こうしたAIやロボット，生命工学などの急速な進歩を背景として，21世紀の半ば頃には人類はいわゆる「シンギュラリティ（技術的特異点）」に到達し，人類社会はユートピア的な「ポスト・ヒューマン」の段階に移行すると予言するような議論も勢いをましている（カーツワイル 2007）．その反対に，AIをはじめとする先端技術の急速な進展は，失業問題をはじめとする深刻な悪影響をもたらし，最悪の場合には『ターミネーター』や『マトリックス』等の近未来SF映画が描くディストピアのように，AIやロボットが人類を支配し，あるいは人類を滅ぼしてしまうリスクさえあると警告する議論も少なくない（ブリニョルフソン＆マカフィー 2013；バラッド 2015）．

私見では，こうした楽観論と悲観論の双方とも，いささか単純な技術観や社会観を前提としており，近年喧伝されている「ポスト・ヒューマン」に関しても，人文科学系の議論も踏まえて，より注意深く議論していく必要性があることも指摘されている（Wolfe 2010：xii–xv, Herbrechter 2013：2–29）．にもかかわらず，他方では，これまで常識的だった人間中心主義的な暗黙の諸前提が，最近の急速な技術的な進展に直面して，真摯な再検討を迫られつつあること自体は否定できないだろう．

本書は，以上のような急速に変化しつつある最近の動向や，各学問分野における問題意識なども背景に踏まえながら，世界各地における「もの」と人間の関係を，人類学者ならびに関連分野の研究者の協力によって考察していく．そこでは，人間と各種の「もの」の関係を，極力，人間中心主義（ないし人間例外主義）的なバイアスに囚われないような視点から，主として人類学的フィールド調査で遭遇した具体的な事例に即して検討していく．

4 人類学における「もの」研究の系譜

ここでは狭義の文化／社会人類学の文脈における「もの」研究の系譜についてごく簡単に触れたい．本書の前著である『ものの人類学』（床呂・河合編 2011）の序章でも述べたように，19 世紀から 20 世紀の初頭までの初期人類学においては，物質文化研究は少なくない量を占めていた．博物館を中心に世界各地の物質文化に関する収集や展示が欧米などで進んだためである．

その後，20 世紀に入って人類学のアカデミズム世界内での制度化が進行するのと裏腹に，物質文化や「もの」への関心は，概して後景に退いていったと言えるだろう．仮面をはじめとする物質文化研究の第一人者である吉田憲司が指摘するように，「物質文化」の研究は，20 世紀の初頭以降，ひさしく人類学（民族学）の分野で周縁的な位置におかれてきた（吉田 1999：4）．その後，20 世紀の後半に「もの」への関心が再燃するまで，物質文化や「もの」への関心は，欧米の人類学の中では，いくつかの例外を除けば，概して傍流となっていったと言えるだろう[7)]．

1980 年代に入ると，構造主義や解釈人類学などに代わって，民族誌記述や表象をめぐるポストモダン（ないしポストコロニアル）な問題意識による議論が人類学を席巻するようになった．しかしながら，こうして 1980 年代の欧米において民族誌記述や表象をめぐる華麗な議論が隆盛していった裏で「ものへの回帰」の潮流は，人類学においても着実に進行していた[8)]．

また，人間と（人間以外の）生物の関係の研究という文脈では，P. デスコラ（Philippe Descola）らの，人間と人間以外の動物をできるだけ対称的に扱おうとする「対称性の人類学」の試み（Descola 2013）であるとか，あるいはヴィヴェイロス・デ・カストロ（Viveiros de Castro）らによる，いわゆる「存在論的転回（Ontological Turn）」と称される研究動向も大きなインパクトを与えつつある（ヴィヴェイロス・デ・カストロ 2015）．後者においては，「自然は普遍的で単一だがその文化的な解釈は複数で多様だ」とする文化人類学におけるそれまでの通念的な認識論的前提を問い直し，むしろ自然自体を「複数の自然」へと多様化して把握するという「多自然主義」の主張も大きな注目を集めており，本書でも湖中真哉や久保明教など複数の章が，「存在論的転回」に深く関係する斬新な議論を展開している[9)]．

さらには E. コーン（Eduardo Kohn）らの提唱する「マルチスピーシーズ民族誌（Multispecies Ethnography）」として知られる，人間と同時に複数の動物種とのかかわりを視野に入れたアプローチ等も注目に値する（コーン 2016）が，本書においても特に奥野克巳による章は，マルチスピーシーズ民族誌の手法を取り入れた意欲的な試みである[10]．

日本における「もの」研究の系譜については既に『ものの人類学』の序論でも触れたので，ここで繰り返すのは控えたい．ただし本書への前置きとして一点だけ補足すると，手前味噌になるが，2006年に，筆者らを中心に東京外国語大学・アジア・アフリカ言語文化研究所を拠点とした共同研究課題として「ものの人類学的研究―もの，身体，環境のダイナミクス」プロジェクト（略称「もの研」）が発足したことを記しておきたい．「もの研」は，アジア・アフリカなど各地の物質文化ないし「もの」に関する総合的・学際的研究として，人類学者を中心に，考古学，哲学，霊長類学，生物学など関連する各分野の研究者からなるメンバーによる共同研究として実施された．本書の前著『ものの人類学』（床呂・河合 2011）は，この「もの研」の第一期（2006–2009年）の成果論集であり，本書はその後続となる第二期（2014–2016年）の成果論集として位置づけられる．本書は，この前著での研究成果を踏まえて，さらに「もの」のなかでも，生物やコンピュータなど，よりインタラクティブな性質を有する対象を研究する複数の研究者にも新たに参加してもらい，前著での議論をさらに発展・深化させることを目指している．以下，本書が扱う「もの」概念と主な問題群のいくつかについて，簡単に触れておきたい．

5 新たな「もの」概念へ

本書では近代社会で通念的な，狭義の「もの」概念を批判的に再検討し，それを世界各地の具体的な事例に即しながら，新たな「もの」の考え方へと拡張・展開していくことも大きな目的の一つとしている．これに絡んで，本書で「もの」の語を用いる際には，必ずしも「ひと」と明確に，ないし排他的に区別された「非人間の物体（客体）」というニュアンスに限定しないことをあらかじめ確認しておきたい．

「もの」と「ひと」の両立や混淆・融合という論点に関しては，哲学者の坂部恵による独特の考察が興味深く，本書における「もの」の概念を考えるうえでも示唆的である．坂部によると，日本語における「もの」は，本来においては，必ずしも「ひと」と対立する，ないしはそれと両立不可能な概念ではない．「もの」というと，ともすれば，むしろ「物」のほう，すなわち，「有用物」ないし「財物」ないしは，近代自然科学の見地から見られた「物質」（matter）の概念をまずは思い浮かべがちな今日一般にわれわれのもつこの概念の理解は，坂部に言わせれば，「もの」という日本語本来の用法からすれば，多分に制限されすぎた，おそらくは，19世紀以降の効率本位，科学万能の風潮のもたらした，比較的あたらしい傾向にほかならない（坂部 2007：345）．日本語の「もの」は「者」という漢字でも表現可能なように，「ひと」とも両立（変容）可能な柔軟な概念である．これに対して「もの」を人間以外（非人間）のカテゴリーに属する事物だけに限定するという理解は，むしろ極めて特殊近代西欧的な「もの」観に由来するバイアスが強いと言わざるをえない．さらに古代からの日本語における「もの」の意味には，元来，「鬼」，「霊」，「もののけ」といった，いわば「おどろおどろしい」ものの領域，別なことばでいえば，日常性を超えた「聖なるもの」（ないし和語にいう「ゆゆしい」もの）の領域におよぶ意味のひろがりをもつ（坂部 2007：351）．

本書における「もの」は，通念的（近代的）な「もの」が意味しがちな「有用物」や「不活性の物質（客体）」というニュアンスの範囲を越えて，むしろ「ひと」と場合によって両立したり，混淆したりする事例を含み込んだ概念へと拡張して用いている．このため本書においても「もの」は，たとえば第 4 章の奥野や第 12 章の中村やコラム 2 の伊藤など複数の執筆者が扱うように人間以外の「いきもの」を含みうる．さらに本書における「もの」はいわゆる「有用物」であるとか，物質文化研究の一般的対象としての工芸品や道具などの有用な人工物の範囲には収まらないような複数の対象を含んでいる．たとえば内堀の章が扱う「石」だとか，金子のエッセイが扱う「ごみ」や「廃物」，あるいは西井の章が扱う（一見すると何ら「実用的」な用途や機能などを持たない）「切り落とされた髪の毛」なども本書では考察の対象としている．

また，本書における「もの」は，場合によっては，河合の章が詳しく扱うように，「音」や「匂い」などの，必ずしも触知可能（タンジブル）ではない，（聴覚や嗅覚などの）感覚の対象までも含んでいる．さらには，伏木のエッセイが示唆するような「ことば」の「もの」性だとか，丹羽の章が扱う「イメージ」と「もの」の関係，あるいは春日の章が扱う「数」と「もの」の関係なども，本論集では考察の射程に収めている．すなわち，本書における「もの」は，人類学などにおける通念的な「物質文化研究」であるとか近代的で通念的な（狭義の）「物」の概念などと比べて，かなり広い外延と内包を含みこんだ概念として展開されている．また本書では前著（床呂・河合 2011）に比べた場合，より日常的世界にありふれている「もの」，生存において関わりあうような「もの」に多くの焦点が当てられていることを特徴としている．

6　本書の扱う問題群——脱人間中心主義的な人類学へ向かって

これまでの叙述で確認してきたように，本書を駆動する大きな問題意識とは，人間中心主義的な「もの」へのアプローチや態度の相対化である．ここで言う人間中心主義的「もの」への態度とは，とりわけ近代以降の西欧化・世俗化・都市化された社会において顕著であるが，いわゆるグローバリゼーションの進展などを背景に西欧以外の世界各地にも急速に拡大しつつある傾向がある．その内実には時代や文脈によって少なからぬ差異や多様なバリエーションを含みうるが，きわめて雑駁に述べると，おおむね以下のような特徴をもつことが典型的である．

まず，人間ともの，ないし人間と非人間（non-human：人間以外の生物や人工物，自然物などの存在者）が極めて異質の，相互に排他的なカテゴリーとして位置づけられ，両者のあいだの境界は動かし難い堅固なものとして固定化される．言い換えれば，両者のあいだの関係は連続的というより非連続的，対称的というよりは非対称的な関係として概念化される．

第二に，このうち人間だけがエージェンシー（行為の主体性・能動性）や知能・心を備えた主体として特権化され，逆に非人間の存在者は，（技術などを通じて）人間によって操作され，統御される従属的で従順な客体として捉えられがちである．こうした近代（通念）的な「もの」への態度においては，人間／非人間，ひと／もの，主体／客体，心／物，などの一連の二項対立が自明なものとして前提される．こうした暗黙の前提は，ある意味では世俗化（欧米化）された近代社会では取り立てて問題視されることのない「常識」的な，しかしながら実はある意味で極めて人間中心主義的な偏った枠組みだと言えるだろう．しかしながら，人類学者のフィールドにおける人間と非人間の存在者（自然物，人工物，生物等）との関係を仔細に観察すれば，そこでは，以上のような近代的な「もの」観に回収しきれないような事例に遭遇することが稀ではない．

本書では，世界の各地における多様な「もの」たちと人間の関係の事例を人類学や関連諸学の視点から検討していくことを通じて，必ずしも人間中心主義的な諸前提では理解しきれないような実態を解き明かしていく．その際のいくつかの問題群を以下に列挙し簡単にその補足をしてみたい．

サイボーグ——あるいは「ひと」と「もの」のエンタングルメント

先に述べた近代的な「常識」とは異なり，「ひと」と「もの」，人間と非人間の境界は必ずしも固定されているわけでも，越境不可能なわけでもない．われわれの日常生活を顧みても，ひとが衣服を着たり，なにか仕事や作業をするために道具を使いこなしたりする，といったありふれた営為でさえ，たとえば衣服はそれを身に着ける「ひと」の皮膚の延長，職人が手にしたハンマーは手の延長として機能するなど，「もの」は状況に応じて「ひと」の身体と一体化し，絡みあっているという側面を無視できない．こうした「ひと」と「もの」の相互の絡み合い（エンタングルメント）や両者の混淆的な状況は，ときに「サイボーグ」という比喩で語られることもある[11]．

毎日スマホのアプリを使って頻繁にチャットし，日常的にバイクや自動車などの乗り物を乗りこなし，サプリメントなどを摂取し，スポーツジムで機械とトレーニングに勤しむような現代の都市生活者を考えてみよう．彼・彼女は，文字通りの意味では機械を体内に埋め込んでいるわけではない．しかしながら，その状況を機能的な観点から見れば，彼・彼女らはほとんど機械をはじめとする人工物とハイブリッド化した生活を営んでいると言えなくもない．こうした状況を指して，いまや現代社会の人間は，広義のサイボーグ的存在，ないし「機能的サイボーグ（functional cyborgs）」であると語られることもある（Haraway 1991；Knapett 2005：20）．

さらに翻って考えれば，そもそも人類は，遙か太古の昔から，道具であるとか，言語（や文字）をはじめとする生身の身体の外部の人工物や媒体などを使うことで，自らの身体機能や認知能力を飛躍的に拡長させてきた生物である．つまり「サイボーグ」的状況は，何も現代社会に限った話ではないと言えなくもない．この点に関して最も先鋭的な立場を表明している哲学者・認知科学者の A. クラークは，わたしたちホモ・サピエンスはそもそも進化史的には「生まれながらのサイボーグ（natural born cyborgs）」に他ならないと喝破している（クラーク 2015）．

本書では床呂郁哉や黒田末寿をはじめ複数の著者が，人間とその使用する（ないし関係する）各種の「もの」との絡み合い（エンタングルメント）や混淆（ハイブリッド），ないし両者の複雑な相互作用について言及しており，こうした側面への注目は「もの」を研究する上で看過できない重要なテーマの一つである．

「ひと」化する「もの」

サイボーグ化の問題ともオーバーラップしながら，しかし微妙にズレを含んだ問題系として，「もの」が広義の「ひと」に準じた，ないし「ひと」のような側面を含んだ存在として立ち現れてくる現象や状況を挙げることができるだろう．それをここでは便宜上，「もの」の「ひと」化と呼んでおこう．

具体例として，（ヒト以外の）動物を例に考えてみよう．まず人類学や考古学の文脈における古典的な事例として，先史時代を含む非西欧文化圏で広範に報告されている動物の埋葬，アニミズム，トーテミズム等を挙げることができる．また現代の狩猟採集民社会でも，こうした感受性は決して失われていないことも多くの人類学者が報告する通りである．たとえばアマゾン流域の採集狩猟民の社会を研究するデスコラによると，現地では狩猟の対象となる動物は尊敬の対象である．さらに言えば動物も植物も人間と同じような魂を有する一種の「ひと」（person）であると見なされている（Descola 2013：4–6）．人間と動物の関係における同様の事例は，他にも世界各地で見出すことができる．

これに対して，ユダヤ・キリスト教的な伝統を背景に，さらに近代化，世俗化（西欧化）を経た社会の文脈においては，概してヒト以外の動物をヒトとは根源的・決定的に異質で非連続的・非対称的な存在とする見方が相対的に有力であったことは既に指摘した通りである．しかしながら，よりマクロな人類史を通じてみれば，上に挙げた世界各地のアニミズムやトーテミズムなどの事例が示唆しているように，人間と（人間以外の）動物を根本的に非連続的な存在とみなす発想は，むしろ例外的（特殊西欧近代的）ではないかとさえ思わないでもない．

また，これは必ずしも過去の話ではないということに関して，床呂が調査を行っている現代日本の真珠養殖現場での真珠貝と人間の関係の事例を挙げておきたい．詳細はすでに床呂（2011）で述べたので省くが，かいつまんで言えば，日本の真珠養殖場で働く養殖技術者は，真珠貝に対して，それを単なる客体として利益獲得のための手段として一方的に統御の対象（客体）として接するのではなく，むしろときには人間の側の意図や思惑に抵抗するような，独自のエージェンシーを備えた生き物として捉え，貝と人間のあいだで一種の交渉的・対話的な関係が成立している状況を指摘することができる．

さらにまた，霊長類学の分野では，調査研究対象の群れに存在する各個体を個体識別してそれぞれに命名し，その上で各個体に特異的な「パーソナリティー」を認めようとする「擬人的」な手法が取り入れられ，その結果としてヒト以外の霊長類にも，複雑で知的な個体間の相互作用や社会が存在することを示す研究成果を挙げてきた．これも動物と人間の連続性（類似性）の視点を取り入れた研究枠組みと位置付けることもできるだろう[12]．

一方，本書の奥野による章を読むと，ボルネオ島においては，人間と各種の動物たちが，ともに熱帯雨林の環境のなかを生きている諸「自己」として，種の垣根を越えた，いわば広義の「意思疎通」を含むコミュニケーションを繰り広げているとみなしうる実態へと目を開かされる．また本書の湖中は，アフリカの遊牧社会における民族誌的事例に即しながら，かれらが生きるサヴァンナにおいては，人間身体とともに遊動する動物やものは，すべてが「自己」であり，人間の身体であるという瞠目すべき指摘をしている．

こうした「もの」の「ひと」化は，なにも生物だけに限らず，その他に自然物だとか人工物などのカテゴリーにおいても成立しうることが指摘できる．

まず自然物に関しては，世界の各地で岩，石，山，海，月や星，太陽などの天体，台風などといった自然物・自然現象などが神格（人格）化される事例がしばしば報告されている．日本の神道においても，岩や石，あるいは山などの自然物がご神体とされることは珍しいことではない．こうした現象は宗教学や人類学の文脈では「アニミズム」という枠組みで以前から理解されてきたが，本書の内堀基光による章は，「石」という非生物にして非人工物を対象として，そこにおける「もの」と「ひと」の関係性について，いわゆる古典的なアニミズム論を超える新たな語り口の可能性を展開している．

次に人工物に関して述べると，まず人類学の古典的な系譜から一例を挙げれば，モースが『贈与論』で言及した「人格（persona ペルソナ）」を有する「もの」という現象をその典型として考えることができるだろう．モースによると，マオリの〈贈与の霊〉のように，贈与される人工物をふくめ，物そのものが「人格（persona）」をもっているという観念が報告されている（モース 2014）．また本書の前著『ものの人類学』（床呂・河合 2011）においても，吉田ゆか子はバリ島における伝統的舞踊で用いられる仮面を例として，いわば仮面を行為の動作主ないし主人公とするようなアプローチや語り方を提唱している（吉田 2011）．

こうして客観的に見れば生命や心を持たない筈の人工物が，しかしそれと対峙する当事者との関わりを通じて，単なる不活性の物体（客体）ではなく，場合によってはエージェンシーや「知性」や「こころ」の要素さえ備えた行為者として立ち現れるといった現象は，なにもバリ島などの「エキゾチック」な「伝統的（非西欧的）社会」に限った話ではない．むしろ現代の欧米を筆頭とする高度に都市化された社会環境においても，場合によっては人間が人工物に対して，ある種の「ひと」に類するような属性を感知したり，あるいは広義の「ひと」に準じた存在として立ち現れ，人間と相互作用するような事例を認めることができる．その典型的な事例は，コンピュータ（ないしそのプログラム，人工知能などのソフトウェア）であるとか，あるいはロボットなどの機械と人間のインタラクションである（久保 2015）．一例として，現代の金融市場においては，株や為替などの商取引の場面に生身の人間のトレーダーに加えて，コンピュータ・プログラムが売買を行う主体として大量に参加している（いわゆる「アルゴ・トレーディング」）．また金融市場に限らず，インターネット上で人間がインタラクトする相手は，はたして生身の人間なのか，それともコンピュータのプログラムなのか俄かには判断し難い状況さえも次第に日常化しつつある（床呂 2016a）[13]．

こうした「知能を有する人工物」と人間の関係についても，近年の人類学は射程に入れつつあるが，本書でも特に久保の章はコンピュータ将棋を取り上げ，コンピュータ・プログラムと人間の棋士との関係を軸に「存在論的転回」をめぐる議論にも鋭く切り込む刺激的な考察を展開している．

「もの」化する「ひと」

「人間／非人間」（ないし「ひと／もの」）という二項対立においては，人間は必ずしも常に「主体／客体」における「主体」の位置を占めているわけではない．むしろ「ひと」が「もの」（客体）化していくという現象も，人間と「もの」の関係を考察する際の重要な論点の一つである．

それでは，人間が「もの」（客体）化される現象とは，具体的にはいったい何を指すのだろうか．まず端的にわかりやすい例から挙げれば，臓器や生殖細胞の売買などに代表される「人体部品産業」（ヒューマン・ボディ・ショップ）の隆盛などは，人間（の身体）が文字どおり「商品」（医療資源＝もの）として「即物的」に消費・加工・利用される典型的な状況であると言えるだろう（キンブレル 2011）．あるいは古代から存在する奴隷制の事例であるとか，近代社会で一般的な賃金労働さえも，「労働力の商品化」すなわち「ひと」の「もの（商品）」化（＝物象化）という側面を少なからず含んでいるという点については，既に 19 世紀の資本主義や商品経済に関連して K. マルクスが指摘した通りである．

こうした点に絡んで，人間の「もの」へのアディクション（中毒，耽溺，嗜癖）だとか，極度のフェティシズムなどの現象も興味深い．麻薬中毒やアルコール中毒などが典型的だが，人が特定の「もの」（ないしフェティッシュ）に深く耽溺するとき，その中毒者・嗜癖者は，「もの」を統御し，支配する主体というよりは，むしろ（自分の理性的意志に反してまでも）「もの」への抗い難い欲望に突き動かされ，言わば「もの」に翻弄されてしまっていると言える．言い換えれば，こうしたアディクション的な状況下では，「ひと／もの」＝「主体／客体」という通念的な等式は端的に崩壊してしまっている．

さらには 16 世紀以降の西欧の非西欧世界への侵出の過程において，インディオやアボリジニなどが「人間」の範疇から排除され，抹殺や支配・搾取の対象とされた出来事は，「人間」の範疇や人間と非人間の境界が決して不変ではなく，ときに歴史的な状況や政治的力関係などに応じて大きく変動しうることを端的に示す悲劇的な経験である．さらにナチスドイツ期の強制収容所におけるユダヤ人虐殺であるとか，現代でも世界各地の紛争地や監獄・捕虜収容所などの現場で繰り返され続ける，人間に対する「非人間的（inhuman）」な行為などは，「ひと」の「もの」（客体）化の（悪しき方向性における）極致と言えるかもしれない．

以上のような点に関連して，本書でも何人かの執筆者が直接的，間接的に「ひと」の「もの」化（人間の客体化）に関係する事例に言及し，考察を展開している．たとえば田中雅一は，アウシュヴィッツでのユダヤ人の経験を，人間が「ひとでなし（非人間）」化する状況として位置づけ，その事例を「もの」が「ものでなし」になる状況と比較対照しながら，刺激的な考察を展開している．

7　本書の構成と各章の概要

本書はこの序章に続いて，5 部 13 章を収め，さらに 4 編のコラムを加えて構成されている．以下にそれらの各章およびコラムの内容を簡潔に紹介する．

第 I 部　ひとともののエンタングルメント

「ひと」と「もの」，あるいは人間と非人間の「境界」は決して固定されてはいないし，そもそも「境界線」のようなものが明瞭に引けるわけではないのではないか．「もの」はさまざまな状況において，「ひと」の身体と一体化し，あるいは絡みあっている．第 I 部には，こうした「ひと」と「もの」の相互の絡み合い（エンタングルメント）や両者の混淆的な状況についての論攷を集めた．

第 1 章・黒田論文では，農鍛冶屋のもとに「弟子入り」して自ら「もの」を制作した体験が，一連の「鉄と道具と私の共同作業」として描かれ，人間と道具の対称的・相互補完的関係が「もの（＝鉄）」をアクターに転換させる源であることが論じられる．第 2 章・床呂論文では，真珠養殖という「真珠作り」を目的として生成した人工的な場において，もの（＝真珠貝および養殖真珠）と環境（海）と人間（真珠養殖職人）の関係を民族誌的に描いた上で，養殖真珠が生まれる一連の工程に対して複雑系的なエンタングルメントの視線が注がれる． 第 3 章・久保論文では，近年の人類学における「存在論的転回」の潮流を踏まえた上で，コンピュータ・プログラムの一つである将棋ソフトと人間の棋士の対局の場における相互作用のありようを追い，両者が著しく異なった世界のとらえ方をしていることを見出して，存在論的相対化に焦点を当てた考察を展開する．

第Ⅱ部　もののひと化

「もの」はしばしば，「ひと」に準じた存在，ないし「ひと」のような側面を含んだ存在として立ち現れてくる．すなわち，「もの」の「ひと」化と呼びうる現象や状況が，さまざまな自然環境下に置かれた，さまざまな文化的伝統を保持する社会において見出しうるのである．第Ⅱ部に収められた3編では，「もの」（たち）がそれぞれいかに「ひと」化しているのかが論じられる．

第4章・奥野論文はマルチスピーシーズ人類学的な視点から，季節のないボルネオ島の熱帯雨林の自然における「非人間のもの（動植物種）」たちと人間の存在のありようを，「一斉開花・一斉結実」という特殊な時期において複数種が諸自己として意思を通わせながら絡まり合って生きている姿として描く．第5章・湖中論文は，難民化した東アフリカ遊牧民の持ち物調査に基づき，サヴァンナという不安定で危機的な環境における家畜を含む自らの周囲の「もの」たちと人間との融合，一体化という関係のあり方を，昨今の「存在論的転回」で主に取り上げられている森林環境のそれとクリアに対比させる．第6章・内堀論文は「石」という非人工物でありかつ非生き物である自然物の存在論を民族誌的な場から論じ，「もの」に「ひと」を見るアニミズムの語りから，より「即物的」な「もの」語りへと展開し，「もの」の実在と「ひと」の感覚の間に成り立つ出会いを記述する方途を探索する．

第Ⅲ部　ひとのもの化

「人間—非人間」ないし「ひと—もの」という二項対立においては，人間は必ずしも常に「主体／客体」における「主体」の位置を占めているわけではない．むしろ「ひと」が「もの」（客体）化していく現象も，人間と「もの」の関係を考察する際の重要な論点の一つである．人間が「もの」（客体）化される現象とは，具体的にはいったいどのような事態を指すのだろうか．第Ⅲ部では，三つの社会の事例からこの問いへ接近する．

第7章・西井論文は，ラスタとして生きることを物的（もの的）に示す長い「もつれ髪」（ヒッピー風の髪）を切ることが，熱心なイスラム運動家であるダッワ実践者への移行であることを民族誌的「語り」によって明らかにし，「ものは関係である」とする物質性と関係性を分けない生の流動性の実態を描くことに成功している．第8章・丹羽論文は，中国の黄土大地の葬礼で用いられ，炊きあげられてしまう紙細工に着目する．丹羽は葬礼における紙細工の瞬く間の焼失や，箸の重さの推移，幾重にも響き渡る呼びかけ声の応酬や輪くぐりの冗長的な反復等の，「もの」および空間の異変や変調などを含む，いわば「変異する出来事」に焦点を当てながら，人間と「人ならぬもの」の相互作用を解き明かしてゆく．

第9章・田中論文は，人間が非人間になる〈ひとでなし〉としてホロコーストとアウシュヴィッツを，「もの」が「もの」でなくなる〈ものでなし〉としてフェティシズムや商品カタログを取り上げ，両者を統治機構や資本主義の発達した現代社会に特有の現象として考察し，現代社会を批判的に考察する起点としての重要性を指摘する．

第Ⅳ部　新たなもの概念

第Ⅳ部はこれまでの第Ⅰ部から第Ⅲ部までで取り上げた「もの」たちとは異なる「もの」たち，すなわち，通常の「もの」の概念を越えでていくような「もの」たちが語られる．それらは新たな「もの」概念の拡張として，本書に厚みを加える「もの」たちに関する記述であり論述である．

第10章・春日論文は，パプアニューギニアの民族誌記述に基づいて，「もの」が数を通して人間の身体や宇宙の神話的存在へと繋がる様相を持ちうることを呈示したうえで，「数」および「無限」に焦点を当て，近代西洋の数学的な議論を伝統社会の人びとの具体的な経験の水準と対比させることによって，数の観点が「もの」の研究に果たす役割について論じる．第11章・河合論文では，環境に在る「もの」たちとそれらを知覚する人間の身体との関係について，「五感の総動員（統合性）」と「五感の共鳴」という二つの視点から接近し，五感によって知覚される，必ずしもタンジブルではない「もの」を含む「もの」たちのもの性とその普遍性へむけた試論が展開される．

第Ⅴ部　ものの人類学を超えて（動物研究と哲学からの視線）

最後に第Ⅴ部には，人類学の「外」の学問領域から――具体的には動物研究と哲学から――「ものの人類学」への提言が寄せられている．

第12章・中村論文では，チンパンジーを研究してきた中村自身の豊富な経験に基づきながら，文化／社会人類学における先述の「存在論的転回」をはじめとする潮流に関して鋭い批判的な考察を展開している．たとえば，「動物は人間だ」といった，「転回」後によく見られる言説は，一見人間中心主義を克服したかのように語られるが，動物自身の視点からすれば，その姿勢自体が実はおそろしく人間中心主義的ではないのか，といった指摘は軽々に看過できない重要な論点である．他にも中村の論考は脱人間中心主義的な人類学という（ある意味では逆説的な）試みに伴う課題に関していくつもの重要な問題提起を行っている．

本書の最後となる第13章・檜垣論文は，哲学における近年の「ものへの回帰」の潮流，とくに人間の認識能力とは関わりない「もの自体」について問うメイヤスーの思弁的実在論に焦点を当てた論考である．同章は，哲学プロパーにおける「ものへの回帰」についての近年の動向を紹介するのみならず，人類学におけるヴィヴェイロス・デ・カストロらの多自然主義など存在論的転回との関係であるとか，更に日本の科学哲学者・大森荘蔵の思想や本書のいくつかの章の内容も参照しつつ，脱人間中心主義の可能性と課題に関して独自の考察を展開した論考となっている．

以上の諸論文に加え，本書では論文よりも短いコンパクトなコラムを4本収めている．小松によるコラム1は，遺伝子組み換え作物の現在について，とくに東アフリカ・ウガンダの主食であるバナナの開発を中心に紹介している．伊藤によるコラム2は，霊長類学の研究対象であるチンパンジーやニホンザルが，一方向的な被観察者＝客体ではあり得ず，逆に人間を観察する主体でもあることを訴える．伏木によるコラム3は，インドネシアのワヤン・ポテヒという人形劇を事例として，人びとの移動とともに意味を変え，形を変えて，ついには意味も形も失われていくパフォーマンスのありようを描く．金子によるコラム4は，良いものか悪いものかの判断もつかず，ゴミかどうかも判然としないために扱いに困る「(学校で使い終えた) ノート」をめぐって，人びとがさまざまな行為の帰結として「もの」と関わり続けていくことの意味を，主食のエンセーテや調理道具の土器が「物質としてたえず循環している」こととの比較を通して伝えている．

8　結びに代えて——脱人間中心主義的人類学の可能性と課題

本章では，本書の問題意識である「ものへの回帰」の重要性と，そこにおける脱人間中心主義的な「もの」へのアプローチの可能性と意義について繰り返し言及してきた．いま一度言い換えれば，脱人間中心主義的な人類学はいかに可能か，そのポテンシャルは何か，また同時に現時点における課題は何か，といった点を探ることが，本書の大きな主題である．欧米の人類学や哲学を含む人文系の諸学においては，近年では広義の脱人間中心主義的なアプローチは大きな関心を浴びつつある．これに関連して先に挙げた「存在論的転回」のほかにも「非人間的転回 (nonhuman turn)」や「動物的転回 (animal turn)」など数々の「転回」が喧伝されており，やや自嘲気味に「転回疲れ (turn fatigue)」さえ囁かれるに至っている (Grusin 2015：ix)．

しかしながら，こうした状況のなかで，脱人間中心主義的アプローチの可能性と課題について，内部批判を含めて真摯で活発な議論や論争が展開されつつある状況は，やはり無視しておくことはできないだろう．こうした活発な議論の背景の一つとして，上記の広義の脱人間中心主義的人類学の可能性に賛同する論者の間でさえ，仔細に見れば研究対象はもちろんのこと問題設定や接近手法などもときに大きく異なっており，（先に挙げた「存在論的転回」への賛同者の間でさえ）必ずしも一枚岩ではないことを指摘することができる[14]．

ちなみに脱人間中心主義的アプローチの課題として，とくに人類学の文脈で代表的なものとして，「脱人間中心主義というけれど，たとえば民族誌にしても，そもそも人間である人類学者が事態を記述し語る以上は，真の意味で脱人間中心主義を実践するなどと言うのは最初から不可能ではないのか」といった趣旨の問題提起を挙げることができるだろう．簡潔に言い換えれば，「脱人間（人類）中心主義」の「人類」学という標語それ自体が，最初から語義矛盾（ないしパラドックス）ではないのか，といった疑問である[15]．

また先述の「存在論的転回」についても，「存在論的転回というけど，それはむしろ（たとえば先述のM. モースらを含む）過去の人類学者が既に実践してきた学的営為を言い換えただけではないのか？　つまり転回（ターン）ではなく回帰（リターン）ではないのか？」といった疑問も提起されている．すなわち，「存在論」は旧来の人類学における「文化（カルチャー）」（ないし特定の文化的文脈における「世界観」や「認識論」など）と，はたして実質的に異なるのか（むしろ「文化」の単なる言い換えにすぎないのではないか）といった疑問も，欧米の人類学者のあいだでも活発な争点となっている（Carrithers et al. 2010）[16]．

本書の編者としては，この場で，こうした数々の重要な疑問点に，安易で手っ取り早い回答を提示するのは控えたいと思う．むしろ本書は，複数の執筆者による個別の考察を通じて以上のような問題提起や課題に対して，それぞれのフィールドや事例を通じて格闘し，明示的ではないにせよ脱人間中心主義的な人類学の可能性と課題を「示す」試みの集大成である．本書の各論文は対象とする地域や「もの」が多様であることはもちろん，そのアプローチや問題関心なども微妙に異なっており，どの章やエッセイも細かな独自の視点とディティールのもたらすニュアンスに満ちている．しかし，いずれの論考も，ここで挙げてきた脱人間中心主義的な人類学の可能性と課題に真摯に向き合って，自らのフィールドでの経験に即しながら，それぞれの回答を紡ぎ出す点においては共通している．ここから先はそれ自体が「もの」である各論文やコラムが語りかけてくる声に，読者自身が耳を澄ませて貰えれば幸いである．

＊　＊　＊

本書の内容は本文中で言及した以外にも以下の研究課題やプロジェクトから恩恵を得ている．この場を借りて関係者に深く感謝する次第である．
科研（新学術）「顔と身体表現の文化フィールドワーク研究」（課題番号 17H06341）

科研（基盤C）「スールー海域世界を中心とする真珠のグローバリゼーションに関する文化人類学的研究」（課題番号 25370936）
AA研共同研究課題「「わざ」の人類学的研究―技術，身体，環境（「もの」の人類学的研究（3））」

注

1）だからこそ「お前は動物（のよう）だ」という発話は，単に客観的な事実を伝える命題ではなく，ときに深刻な侮辱の表現となりうる．
2）「人間と動物」という表現が孕む奇妙さにまだピンとこない読者は，「人間」の箇所をたとえば「ネコ」に置き換えてみてほしい．たとえば「どんな動物が好きか」と訊かれて「私はネコとイヌが好きだ」はきわめて自然な答えであるが，「私はネコと動物が好きだ」（または「ネコは好きだが動物は嫌いだ」）といった回答はどこか不自然さを感じさせはしないだろうか．「ネコと動物」という表現は，ネコ自体が他ならぬ動物というカテゴリーの一部であることを考えれば，（「ネコとネコ以外の動物」などと補足しない限り）奇妙な表現と取られる可能性がある．
3）こうした人間中心的な「もの」観ないし世界観は，本書の共著者の一人である田中の言葉を用いれば「道具的世界観」と表現することもできるだろう（田中 2009：6）．
4）ただし本書の中村の章でも指摘されているように，現在では生物学者の中でデカルト的動物観をそのまま受け入れる者はさほど多くないであろう．更に言えばデカルトに始まる「動物機械論」はその端緒からある種の両義性を含み込んでいた点にも注意が必要である．通念的には，デカルトの仮想敵はアリストテレスなどの伝統的な目的論や動物霊魂論に基づいた擬人主義的自然観であり，デカルトはそれに対して一切の擬人主義（人ならざる存在者に人としての属性を投影すること）的な理解や，目的論を排した機械論的自然観を確立したという解釈が広く受け入れられている．ところが，こうした「常識」に抗して科学史家のカンギレムは，生物に対する機械論的説明が目的論や擬人主義を排除するのは見せかけにすぎず，実は目的論や擬人主義を前提としていると主張する（カンギレム 2002：129–130）．そうだとすれば，デカルトに端を発する動物機械論と，いわゆる動物霊魂論や動物への擬人主義的な理解の対立という通念的な図式はいささか単純であると言わざるを得ないが，紙幅の関係でここではこれ以上は立ち入らない．この点に関しては久保明教らの議論を参照（久保 2015：28–31；山口 2011：11）．
5）たとえば20世紀に入ってからでも，M. ハイデッガーは人間と，人間以外の存在者（ヒト以外の動物だとか石）についての考察を展開しているが，そこでハイデッガーは人間と（ヒト以外の）動物，石という3種類の存在者について，石は無世界的（Weltlos）であり，動物は世界貧困的（Weltarm）であるのに対して，ひとり人間だけが世界形成的（Weltbildend）であるといった，ある意味で人間中心主義的な議論を展開していることが指摘されている（ハイデッガー 1998：265–268，金森 2012：192–196）．
6）また，これとはやや別個の動向として，近年の哲学における動物に焦点を当てた研究の活性化を指摘することができる．たとえばJ. デリダやE. フォントネらが2000年代以降に相次いで重要な著作を公表しており，フランスの思想・哲学のなかでも動物は重要な問題系として（再）浮上していると言える（デリダ 2014，フォントネ 2008）．また英語圏でも倫理学的研究の文脈において動物に配慮した倫理体系を模索する研究などが盛んになりつつある（伊勢田 2008）．こうした一連の研究では，後で述べる意味における，動物の「ひと化」に関連した主題，たとえば動物への「人権（というか動物権利 animal rights）」の付与など，いわば広義の「ひと」概念の動物への拡張の可能性と課題などが論じられていると言える．

7）しかしながら，こうした中でも，いくつかの有力な例外を指摘することは可能である．たとえば生態人類学の分野においては，生業などを通じた人間社会と人間以外の動植物との関係は，一貫して重要な主題であり続けてきたことは忘れてはならないだろう．狭義の「文化（社会）人類学」の分野に限っても，たとえば 20 世紀の中盤以降，機能主義に代わって人類学を席捲した構造主義の代表格である C. レヴィ＝ストロースを興味深い例外の一つとして挙げることができる．彼の言う有名な「ブリコラージュ」（日曜大工）の概念も，具体的な「もの」に基づく「具体の科学」としての側面が潜んでいることを指摘することができる．また仮面を対象とする研究をはじめ具体的な「もの」を対象とする著作等もよく知られている（レヴィ＝ストロース 1977）．

8）1980 年代以降の人類学における「もの」に関する先行研究については既に床呂・河合（2011）でも述べたので，ここでは詳述することは避けるが，たとえば，A. アパドゥライ（Arjun Appadurai），D. ミラー（Daniel Miller），A. ジェル（Alfred Gell），B. ラトゥール（Bruno Latour）らの諸研究を 20 世紀後半以降の「もの」志向の人類学の顕著な研究成果として挙げることができる（Appadurai 1986, Miller 2005, Gell 1998，ラトゥール 2008）．

9）こうした欧米における近年の一連の「もの」志向の研究であるとか，「存在論的転回」に与する潮流は「人類学の静かな革命」と称されることもある（Henare, Holbradd, & Wastell 2007：7–8，春日 2011）．他方で，後で述べるように，それが本当に「革命的」であるのか否か，といった点などを含めて活発な議論が続いている（Carrithers, M. et al. 2010，菅原 2015a：438–448，本書の久保の章も参照）．

10）なお世界各地の動植物と人間の関係などに関しては，「存在論的転回」等の欧米発の動向より以前から，日本人研究者成果を含む丹念な人類学研究が蓄積されてきたことは明記されておくべきだろう．本書の共著者である奥野克巳や小松かおりであるとか，少なからぬ日本の生態人類学者らも，以前から世界各地における動物や植物と人間との関係についてフィールドワークに基づいた丹念な民族誌的研究を続けている．また本書の前著『ものの人類学』（床呂・河合 2011）の共著者の一人である菅原和孝も，一連の民族誌的著作を通じて，人間と動物の関係に関する根源的な考察を粘り強く展開しており，注目に値する（菅原 2015a，2015b，2017）．

11）狭義のサイボーグとは，身体に機械を埋め込んだり，人間の身体と機械（やコンピュータ）を文字通り物理的に接合することを通じて，人間の能力を飛躍的に増幅するような存在として『攻殻機動隊（ゴースト・イン・ザ・シェル）』をはじめとする近未来 SF でお馴染みのアイコンである．

12）本書の中村，伊藤の論考を参照．更に近年の生物の行動研究からは，従来はヒトに固有だと思われていたような特徴，たとえば高い知能や複雑な社会性を示唆する行動などが，思ったより多くの生物種にも存在することを示す知見が蓄積されつつある．一例を挙げれば，イカなど軟体動物においてさえ，ミラー・テストをパスすることをはじめとする高い知能や複雑な社会性の存在を示唆するような証拠が報告されている（池田 2011）．

13）また将来の話として（人間の運転手が介在しない）完全に自律的な自動運転車が技術的に実現し，社会的にも普及した状況を想定したとして，そこで仮に自動運転車によって死者が出るような事故が発生した場合には，いったい事故の責任は誰にどう取らせるべきなのかという問題も喫緊の課題として指摘されている．言い換えれば，心なき機械である筈の自動運転車（ないしそのプログラム）は道徳的・法的な責任「主体」となりうるか（「ロボットは法廷に立てるか？」）といった論点である．この点については，いわゆる「人工的道徳エージェント（Artificial Moral Agent 略称 AMA）」と称される概念をめぐって，近年では自動運転等に関わる工学者や法学者などのあいだで真剣な検討の対象となりつつある（Wallach & Allen 2008）．なお近年の動物保護運動や動物権利（アニマルライツ）運動などの文脈で，動物や植物などにも法的権利を拡張し，非人間の生物にも法的「主体」としての位置づけを模索するような主張や試みについても，パラレルな問題系として位置づけることができるだろう（伊勢田 2008，シンガー 2011）．

14）たとえば，デスコラやヴィヴェイロス・デ・カストロ，コーンらの議論においては，人工物の役割にはさほど関心は高くないのに対して，ラトゥールらの ANT においては，人工物を含めた非人間と人間の関係の対称性が強調されるなどの対象やアプローチの相違もあり，こうした問題関心の違いをどう評価するかは議論が分かれる点であろう．また本書の湖中による章は，カストロによる存在論的転回をめぐる議論に関して，それは実は視界の見通しの効かない密林というカストロのフィールドに依拠した議論であり，牧畜民の暮らすアフリカのサヴァンナのような環境では，またそれとは異なる存在論を構想する必要があるのではないかという内在的な批判と，代替的な枠組みの提示を行っている．また考古学者の I. ホッダー（Ian Hodder）からは，近年の人類学における「もの」へのアプローチの多くが，実は「もの」が社会のなかの人間に何ができるかという点に主な関心を寄せており，そのスローガンとは裏腹に，「もの」の「もの」性，たとえば対象の物理的，客観的な性質などに由来する物質的属性を見ることを実は軽視しているのではないか，という重要な問題提起がなされている（Hodder 2012：39–40）．

15）本書の中村の章も「人間と（動物など）非人間の対称性」や「存在論的転回」をはじめとする近年の（文化／社会）人類学的研究の動向を批判的に検討した上で，その課題や問題点に関して重要な問題提起を行っている．

16）たとえば本書の久保や内堀，湖中らによる各章は，こうした疑問点や課題に関して正面から取り組む意欲的な試みである．また本書の檜垣の章は，「人間が認識したり関与することなしには，人間抜きの「もの」自体などはそもそも存在しないのではないか」といった種類の疑問（ある意味でカント以来の広義の「相関主義」的な枠組みからの疑問）に対して，むしろ非相関主義的な（ある意味で徹底した脱人間中心主義的立場からの）「もの」へのアプローチの可能性を模索する哲学的な探求として位置づけることができる．また M. ポーランは，ともすると人間による非人間（自然）への征服・統御の拡大の成功物語の一環として語られがちだった植物の栽培化（domestication）の歴史を，むしろ植物を主語にして語りなおすような叙述を試みており，「もの」中心的な記述（人間ではなく「もの」

の側を主語とする歴史記述)の可能性を模索する試みとして示唆的である(ポーラン 2012).

参照文献

Appadurai, A.（1986）*The Social life of things : Commodities in Cultural Perspective*. Cambridge University Press.

バラッド，J.（水谷淳訳）（2015）『人工知能：人類最悪にして最後の発明』ダイアモンド社.

Boivin, N.（2008）*Material Cultures Material Minds*. Cambridge University Press.

ブリニョルフソン，E. ＆マカフィー，A.（村井章子訳）（2013）『機械との競争』日経 BP 社.

Candlin F. & G. Raiford.（2009）*The Object Reader*. Routledge.

カンギレム，G.（杉山吉弘訳）（2002）『生命の認識』法政大学出版局.

Carrithers, M. et al.（2010）"Ontology Is Just Another Word for Culture : Motion Tabled at the 2008 Meeting of the Group for Debates in Anthropological Theory", *Critique of Anthropology* 30：152–185.

クラーク，A.（呉羽真・久木田水生・西尾香苗訳）（2015）『生まれながらのサイボーグ：心・テクノロジー・知能の未来』春秋社.

コーン，E.（奥野克巳，近藤宏監訳・二文字屋共訳）（2016）『森は考える：人間的なるものを超えた人類学』亜紀書房.

デリダ，J.（鵜飼哲訳）（2014）『動物を追う，ゆえに私は（動物で）ある』筑摩書房.

Descola, P.（2013）*Beyond Nature and Culture*（Trans. By Janet Lloyd）. University of Chicago Press.

Elizabeth, E. & Chris, G.（2006）*Sensible Objects : Colonialism, Museums and Material Culture*. Berg.

フォントネ，E.（石田和男・小幡友二・早川文敏訳）（2008）『動物たちの沈黙』彩流社.

Gell, A.（1998）*Art and Agency : An Anthropological Theory*. Clarendon press.

Grusin, G.（2015）Introduction, Grusin, G.（ed.）（2015）*The Nonhuman Turn*. Minnesota University Press, pp. vii-xxiv.

Haraway D.（1991）*Simians, Cyborgs and Women*. Free Association Press.

ハイデッガー，M.（川原栄峰訳）（1998）『形而上学の根本諸概念』創文社.

Henare A., Holbradd, M., & Wastell S.（eds.）（2007）*Thinking Through Things- : Theorizing Artefacts Ethnographically*. Routledge.

Herbrechter（2013）*Posthumanism : A Critical Analysis*. Bloomsbury.

Hodder, I.（2012）*Entangled : An Archaeology of the Relationships between Humans and Things*. Wiley-Blackwell

池田譲（2011）『イカの心を探る：知の世界に生きる海の霊長類』NHK 出版.

Ingold, T.（2000）*The Perception of the Environment*. Routledge.

伊勢田哲治（2008）『動物からの倫理学入門』名古屋大学出版会.

金森修（2012）『動物に魂はあるのか』中公新書.

春日直樹（2011）「序章　人類学の静かな革命：いわゆる存在論的転換」春日直樹編『現実

批判の人類学：新世代のエスノグラフィーへ』世界思想社，9–31 頁.
キンブレル，A.（福岡伸一訳）（2011）『すばらしい人間部品産業』講談社.
Knapett, C.（2005）*Thinking Through Material Culture : An Interdisciplinary Perspective*. University of Pennsylvania Press.
Knapett, C. & L. Malafouris（eds.）（2008）*Material Agency : Towards a Non-Anthropocentric Approach*. Springer.
久保明教（2015）『ロボットの人類学：20 世紀日本の機械と人間』世界思想社.
カーツワイル，R.（井上健・小野木明恵訳）（2007）『ポスト・ヒューマン誕生：コンピュータが人類の知性を超えるとき』NHK 出版.
ラトゥール，B.（川村久美子訳）（2008）『虚構の「近代」：科学人類学は警告する』新評論.
レヴィ＝ストロース，C.（山口昌男，渡辺守章訳）（1977）『仮面の道』新潮社.
マックグルー，W. C.（西田利貞監訳）（1996）『文化の起源をさぐる：チンパンジーの物質文化』中山書店.
Mauss, M.（1954）（1925）*The Gift, trans., I. Cunnison*. Rotledge & Kegan Paul.
メイヤスー，Q.（千葉雅也，大橋完太郎，星野太訳）（2016）『有限性の後で：偶然性の必然性についての試論』人文書院.
Miller, D.（1987）*Material Culture and Mass Consumption*. Blackwell.
――――（ed）（2005）*Materiality*. Duke University Press.
ミズン，S.（松浦俊輔・牧野美佐緒訳）（1998）『心の先史時代』青土社.
モース，M.（有地亨・山口俊夫訳）（1976）『社会学と人類学　2』弘文堂.
――――（森山工訳）（2014）『贈与論（他二編）』岩波文庫.
中村美知夫（2009）『チンパンジー：ことばのない彼らが語ること』中公新書.
西田利貞（2007）『人間性はどこから来たか：サル学からのアプローチ』京都大学学術出版会.
Olsen, B.（2010）*In Defense of Things*. Altamira Press.
ポーラン，M.（西田佐知子訳）（2012）『欲望の植物誌：人をあやつる 4 つの植物』八坂書房.
Roff, J. & Stark, H.（eds.）（2015）*Deleuze and the Non/Human*. Palgrave Macmillan.
坂部恵（2007）「ことば・もの・こころ」『坂部恵　集 3 共存・あわいのポエジー』岩波書店，343–368 頁.
シャヴィロ，S.（上野俊哉訳）（2016）『モノたちの宇宙：思弁的実在論とは何か』河出書房新社.
シンガー，P.（戸田清訳）（2011）『動物の解放　改訂版』人文書院.
菅原和孝（2015a）『狩り狩られる経験の現象学：ブッシュマンの感応と変身』京都大学学術出版会.
――――（2015b）「フィールドワークの感応と異化作用」床呂郁哉編『人はなぜフィールドに行くのか』東京外国語大学出版会，168–183 頁.
――――（2017）『動物の境界：現象学から転成の自然誌へ』弘文堂.
田中雅一（2009）「フェティシズム研究の課題と展望」田中雅一編『フェティシズム論の系譜と展望　フェティシズム研究 1』京都大学学術出版会，3–38 頁.
床呂郁哉（2011）「『もの』の御し難さ：真珠養殖をめぐる新たな「ひと／もの」論」床呂郁

哉・河合香吏編『ものの人類学』京都大学学術出版会，71–89 頁.
────（2016a）「野性のチューリングテスト」河合香吏編『他者』京都大学学術出版会，399–418 頁.
────（編）（2016b）『ものの人類学をめぐって：脱人間中心主義的人類学の可能性と課題（シンポジウム報告書）』東京外国語大学アジア・アフリカ言語文化研究所.
床呂郁哉・河合香吏編（2011）『ものの人類学』京都大学学術出版会.
内堀基光（編）（1997）『岩波文化人類学講座』
────（総合編集）（2007）『資源人類学（全 9 巻）』弘文堂.
ヴィヴェイロス・デ・カストロ，E.（檜垣立哉・山崎吾朗訳）（2015）『食人の形而上学：ポスト構造主義的人類学への道』洛北出版.
Wallach, W. & Allen, C.（2008）*Moral Machines: Teaching Robots Right from Wrong*. Oxford University Press.
Wolfe, C.（2010）*What is Posthumanism?* University of Minnesota Press
山極寿一（2008）『人類進化論：霊長類学からの展開』裳華房.
山口裕之（2011）『ひとは生命をどのように理解してきたか』講談社選書メチエ.
吉田憲司（1999）『文化の「発見」：驚異の部屋からヴァーチャル・ミュージアムまで』岩波書店.
吉田ゆか子（2011）「仮面が芸能を育む：バリ島のトペン舞踊劇に注目して」床呂郁哉・河合香吏編『ものの人類学』京都大学学術出版会，191–210 頁.

第I部……ひとともののエンタングルメント

第 1 章

黒田末寿

ものが生まれ出ずる制作の現場

——鉄と道具と私の共同作業

KEY WORDS

農鍛冶, 手仕事, 道具の循環, 共成長,
制作の対話モデル, もののの主体化, 未完の思想

1　鍛冶見習い

1950 年代まではどこの村や町にも鍛冶屋が 1，2 軒はあった．私は幼稚園のころ，帰りに寄り道して鍛冶屋の前にしゃがみ込み，黄色に輝く鉄が騒がしい音の中で鎌や鍬になっていく様子に見入るのが日課だった．それに堪能すると，向いの桶屋と自転車屋で職人技を見つめていた．

そういう記憶があって，滋賀県下で昔の生活を記録していた上田洋平さんに誘われ農鍛冶の松浦清さん（上田 1999）に会えたとき，聞き取りするだけでなく鍛冶見習いをお願いしたのだった．松浦さんの家と鍛冶場は滋賀県多賀町の芹川上流そばにあった．農鍛冶とは野鍛冶とも呼ばれ，農具や山仕事の鉄製道具をつくり修理する鍛冶屋のことである．松浦さんは当時 80 歳，鍛冶は引退したと言われながらも少し作業の手本を見せてくれて，後は自分でやってみなさいと言われた．私は熱した鉄を打つと意外に柔らかいことに驚き感激したが，遠くに通える時間が十分とれず，結局は 2 年間ほど断続的に鍛冶の基本を学ぶにとどまった．それでもこの体験は松浦さん手製の唐鍬や大鍬を使って農作業をしたことと併せて，農鍛冶がどういうものかを知るのに役だったと思う．

鍛冶（ここでは農鍛冶のことになる）は，職人による手仕事用の道具を手仕事でつくる作業で，ものと人間の関係の豊かさを再認させてくれる．こうした作業の現場ではものと人間との相互補完的な生き生きとした関係を見ることができるし，かつ，鍛冶の制作物が使い捨て前提の大量生産品と違って使用されたのち修理に戻ってくることで，ものが制作者と使用者と使用現場を関連づけ，互いの理解を深め，それぞれの行為を向上させる作用をもつ．

農鍛冶は同じ製品を量産することもあるが，通常は注文により使用者の体格や技量や好み，道具を用いる場所や対象の個別条件に合わせて個人向け仕様として作る．そして，農鍛冶は戻ってきた道具から使用歴と自己の制作の善し悪しを読み取り，使用者の性格・技量の読み直しをして，より使用者に向いたよいものに鍛え直そうとする（佐藤 1979）．したがって，正確には修理された道具は元の道具ではないし，修理が前提にされてできる制作物は，完成品ではないとさえいえる．一方，使用者もまた慣れとよりよい道具によって技能を向上させるから，道具が制作者・使用者間を循環して，かかわる 2 者とともによりよい状態になっていく，いわば「共成長」のループが出現する（黒田 1999）．

このループは，道具が制作者・使用者・環境の相互作用の歴史を刻み，それが道具の価値となって体現されることを意味しているが，その出現には，道具と使用者の関係が必須になる．つまり，道具が日常的に使われることで，道具の善し悪しが仕事のはかどりに如実に表れ，使用者自身が己の技量の善し悪しとともに道具を理解するようになる．そして，道具が繰り返し修理に戻ること，制作者が謙虚でよりよいものを造ろうとする向上心を持っていることも必須条件である．この態度によって制作者と使用者間の理解と信頼が深まっていく．

また，鍛冶屋のような職人は手作りであっても寸分違わぬような同一製品をいくつも作ることができるが，それは素材の癖や条件を考量しつつ微妙な修正の積み重ねで作られるもので，たんなる機械的正確さによるものではない．こうした作業には，「対話」と呼べるような道具を通した，ものと制作者の関係（床呂 2011）を見て取れる．私が農鍛冶の体験で学んだ重要なことは，素材の鉄と対話するように鎚を振るうことだった．

今日の私たちは，道具が身体の延長であること，優れた道具と一体化することによって新しい身体がもたらされることは現実として知っているし，そうした身体が社会のなかで意味を帯びること，自己の社会的価値を向上させることを日常的に体感している．それでも，人間のみが主体であるという常識は，ものの存在をそれ以上にしない．ましてや，ものを明示的にアクターととらえることはない．だが，私たちが道具を使いこなす状況をじっくり見れば，それは人間が道具に適応することでもあり，両者は相互補完的で協調関係にあることがわかる．ものがアクターに転換する（床呂・河合 2011）場面には様々なパターンがあるが，このもっとも日常的な行為もその一つの源となり得ることが了解できる．同時に，道具とのそうした関係の出現は，人間がものとの関係において自由になり，人間の主体性が一段と引き上げられた状態であると言ってもよいだろう．

以下では，まず鍛冶の作業を初心者の私の感覚で紹介する．つぎに，制作者と道具と使用者との関係を分析し，制作行為に潜むものの主体化＝「ものが生まれ出ずる文化」を抽出して考察する．

2　技術者松浦清さん

松浦清（1920–2010）さんの鍛冶場は，滋賀県犬上郡を流れる芹川上流沿いの多賀町甲頭倉にあった（図 1）．芹川に山が迫り水田がない地域で，松浦さんによれば，住民は多かれ少なかれ山仕事とかかわり，粘土質の土壌でできる「お多賀ゴボウ」を生産し下流地域の米と交換したという．松浦さんは，周辺 9 集落の農具と山仕事の道具を作り修理する農鍛冶で，　年に 2 回各集落を回って修理する道具を集め，修理を終えた道具と交換した．また，たまに営林署の転勤者や近隣から評判を聞いた人が道具作りの注文に来た．

松浦さんは多賀町生まれ．16 歳から 23 歳まで京都の自動車修理工場に勤め，最後の 1 年に金型など機械鍛冶を学んだ．その後多賀村役場の書記をし，25 歳で召集されたところで終戦を迎えた．3 年間彦根の鉄工所に勤めた後，28 歳より甲頭倉の鍛冶屋の手伝い，そこで結婚，あとを継いで 50 年余にわたって農鍛冶に従事した．しかし鍛冶仕事が細ったため，新幹線の臨時保線工，水道工事の設計・敷設，バルブ工場の事務などの臨時職もこなし，最後は近江電線（のちに古河オートモーティブパーツ株式会社）で自動車の配電担当に就いた．そこでは配電の工夫で発明賞をもらい，定年後も長く勤務した（上田 1999）．

この経歴からわかるように，松浦さんは近代的な鍛冶技術と機械・電気一般の技術を身につけた優秀な技師だった．実際，松浦さんは手押しの箱鞴に加えて電動送風機をつけ，グラインダー，金属カッターを用い，ガス溶接もした．しかし，鍛冶場の近代化と言われた機械ハンマーは導入せず，親方が引退してからはひとりで鎚打ちした．多くの鍛冶屋の場合，主鎚と向鎚の二人で鉄を打っていて，向鎚を機械ハンマーに換えて大物の鍛造を容易にし，効率を上げるのが近代化への道だったが，やがてダムに沈む村とされた場所だったせいか，松浦さんはその道をとらなかった[1)]．

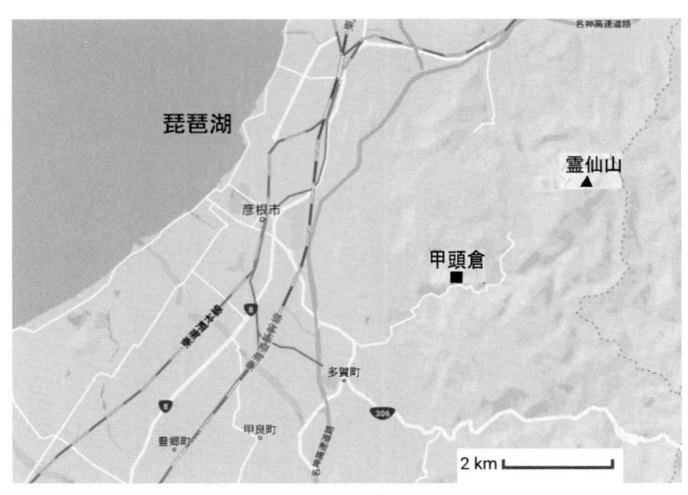

図 1 ●松浦宅は多賀町甲頭倉，芹川の上流沿いにあった．

3 鍛冶の基本作業

鉄を鎚などで一定の調子で打つと，不純物を叩き出し結晶の方向をそろえて強くする効果がある．これを鍛錬という．鍛冶は，熱した鉄を打ち，鍛錬・変形・加工して製品化することで，製品ごとに専門化して多種の鍛冶があった．素材の鉄は，含有炭素が少なく加工が容易な地金（軟鉄）と炭素が多く堅い刃金（鋼）に分けられ，現代の鍛冶屋は，これらの鉄を使い古した鍛冶物のリサイクルと古鉄屋などからの購入で得た．松浦さんも古い鍬や鎌を蓄え，多賀町や彦根の古鉄屋を回って使える鉄くずをさがした[2)]．

鍛冶の基本作業には，火作り，低温打ち，切断，鉄片同士（特に地金と刃金）の接合，刃金の堅さを調節する焼き入れと焼き鈍しがある（朝岡 1998）．

火作りは，炉で鉄片を熱し，鎚で叩いて鍛錬・変形・成形する（鍛造）鍛冶の基本作業である．炉の温度の調整は鞴(ふいご)か電動送風機で行う．私が学んだのはこの初歩で，鉄箸づくりから始め，ピッケル，手鍬，五徳などをつくった（図 2）．火作りの道具と装置には，炭を燃料に鉄を熱する火床(ほど)，風を送る鞴，鉄を打つ台の金床，鉄を切る鏨，鉄を挟む種々の火挟み（やっとこ），大中小の槌，鉄を急冷焼き入れする水槽，緩冷する油槽が必須である．これらの道具は制作物の形，工程に合わせた多種を用意するだけでなく，鍛冶屋は自分の使いやすさに合わせて作り調えた．たとえば，松浦さんの鍛冶場には自分で造った40余種類の火挟みが壁に掛けられ，作業中の動線が短く便利なように全体が設計されていた．その結果，鍛冶場はきわめて個別的な場になっていた（図3）．

図２●著者作の五徳．囲炉裏·火鉢などにおいて鍋をかける道具．長い鉄棒を切って叩いてつくった．

燃料には，かつてはマツなど軟質の樹木を炭窯なしで焼いた鍛冶炭（和炭）を使った（朝岡1998，佐藤1979）．松浦さんは消炭状態のナラ炭，クリ炭なども使った．1950年代にはコークスが使われるようになった．和炭は火勢が柔らかいとされ，私の経験では送風に素直に早く反応し温度調整がしやすい．松浦さんはコークスをベースに使ったが，火床の火起こしと火作りで温度調整が肝心なとき，そしてとくに地金に刃金をつける沸かしづけのときに和炭を使った．

松浦さんは鍛冶の火床や水槽の装備，火挟みや鎚などの道具をほとんど自分でつくっていた．また，素材の鉄の善し悪しを，鎚で打った感触と音，断面の肌理と色で判断し，微妙なときは簡単な火づくりをして確かめた．鍛錬の度合い，焼き入れ

図３●松浦さんの鍛冶場．正面奥にかかっているのはさまざまな火挟みと鎚など．中央下の左は焼き入れ用の水槽．右端のトタンの下に火床がある．

の善し悪しを色，鎚で打った感触と音，急冷した水のはじけ具合と音，ヤスリのひっかかりと音，砥石にかけたときの滑り具合などで判断した．これは，鉄の状態を感知する感覚の目盛りを細かく多元的に発達させていると表現できるような，鍛冶に共通する技術である．松浦さんのやり方をみてまねをしても，到底，精確で安定した判別はできない．経験を重ねてこそ得られるセンサーのような技能であった．

4　鉄を打つ感覚

松浦さんは炉に火を入れ鉄棒を熱して叩き延ばす手本を見せてくれ，断面が四角の鉄箸のセットを作るよう指示した．これが私の鍛冶の開始だった．火挟みに固定した鉄棒を火中に入れ風を送ると赤くなり，すぐに明るい黄色から白に近い黄色に輝き始める．それを左手で保持し金床上で右手の鎚で打つ．すると鉄が柔らかくスッと延びた感触が右手に伝わる．つぎに左手を90度外転させて鉄を打ち，また左手を戻して元の面を打つ．わずかに打つ場所を先に進めながらこれを繰り返すと打った場所が角棒になり，先が数ミリメートル伸びている．鎚に固い抵抗が返るようになると鉄棒を火床に戻し熱くしてまた打つ．こうして先を細めに箸らしい形に打っていくうちに，火床と鉄の適度な温度が火や鉄の色と打った感触でわかるようになる．

しかし，鉄棒の断面を真四角にすることがなかなか出来ない．こうするには左手を正確に90度外転内転させ，鉄棒を金床に密着させ，右手の鎚を金床に垂直に同じ勢いで打ち下ろさないといけない．つまり鉄箸作りは，左手の火挟みで挟んだ素材を正確に置き，それに対して右手の鎚を適切に振り下ろす訓練だった．カンコンカンコンと丁寧に打っているつもりが，いつの間にか手前向きにねじれてくる．鎚の振り下ろしがわずかに引き気味になっている証拠だった．それが何十回もの連打で集積したのだ．慎重に打ってやっと仕上げまできたと思ったとたん，手元がわずかに狂って細くした箸の先がクンと曲がってしまう．こういうねじれや曲がりは打ち直しで外見を整えても内部に歪みが残る．鍛冶のカの字にもならない失敗である．

ビデオにとった松浦さんの鍛冶を見ると，鎚で鉄を打つ合間に金床を数回空打ちして調子をとり，引き打ちにならないようにするためか，しばしば膝を曲げて打っている．なるほど，鎚を金床に垂直に打つにはこれだ，と，まねてみたがうまくできない．

両手で斧や鋸などを使うときは足腰をしっかり構えることを前提に，①対象に対して正面に向き合い眼と道具と対象を一直線にする，②力まない，③左腕を体幹と連結し固定気味にして道具の動きの中心を作るといった原則でぶれずに使える．しかし，箸を打つ課題では両手にそれぞれ道具を持つ二刀流であるばかりか，火挟みで鉄棒を挟みもつ左手側が鎚だけの右手側より長く，鉄を打つときに左手をかなり引くから，②はできても①も③もやりにくい．こういうわけで，私はいくら打つことに集中しても，鎚の方向と強さを一定にすることがなかなかできなかった．

さらに，松浦さんは私のように体と鉄の位置に気を遣っているように見えない．鎚の振り下ろし方もときにはガンガンと響く．自在に打っているとしか思えなかった．

5　ものが私を呼んでいる

ちょうどその頃，私はアレクサンダー・テクニーク（バーロウ 1989）という身体操法のワークショップに参加していた．多くの人が，身体にゆがみや萎縮などの問題を抱えているが，それらは恒常的な過度の筋緊張からくる．また，身体のゆがみがなくとも動作に対する間違ったイメージが力みや不適正な姿勢をとらせ，動作をぎこちなくし効率を悪くするだけでなく，身体を壊すような負担をかけることがある[3)]．アレクサンダー・テクニークはこうした問題に対処する身体操法で，解剖学的知識にもとづく「自然な姿勢と動作」を身につけ，筋骨格系の不要な緊張を解いて姿勢と動きを伸びやかにする．器楽奏者や声楽家，アスリートの能力を高め，身体のゆがみを直したい人たちにも評価される実績があり，世界的に展開されている．

初心者には，左右対称で左右と上方に伸びる姿勢や動きの練習があるが，身体の隅々に意識を回すため，笑えるほどにロボットのようなぎこちない動きになってしまう．それがこのときのワークショップでは甚だしかったのか，講師は，「めざすのは心身を自由にすることで『自然姿勢』がすべてではない，実験をしましょう」と言った．

まず，机の上に雑多な10数個の品物をおいた．それから参加者のひとりに数メートル離れた机に一つずつできるだけ早く移すように指示した．その人はバタバタと懸命に動いたが，はた目にもじれったくなるほど不器用で時間がかかった．終わると講師は，「今度は，あの品物の一つ一つが『移して』とあなたを呼んでいると思ってやって」と言った．それに応えたつもりなのだろう，被実験者は品物の一つ一つに挨拶するように膝を折って両手で支え取り，再度の移す作業をした．驚いたことに，彼女の所作は別人のように優美に見え，しかも，前回よりかなり早く移し終えたばかりか，移した品物がきれいに並んでいた．2回目の慣れだけでは説明できないほどの違いだった[4].

講師は「何が変わったか感じましたか」と笑っただけだったが，それは「私が，これらのものを動かす」とする主体が，「私を呼ぶこれらのものを受け入れる私」と受動の主体に裏返ったとき，ものとの関係がどのように変わるかを現す見事な実験だった．ものが私を呼ぶことを受け入れるとは，ものに私を預けることである．そのとき，ものと私が一本の線で結ばれ，私はその線に沿って定位される．過剰な私が消え，ものの要求に素直にしたがう私になる．それはものに拘束されるのではなく，ものとともに自由になることらしい．それを被験者の伸びやかな動きが示していた．

私は鍛冶では，うまく打とう，正確に打とうと思っていたから，力を抜いていたつもりができていなかったのかもしれない．試みに「ここを打って」と鉄が呼んでいるつもりで打つと，打つべきところに素直に鎚が落ちていく．呼吸を静かに整えながらこの状態をなんとか続け，やっと鉄箸が打てたのである．「ものが私を呼んでいる」とは，もののアフォーダンス（のある一面だが）にしたがって動くことといえる．そのような状態を，鍛冶が鉄と鎚・火挟みと私の共同作業になったと言ってよいかと思う．この道具に合わせた自己のコントロールに慣れると，だんだん道具を自在に使えるようになってくる．

ところで松浦さんは，親方の向鎚のころ親方がここと指示したところを打っていたが，ふと余計なことが頭に浮かぶと手元が狂い製品がダメになったと語り，それ以降一人で鍛冶をするようになっても，雑念が湧きそうになると念仏を唱えながら打ったということである．

6　制作者・道具・使用者の共なる成長

鍛冶屋の技術は，顧客の注文に応えるべく努力することで向上し，長期的な制作者・顧客関係を確保する（佐藤 1979）．

松浦さんのところには営林署関係で転勤してきた人や地域外の人など，初めての客が時々現れた．鍛冶を引き受けるときは，道具を使う場所・用途，重さや柄の角度の好み，利き手と体格に合わせて道具を作る．たとえば鉈や鍬の場合，刃の形状や重さ，柄の角度・長さ・太さなどを調整するだけでなく，世間話と様子で性格を推し量り，焼きを調整した．道具に慣れているとわかれば切れ味のよい堅めの焼き入れをし，意固地そうであれば無理をしても刃こぼれしにくいよう刃をやや厚く焼きを甘くしてなまくら気味にする．木を切ったり土を耕すには，節目や礫を避けるのはもちろんだが，打ち込む角度の正確さと，予期せぬ堅さに遭ってもその反撥を吸収する適度な力が大事になる．この調整ができず力任せに道具を振るう傾向がある人には，道具の調整で使用者と対象の関係を案配するのである．

たとえば，私が作ってもらった唐鍬は私の身長に合わせた長めの柄にしてあり，とても扱いやすかった．使う場所は琵琶湖岸の砂地に礫が混じった畑だったが，松浦さんの家の近くでゴボウを作らせてもらったことがあり，鍬の扱いに慣れていることと，握りを場所と疲れに合わせて左前，右前どちらもほぼ同等に使うことをいつの間にか知られていたらしい．対称形で堅めの焼きの，鍬を打つとは土を切ることだと実感する，切れ味がよい鍬だった[5)]．土の感触が手に伝わり使うのが楽しくなる鍬で，10年使っても左右のしゃくれが無くならず切れ味も変わらなかった．

修理に帰ってきた道具を見ると，松浦さん自身も農作業や山仕事をし，長年の顧客とのやりとりの蓄積があるから，どこでどのように使ったか，刃こぼれの非が自分か使用者のどちらにあったかが大体わかる（黒田 1999）．だが，そのとき松浦さんはいつも「お恥ずかしい仕事をした」と恥じいった．それは新しい顧客のものに限らなかった．おそらく，相手の性癖を十分に汲んだ仕事ができてなかったと反省し，そして少々無理な扱いでも刃こぼれしないものをつくりたいが，それができない自分を未熟と自覚してのことだろう．松浦さんは本人からも使用状況を聞き，形状をその人により合わせて修正・再修正を繰り返した．これは全国の農鍛冶に共通することだった（佐藤 1979）．つまり，鍛冶で注文の品ができた，修理ができたと言っても，それはつぎの修正が予定された未完成品ということになる．この修理・調整の繰り返しで鍛冶技術と調整力が向上し，使用者も自己用の道具を使いこなすようになってくる．農具や山仕事の道具は刀鍛冶などと違ってどこにも神話化する要素はないが，こうして道具は，使用者にとっては愛着という以上の，関係と自己の成長と使用場所の歴史が凝縮された特別な価値をもつ存在になってゆくのである．

どんなに下手な使用者であってもそのうちに上達し，よい道具を求めるようになる．だが，鍛冶屋がよりよいものを作ろうとするのは，顧客確保に尽きない．多くの鍛冶屋に共通する未熟の自覚（佐藤 1979），これこそが相手と道具の声に耳を傾けさせ，あくなき工夫に向かわせるのである．それは，鉄を打つときに過剰な私を捨てることと同じ態度である．

7　ものが生まれ出ずる文化

鉄箸にしても五徳の上部の輪や脚にしても，形を整えるのにこれというゴールがない．これ以上打つと形が乱れるだけと思えるところが終わりである．私の製品を見て，松浦さんは「よいものができましたな」と喜んでくれた．何気ない会話だが，そのうち松浦さんが，制作者を指示するときは「誰々が作った」「こさえた（拵えた）」「打った」とは言うが，松浦さんや私の製品が完成した場面では「できた」としか言わないことに気づいた．考えてみれば，私たちもたとえば，子どもが箱を作ったとき，その場に居合わせていたら，どちらかと言えば，「きれいに〈作った〉ね」というより「きれいに〈できた〉ね」と褒めるのが普通だろう．

他動詞「作る，造る」は作る主体を前面にだすのに対し，自動詞「できる」は作られたものに焦点が当てられ主体は背景化する．『日本国語大辞典』（小学館 2006）によれば，「できる」の祖型は「いでく」でその頭音が脱落して「でく」になり，「できる」になった．つまり原義は，姿の見えなかったものが姿を現すことであり，出現する，生じる，生まれるの意味である．私たちは，「子どもをつくった」より「子どもができた」という表現をするが，「できた」を使うメタレベルの意味は「子は天からの授かりもの」という俚諺に尽くされている．このように考えると，制作の現場で「作る」より「できる」を使うことは，ものは「生まれ出てくる」という認識の存在を示唆する．これに沿えば，鍛冶は鉄が道具の形で生まれてくるよう導く作業で，鍛冶屋は助産者ということになる．このとらえ方には制作者の過剰な主体性が現れる余地はないから，未熟の自覚と通じる．

8　ものが生まれ出ずる文化の広がりと制作の両義性

ものが生まれ出るという認識と通底する事象は，制作行為に広く認められる．私の経験であげると，たとえば陶器作りがある．土を茶碗や皿の形に作るには，土を締めつつ薄く引き延ばすという，慣れないと困難な作業がある．このコツを職人は，「土をだまし，だまし，伸ばす」と表現する．その感覚をろくろ作りでみてみよう．ろくろ作りでは，左手でろくろ上の陶土塊を支えて回転を安定させ，右手の親指と他の指間で土塊を滑らせつつつまみ上げ，引き伸ばして器にする（上手になれば成形に両手を使う）．これには指で土を締める抵抗感と土が柔らかに伸びていく感覚を同時に感じられるようになることが必要で，ここに至ると器ができるようになる．土の堅さと伸びは，陶土の質・水分と作品の厚さなどで異なり，作業中にも乾燥が進むので感覚が少しずつ変わってくるし，立ち上げた土塊の量の微妙な調整が繰り返されるから，成形はまさに「だましだまし」する作業と表現でき，対話モデル（床呂 2011）に当てはまる制作行為である．陶器職人は器の形と寸法を決めると驚くようなペースで同一の器を作っていくが，この土との対話法を熟知しているからこそ自在にも機械のようにも制作できるのである．

図 4 ●円空が立木に鉈で像を刻む（または像を掘り出す）．伴高蹊・三熊花顛（1972）より．

通常の陶器の焼きは二段階で，まず素焼きし，つぎに釉薬をかけて本焼きする．下手に焼くと割れたり歪むだけでなく爆発して辺りを壊すから焼成は最も重要な工程になるが，そのできは薪の積み方や燃やし方，器の配置だけではどうにもならない火の揺らぎや灰の飛び方などの運に大きく左右される．そうして，窯出しの際には「よいものが〈できた〉，〈できなかった〉」という表現がされる．別段，陶芸で「ものが生まれ出る」という考えや土や火を主体にする言質が頻出するわけでもない．しかし，素材との対話が不可欠でかつ技術でコントロールしえない部分をもつ制作のあり方は，ものに主体性をおいて「生まれ出る」とする表現にぴったりあてはまる[6]．

彫刻もものが生まれ出ずる文化にかかわる．『日本国語大辞典』（小学館 2006）によれば，「ほる」には，地面や木に穴をうがつ，ものを掘り出す等の意味である「掘る」と，木や岩に溝や形をきざむ意味の「彫る」「刻る」があるが，もとは同一のことばである．したがって「彫る」の原義には木や石を穿ったり刻んで形を作るという意味とともに，そこにすでに存在している形象を掘り出すという意味も含まれるといえる．このことを本間正義（1974）にそって江戸初期に彫られた円空仏で検討してみよう．

円空（図 4，伴・三熊 1972）は江戸時代初期の修験・遊行僧で，12 万体の作仏を誓願し民衆の信仰対象としておびただしい木彫りの神仏像を残した．本間（1974）は，木の円筒形の性質，断ち割った材の曲がりや根の形，節目などを活かし押し出す作風から，「素材としての限界を極限まで活かそうとする」と指摘し，円空仏はオブジェ的と言う．そしてその最たる作品を「木の根っこのなかに荒神のすがたを感得して，〈掘り出す〉ような考えの作風である」とか「木塊のなかに神霊の魂を見いだした」としている．これは，円空が大日信仰による山川草木悉皆成仏，山川草木悉皆仏性を信じていたことからも支持できる．この考えからすれば，木彫り仏は円空が作ったというより，元から存在した仏性を円空が見えるようにしたものと言うのがふさわしい．

しかし一方では，円空自身は誓願に「作仏」と記し，作仏を詠んだ和歌では木に神仏の形を「うつす」，「作りおく」とかの表現を使っている[7)]．これらからは，円空は作仏を，木を素材に仏の形を彫ることとしてとらえていたと思われる．

本間の解釈と円空自身の記述は矛盾に思えるが，円空が節目や木目のゆがみを仏像や神像の姿に転換している実際を見れば，矛盾は解消する．節目やゆがみは造形を困難にし作品を歪めるので，造形家はそういう素材は使わない．それは自己が構想する像を構想どおりに作るためである．しかし，12 万体の作仏をめざし，一宿の礼にも作仏した円空にはそういう余裕は滅多にない．扱いにくい歪んだ端材や根株で作仏するには，その癖にそって彫るしかなく，それは素材の主張に耳を貸すしかない対話モデルの制作である．木の側からすれば，節やゆがみは自然のなかで生き抜いてきた履歴，いのちの凝縮である．円空がその有り体にそって仏や神として彫刻したのであれば，それを木の仏性を掘り出したと表現しても的外れではないし，円空自身が作仏を自己の制作行為ととらえていたとしても，その仏像を木のいのちによって生まれたと表現しても間違いではないことになろう．

9　成長する制作物，未完の思想

「ものが生まれ出ずる」のであれば，ものはできあがった後も生きものとして成長する可能性を秘めている．それは鍛冶物がさらなる修正と改良＝成長を前提として作られること，つまり未完成品であることで納得できる．この成長は鍛冶屋の未熟，つまり自らが成長途中であることの自覚によって展開した．

伝統建築においてはこのことに類似する，建築物に未完の印を置く習わしがある．有名な例は伝説的名工の左甚五郎による設計・施工とされる日光東照宮，京都の知恩院の葺かずの瓦に見られ，これらは，「完成したものはもはや滅びゆくのが世の習い」という考えに基づくと説明されている．すなわち未完成にとどまることが永続性を保証するというのである．しかし，これまでの議論から別の見方も引き出せる．左甚五郎もやはり自己の技量を未熟とし，生涯，技術の研鑽に努めたとされているが（左 1971），名工と呼ばれる人たちには鍛冶屋に見られた謙虚さが共通している．すると，未完の印は建築の壮麗さを誇らず，大工たちの未熟の自覚と研鑽を込めたシンボルと解釈することもできよう．これをたとえば「未完の思想」あるいは「未熟の思想」と名づけたとして，ものが生まれ出ずる文化の一つに位置づけることができる．

だが，それだけではない．実際に，できあがった建築物の姿が完成品ではない，200 年ぐらいたって落ち着いた姿になるようなことはいっぱいあると，法隆寺宮大工西岡常市の弟子，小川三夫（1993）は言う．つまり，大きな寺院建築になると，いわば未完で立ち長年月かけて完成形に近づくというのである．また，小川は，大きな建築はその場その場で軌道修正していかないとできないとも言う．目標とする設計図はなくてはならないが，木のいのちと癖を大事にする宮大工の現場は，木の一本一本，そしてそれまでの基礎との対話によって進んでいくのである．

さらに，一流アスリートのスポーツ用具をつくる職人たちにも自己の製品に対する謙虚さ，飽くことなき改良の工夫がみられ，彼らもまた，自己の感覚を研ぎ澄ませて素材に相対する（松瀬 2013）．用具はアスリートたちの使用によって点検され，その情報によって改良され一層フィットしたものになることでアスリートの能力を高める．これは共成長のループに他ならない．

このように，私たちが道具を使い，制作する現場をじっくり見れば，素材と対話するという人間とものが対等で相互補完的関係にあることがわかる．そのことは，ものがアクターに転換する一つの源であり，同時にそうした関係においてこそ，人間がものに対して自由になり，人間の主体性が一段と引き上げられることが了解できる．また，道具が製作者と使用者の間を往還することで，特別な価値を身につけることを指摘した．儀礼で贈与の対象になる，由来による特別な価値が付与されたものと異なり，それは身体化された個別的価値であるが，自身の身体が道具によって開かれ自由になった記憶を呼び覚ます価値といえよう．

注

1）1963 年に芹川上流入り口に水源確保・治水を主目的にするダムが計画され，甲頭倉は水没予定地だった．この計画は 2013 年に中止された．

2）松浦さんによれば，出回っている工業製品の鉄は様々な金属の合金なので鍛冶では鍛錬が困難で素材としては使いにくいとのことだった．戦後まもなく米軍の大砲の薬莢が古鉄屋に流れたが，地金として最高だったと言う．地金や鋼の素材として使えるかどうかは，鎚で叩いた感触，断面の色や肌理で判断した．判断しがたい場合は，持ち帰って簡単な火づくりをして試した．

3）アレクサンダー・テクニークでは，解剖学の知識や鏡を多用する．これは私の理解では，身体のゆがみや萎縮をつくり出している筋緊張はその人の内部感覚の一部になっていて，自己感覚に深く関わっているから，鏡などで自己の客観視を強化しないと矯正は困難だからである．しかし，その結果生じる「自然姿勢」による身体感覚の置き換えは，それまでの自己感覚の喪失になるので一時的に不安感をもたらす場合がある．

4）この結果が「やらせ」かもしれないと思ったほどあまりにも顕著だったので，私は大学で計6人の学生に同じ実験をしてもらった．2人は1回目も2回目も顕著な違いはなくスムーズにものの移動を行い，2人は2回目にやや改善されたが慣れたからかもしれない程度であった．あと2人は1回目が少し不器用に見えた人たちで2回目に目立ってスムーズになった．これらの実験はあまりにもアバウトであり，もっと厳密な実験が必要とは認識しているが，もとからさっさとものを扱える人は検討対象から外せるのと，私自身の鍛冶の経験から，「ものが私を呼んでいる」には一定の効果があると考えている．「ものが私を呼んでいる」は，もののアフォーダンス（のある一面だが）にしたがって動くということともいえる．

5）平鍬や唐鍬を使うときは右利きなら左手が引き手になり鍬は右端から土に入る．これは長柄を扱う制約によるだけでなく，土をさらえたり，刃先を土に斜めに当てることによって切れ味をよくするための扱いでもある．したがって右利きの人は右端が摩耗した鍬では効率よく耕せなくなるので，刃の右端を少し厚く，かつ，尖らせて多用による摩耗に備える．多くの人は引き手を交互に交替させるので鍛冶は鍬刃を左右が尖ったしゃくれた形にする．

6）陶器の焼成を電気と還元ガス・酸化ガスを用いてコントロールする技術が実現されている．しかし，それでつくられた製品の評価はよくないことが多い．

7）たとえば池田（2000）から拾うと，「これや此くされるうききとりあげて子守の神とわれはなすなり」，「作りおく此福の神なれや深山のおくの草木までもや」，「木にだにも御形移すありがたや法の御音は谷のひびきか」が挙げられる．いずれも円空が「作仏」する人であることが表されているし，一首目のくされる浮き木，三首目の木は仏を彫る素材以上の意味は込められていない．二首目は彫った仏像が草木に至るまで幸せをもたらすようにという意味であろう．素材の木への言及はない．ただし，「深山木ハ苔の下にも朽もせで残れる御名の御形再拝」という木片そのものに大日如来の存在を感得した歌もある．

参照文献

朝岡康二（1998）『野鍛冶』法政大学出版局．

伴高蹊・三熊花顛（1972：1790）「僧円空　附俊乗」『近世畸人伝・続近世畸人伝』平凡社，99–100頁．

バーロウ，W.（伊東博訳）（1989）『アレクサンダー・テクニーク：姿勢が変わる・からだが変わる・生き方が変わる』誠信書房．

左光挙（1971）『名工左甚五郎の一生』高松美術倶楽部出版部.

本間正義（1974）『円空と木喰』ブック・オブ・ブックス　日本の美術 35，小学館.

池田勇次（2000）「作仏聖・円空と木喰行道」（牧野和春・池田勇次著）『円空と木喰：作仏・遊行廻国・その生きざま』惜水社，129–267 頁.

黒田末寿（1999）「私たちは生き生きと語れるものを残せるか」『人間文化』（滋賀県立大学人間文化学部紀要）5・6 号，120 頁.

松瀬学（2013）『匠道：イチローのグラブ，松井のバットを創る職人たち』講談社.

小川三夫（1993）『木のいのち　木のこころ：天・地・人』草思社.

佐藤次郎（1979）『鍬と農鍛冶』産業技術センター.

小学館（2006）『日本国語大辞典』.

床呂郁哉・河合香吏（2011）「なぜ「もの」の人類学なのか？」床呂郁哉・河合香吏編『ものの人類学』京都大学学術出版会．1–21 頁.

上田洋平（1999）「野鍛冶の履歴」『人間文化』（滋賀県立大学人間文化学部紀要）5・6 号．112–120 頁.

第 2 章

床呂郁哉

「もの」が創発するとき

――真珠養殖の現場における「もの」, 環境, 人間の複雑系的なエンタングルメント

KEY WORDS

真珠養殖, 流体的なテクノロジー,
エンタングルメント, 創発

1 「ひと」と「もの」のエンタングルメントの人類学へ

「ひと」と「もの」,「人間」と「非人間」, こうした二分法は, 取り立てて疑問視するには及ばない極めて自明で平凡な区別であるようにも見える. こうした通念的な「もの」観では, ともすると人間だけが「こころ」やエージェンシー (agency：行為の主体性) を有するものとして特権化され, その裏返しとして, 人間ならざる「もの」は, 人間の側の思惑や意図によって操作・統御される不活性の客体 (オブジェクト) として見なされがちである. この視点は, 近代社会においては自明でありふれた, しかしある意味では極めて人間中心主義的な「もの」への態度と言えるだろう.

しかしながら, 少し反省的に検討し始めれば, こうした常識的な二分法や両者の境界は, たちまち揺らぎを含んだものとして立ち上がってくることも近年の物質文化研究のなかでは夙に指摘されるようになってきた. たとえば人類学の分野では, B. ラトゥールらのアクター・ネットワーク理論 (ANT) であるとか, A. ジェルによるエージェンシーをめぐる議論, あるいは対称性の人類学などと称される議論のなかで,「ひと」と「もの」, 自然と文化 (社会), 人間と非人間という存在のカテゴリーの分断と境界の固定化は批判されるようになった (ラトゥール 2008；Gell

1998；Hoskins 2013；Descola 2013）.

本章では，こうした先行研究の問題意識を継承しつつも，養殖真珠という「もの」に注目して，その生産（養殖）現場に関する筆者の民族誌的調査を通じて，従来の先行研究における暗黙の前提を批判的に再検討し，さらに議論を一歩前進させることを試みる．より具体的には，筆者が過去の論考（床呂 2011）において提唱した「統御モデルから対話的モデルへ」というアプローチを踏まえつつも，それを考古学におけるエンタングルメント（entanglement）やいわゆる複雑性（complexity）をめぐる議論などとの接合を通じて「もの」に関する人類学的な議論を更に発展させることを試みてみたい．

2 真珠とは何か

真珠は歴史上，黄金やダイアモンドなどと並んで人類がもっとも熱望してきた宝石の一つであり，世界の各地で，真珠は探し求められ，採取され，交易され，利用されてきた．

そもそも真珠とは何だろう．真珠に関する簡潔な定義として，それは「間違った場所にできた丸い貝殻」であるという簡潔な定義がある（松月 2002：14）．これは真珠に関する言わば最広義の定義であり，この広義の意味における真珠は，理論上は地球に生息する約 10 万種の貝すべてに存在しうるとされる．これに対して，宝飾品によく利用される狭義の真珠は，そのうち後で述べる〈真珠層〉構造を備えたもののみであるとされる．そこで本章で言う真珠は，真珠層構造を有するカルシウムでできた物体で，生きた真珠貝によって作られたものを指すこととする．本章では，このうちとくに近代的な養殖技術の確立以降に生産されているいわゆる養殖真珠に焦点を当てて論じる．

真珠の大きな特徴は，それが生きている動物，すなわち真珠貝が作りだす宝石である点にある．およそ宝石はダイアモンドやルビー，貴金属などの無生物性宝石と，象牙，珊瑚，亀甲，コハク，ジェットなどといった生物性宝石に分類される．真珠はこのうち後者，すなわち生物である真珠貝が産み出した宝石である．

ここではまず，真珠が有する多くの特徴のうち，その物理・化学的な側面に注目して，簡単に述べておきたい．宝石としての真珠の色や輝きなどを美しく，そして貴重な存在にしているのは，何よりも真珠の物理・化学的な組成や構造の特性であるからだ[1]．

真珠とその真珠貝の貝殻は多くの特徴を共有している．真珠の主成分は炭酸カル

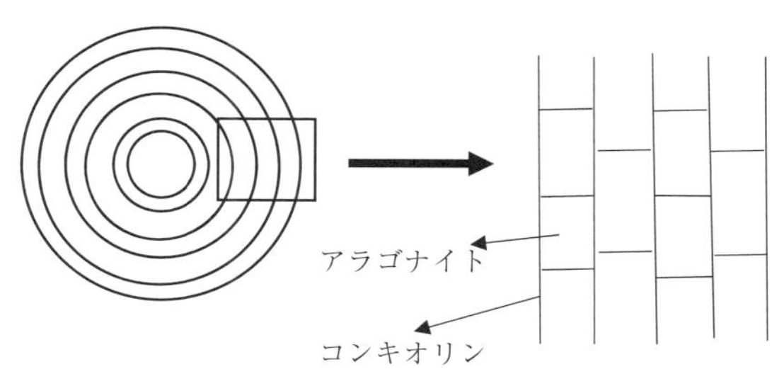

図１●真珠の構造模式図

シウム（$CaCO_3$）である．これは貝殻や珊瑚の骨格とほぼ共通している．より詳細に真珠の成分を化学的に分析すれば，真珠は実に93％程度までが炭酸カルシウム，約5％程度がコンキオリン（$C_{32}H_{48}N_2O_{11}$）と呼ばれる一種の硬タンパク質からなり，残りが水分や他の微量元素で出来ている．

図２●浜揚げされたばかりのシロチョウガイ真珠を検査する養殖場の作業員．フィリピン，パラワン島にて

ただし，こうした成分がただ無秩序に混じり合っているだけでは真珠特有の虹色の輝きを放つ真珠には成り得ない．すでに述べたように狭義の真珠とは真珠層（nacre）を備えたものであるとされる．真珠層とはアラゴナイトと呼ばれる炭酸カルシウムを成分とする霰石の板状結晶と，先述のコンキオリンと呼ばれる硬タンパク質がレンガとセメントのように平行に積み重なって出来た構造のことである（図１参照）．

やや雑駁に言えば真珠層は，ちょうど玉ねぎのように同心円状の層からなる構造をなしている．こうしたアラゴナイトの層が間に薄いコンキオリンを挟みながら数千，数万と積み重なって形成されたものが真珠層である．この夥しいアラゴナイト層の集積は，先に述べた石灰化現象の一種であるが，その形質は遺伝で規定されつつも，同時に漁場の水温，その他の環境によって大きく左右される．このため，どの真珠の真珠層のパターンも，一つとして同じ構造ではなく微妙に異なっている．

3　真珠養殖の民族誌——近代的真珠養殖技術の概要

真珠を人為的に養殖する技法は，西欧や中国などでも古くから試みられてきたが，現代の真珠養殖産業の直接の起点となるのは，御木本幸吉，西川藤吉，見瀬辰平らをはじめとする明治期以降の日本人によって確立された技法である．この近代的真珠養殖では一つの技術手法が，異なる母貝や環境，そして社会へと応用されていった．その工程や技法については後で述べたい．いずれにしても，日本におけるアコヤガイ（*Pinctada fucata martensii*）を母貝とする真珠（以下「アコヤ真珠」と記す）養殖を基礎として発展した真珠養殖の技術は，現在では他の母貝や環境に応用され，後で詳しく述べるように，それぞれの母貝や環境の特性に応じて技術や養殖の実施の詳細が変容を遂げてきた．

アコヤ真珠養殖の工程

本節では基本となるアコヤガイを母貝とする真珠（以下アコヤ真珠）の養殖を例にとって，その具体的な工程について現場での実地調査をもとに紹介し検討してみたい．以下の内容は主として筆者による三重，愛媛，長崎の三県のアコヤ真珠養殖場での観察・聞き取り結果に依拠している[2)]．

現在のアコヤ真珠養殖の過程については後で見るように場所や従事する業者による細部の偏差も無視できないものの，まずは共通している工程についてまとめるとその概要は次の図3のようになる．

ここで図の各工程について簡単に紹介してみたい．まず真珠の養殖にはその母貝として，あるいはピース貝（後述）として使用するために大量の貝を必要とする．こうした貝は現在では養殖業者は大手一貫業者を除き稚貝を母貝業者や所属する漁業共同組合から購入することが多い．この稚貝を2年から3年間，育成して真珠養殖の核入れ（後述）の母貝ないしピース貝に使用する．

この次に「抑制」（ないし「仕立て」）と言われる過程がある．これは養殖のいわば土台・材料の準備とも言える母貝の状態を調整する作業であり，アコヤ真珠養殖において極めて重要な工程である．この「抑制」は簡単に言えば母貝の生理状態を抑えるための作業である．具体的に述べると，養殖籠の内部の母貝の数を増やすなど密度を調節したり，養殖籠を海中に垂下する深度を調節したり，あるいは籠の穴の大きさを調整するなど複数の手法（やその組み合わせ）によって敢えて貝にストレスを与える「抑制（仕立て）」が実施される．

抑制が順調に済むと，次はいよいよ「核入れ」ないし「玉入れ」と呼ばれる挿核手術の工程になる（以下，核入れと略）．核入れとは簡単に言えば母貝の生殖巣付近に淡水貝の貝殻で作った核とよばれる球状の物体と「ピース」と呼ばれるアコヤ貝の外套膜（貝殻を作る臓器）の切片を挿入する作業であり，いわば一種の臓器移植手術である．このピースを採取する対象の貝をピース貝と言う．

稚貝購入：真珠組合や母貝業者から
↓
貝の育成：母貝・ピース貝ともに 2 年から 3 年育成
↓
仕立て，抑制：核入れ前年の 11 月頃から翌 4 月頃
↓
核入れ（玉入れ）：挿核作業．4 月頃から 8 月頃
↓
養生：挿核後 2 週間程度
↓
沖だし・管理：化粧巻き漁場への移動，貝掃除等
↓
浜揚げ・玉出し：12 月頃から 2 月頃まで

図３●アコヤ真珠養殖の工程の流れ

この手術によって真珠貝の体内に挿入され核に付着させられたピースの切片は，やがて真珠袋（pearl sac）と呼ばれる袋状の膜を形成して核をすっぽりと包み込み，貝の成長とともに真珠層が核の周囲に形成されていくことで真珠が形成される．この核入れは機械化が不可能であり，きわめて繊細な手作業が必要な工程である．核入れでは「ひっかけ」，メス，細胞送り，核送りなど複数の道具を使用する．手先の器用さに加えて貝の生活史の詳細な知識，貝の生理状態を見極める観察眼が核入れには必要とされ，核入れを行う挿核技術者は真珠養殖の過程でいわばもっとも中核的な存在である．そこでは触覚など他の知覚と関係づけられた視覚が重要な役割を果たしている．

挿核された母貝は次に「養生」と言って比較的，波などが静かな漁場で安静にされる．これによって挿核手術によるダメージからの貝の体力の回復を図るためである．こうして養生が済んだら次に「沖だし」と言って生育条件の良い漁場へと籠を移動させる．

真珠養殖での最後の工程が冬場の 12 月から 1 月頃に実施される浜揚げ作業である．浜揚げは，核入れした母貝をその挿核の翌年以降に浜揚げする場合と，挿核したすぐ後の冬のうちに浜揚げてしまう場合があり，前者の場合，浜揚げされた真珠は「コシモノ（越物）」と呼ばれ，年内に揚げたものは「当年物」と言われる．浜揚げした母貝は貝柱を切って貝殻を開けて真珠玉を取り出す．この作業を「玉出し」と言う．ここまでが養殖業者が関連する工程であり，この後，真珠は入札会などに出荷され，加工業者や流通業者の手に渡っていくことになる．

旅するテクノロジー

日本の真珠養殖で一般的なアコヤガイ（*Pinctada fucata martensii*）は，もともと太平洋からインド洋にかけて棲息し，日本では太平洋側では房総半島，日本海側では男鹿半島が生息の北限とされる．シロチョウガイやクロチョウガイに比べると小型であり，殻長（母貝の大きさ）は6cmから10cmほどである．次に紹介するシロチョウガイやクロチョウガイと同様に，アコヤガイもウグイスガイ科の二枚貝である．アコタガイの殻表面は灰褐色で，殻の内面には美しい真珠光沢がある．

明治期にアコヤガイを母貝とする真珠養殖が日本で開始された後，早くも大正期に入ると海外での真珠養殖の試みが日系企業の手によって行われている[3)]．たとえばシロチョウガイ（*Pinctada maxima*）に関しては木曜島，アル諸島，スールー諸島，ブトン島などで母貝の養殖や採貝が古くは戦前から実施されてきた．シロチョウガイはクロチョウガイなどと並んでいわゆる南洋真珠の母貝として知られている．生息域は奄美大島以南のインド洋から南西太平洋の比較的，暖かい海に分布し，オーストラリア北岸からインドネシア，フィリピン，ミャンマー，沖縄の一部などで養殖されている．

シロチョウガイはさらに貝殻真珠層縁が銀白色のもの（シルバーリップSilver-lipped pearl oyster）と，金色のもの（ゴールドリップGold-lipped pearl oyster）が区別される．このうちシルバーリップはオーストラリアに，ゴールドリップはフィリピンやインドネシアに多い．シロチョウガイの母貝はアコヤガイ，クロチョウガイなどと比較した場合，最も大きく殻長30cm以上に達するものもある．シロチョウガイは貝殻それ自体が装飾品とされ，象嵌細工や貝ボタンをはじめとした貝細工の材料としても盛んに利用されている．

現在ではオーストラリア，インドネシア，フィリピンがシロチョウガイを母貝とする真珠（以下，「シロチョウ真珠」）の三大供給地となっているが，このほかに量は相対的に少ないもののミャンマー，マレーシア，パプア・ニューギニア，タイ，中国などでもシロチョウ真珠の養殖が実施されている．

次にクロチョウガイ（*Pinctada margaritifera*）を母貝とする真珠（以下，「クロチョウ真珠」）の養殖について述べる．クロチョウガイもシロチョウガイと同様に，インド洋から太平洋の比較的，暖かい海に生息する．クロチョウガイの母貝の大きさはちょうどアコヤガイとシロチョウガイの中間といったところであり，成長したクロチョウガイは，殻長15cmから20cm近くにまで達することがある．

クロチョウ真珠は，いわゆる黒真珠として知られ南洋真珠のなかでも人気が高い．とくにクジャクの羽根にあるような濃い緑色がかった光沢（いわゆるピーコックグリーン）を有する黒真珠は上質の真珠として珍重されてきた．とくに仏領ポリネシアの島々では盛んにクロチョウ真珠の養殖が実施されているほか，日本でも沖縄の石垣島でクロチョウ真珠の養殖が行われている．このほかニュージーランドやニューカレドニア，イラン，スーダン，ハワイなどでもクロチョウ真珠の養殖が試みられてきた．

図４●シロチョウガイの貝殻．スールー諸島周辺にて

こうした技術の移転や拡散においては，もともとは日本で開発されたアコヤ真珠の養殖技法を基本としながらも，各地の自然環境や市場の条件などに応じて，4節で詳しく述べるように，少なからず養殖技術の変容や独自の適応などが生起しているのも特徴である．

南洋真珠養殖における「渡り職人」的な移動の旅

今述べたような真珠養殖技術の「旅」ないし技術移転の経路は，養殖に関わる人間自身の移動（「旅」）と密接に関連したものであることは言うまでもない．たとえば筆者が海外の養殖現場で働く日本人真珠養殖技術者のライフヒストリーの聞き書きの過程で驚かされたことは，海外の養殖現場においてはいわば，技術者の移動が頻繁であることだ．すなわち腕の良い技術者は，そのライフヒストリーのなかで頻繁に職場を移動し，結果的に極めて広い範囲に言わば「渡り職人」のように移動するという事実だ[4)]．

シロチョウ真珠やクロチョウ真珠の養殖は現在では日本の一部（沖縄，奄美）以外ではインドネシア，フィリピン，ミャンマー，オーストラリア（以上はシロチョウ真珠），および仏領ポリネシア（クロチョウ真珠）など世界各地で実施されており，それに対応するかたちで日本人養殖技術者もそうした世界各地の養殖現場に散らばっている．

しかし，こうした日本人の養殖技術者は各地に分散してはいるものの，実際にはその技術者のうち「いま誰がどこの国のどの養殖場で働いている」という噂がすぐに伝わるような同業者のインフォーマルなネットワークが形成されている．当事者に言わせると「腕の良い職人（養殖技術者）ほど良い条件を求めて職場を渡り歩くことができる」といい，真珠養殖技術者の世界においては複数の職場を渡り歩くことは経歴上，マイナスにならないどころか，むしろそれだけ腕の良さ，才能の良さを示す一種の勲章でもあるとされる．

旅する「もの」たち

広域に移動するのは技術者などの人間だけではない．養殖技術が日本のアコヤガイ真珠の養殖現場から世界の各地に移動するにつれて，養殖に使用される各種の道具や機械類など人間以外の「もの」も，各地に移動し，旅し，そして現場の環境などに応じた変容を遂げてきた．

筆者が最初に南洋真珠の養殖現場を訪問したのは，沖縄のR社の現場であった．そこでまず印象的だったのは，アコヤガイの養殖現場を見慣れた筆者にとって，クロチョウガイへの挿核手術に使用する道具が，アコヤガイに対して用いる道具と比べると，その基本デザインは類似しているとしても，その大きさその細部において大きく異なる点であった（図5）．

具体的には，開口器も大きな力で開ける必要があるので大型のものを使用する．また挿核手術に使用する道具も微妙に異なる．たとえばメスや挿核器，細胞送りがみなアコヤガイのものより大きいのに加えてアコヤガイなら両端にメスや細胞送りなどの先端がついているが，それだとクロチョウガイへの挿核手術では長くなりすぎるので，一つの柄に一つの先端だけで，その先端がかなり極端に丸くカーブしている．

ただしこういう曲げ具合などは使用する人によってかなり異なるという．こうしたモノはアコヤガイから，よりサイズの大きい貝に対しての養殖へ応用される形でデザインの変容を遂げたと言える．

また移動するのは技術者などの人間や，技術者が使用する道具だけではない．真珠養殖のもう一方の「主役」とも言える真珠貝自身も，ときに数千キロに及ぶ遠距離を越えて養殖場に運び込まれることがある．これは養殖に必要な母貝やピース貝が必ずしもその養殖場の付近の海域で入手できない場合などが典型である．

たとえば沖縄のR真珠では，シロチョウガイなどを母貝とする真珠を養殖している．しかしながら養殖開始当時は，R真珠の付近では養殖に適したシロチョウガイをまとまった量，入手することはできなかった．そこでR社では，シロチョウガイを今ではフィリピンのセブやスールー諸島から輸入している．こうした貝の移動や搬入はアコヤガイの養殖においても実施されている．近年では夏場の高水温による斃死率上昇への対策として，中国やペルシャ湾など海外から持ち込まれたアコヤガイと国産アコヤガイを掛け合わせたいわゆる「ハーフ貝」の導入が日本各地で

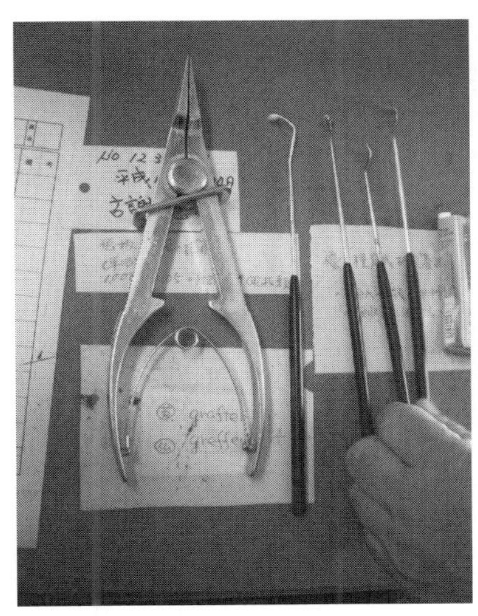

図５●クロチョウ真珠の挿核手術で使用される道具類．沖縄の真珠養殖場にて．

図６●クロチョウガイを手入れする養殖場の作業員．仏領ポリネシアの真珠養殖場にて．

進んでいる．

このように人間だけではなく，養殖に必要な道具や，養殖で用いられる貝自身も，ときには国境を越えて移動し，遠く離れた場所で人や道具，モノと組み合わされて養殖の実践が行われている．

4　流体的なテクノロジーと「もの」・環境・人間のエンタングルメント

アコヤ真珠と，シロチョウ真珠やクロチョウ真珠などのいわゆる南洋真珠の技法の最大の違いの一つは，後者では複数回の核入れをすることにある．この２回目以降の挿核は「直入（ちょくにゅう）」という．これはすでに形成された真珠袋に直接，入れる方式である．

以下，まずクロチョウ真珠養殖の事例に即して述べる．クロチョウ真珠養殖を手掛ける沖縄のＲ社では直入の技法を採用しているが，まず１回目に入れる核は２分３厘のものが多いのに対して，２回目は２分７厘（約 10mm）以上の核を入れる．核入れは最多でも一つの貝で３回までとされる．核入れして珠出しまでの期間はいつも２年ほどである．最大でも３回までなのはそれ以上やると貝が老化しもはや真珠層の成長が乏しいものしか取れなくなるためとされる．

直入以外にも複数の技法の違いが存在する．たとえば，アコヤでよくやる真水や塩水処理（真水や海水より濃い塩水に数時間付けて付着生物を殺す工程）はR社では実施していない．そのかわりウォッシャーで貝掃除を月に二度はやる．刺激を与えた方がマキが良いが刺激しすぎると体力を弱らせるので，その辺は貝の状態を見ながら調整している．

以上はR社の事例だが，興味深いのは同じ母貝でも場所に応じて技術が微妙に異なる点である．たとえば仏領ポリネシアのO社の事例を紹介したい．ここではR社と同じくクロチョウガイを母貝とする真珠の養殖に携わっている．ここで経営者兼，自身も技術者である日本人のO氏によると，R社とは違ってここでは抑制の技法は実施しないという．これは，自然のあるがままでやる方が，できる真珠の質が良いとわかったためだという．また他の養殖場で実施しているレントゲンでの脱核検査もしない．

さらに核入れに使用する道具も微妙に異なる．たとえばメスも，R社のものよりも全長が長く，そして細胞送りと兼用するタイプのメスを使用する．

すなわち，同じクロチョウ真珠の場合でも，その養殖の現場や技術者により微妙に異なる道具が使用されているのだ．こうした南洋真珠の養殖における場所や業者ごとの技法の差異を，筆者の調査に基づき大まかにまとめたのが表1である．このうち「転倒」とは，南洋真珠で実施される技法の一つで，挿核後の貝に対して定期的にその吊るす方向を上下で向きを変える技法を指す．これは南洋真珠貝の場合，アコヤガイに比べて貝の大きさが大きいため，これを実施した方が形成される真珠の真円率を上げるために良いとされる技法である．また採苗における「人工」は人工採苗，「自然」は自然採苗を指す．

既に述べた通り，現在において一般的な真珠養殖技術は，明治期の日本におけるアコヤガイを母貝とする養殖技術の確立を直接的な起源とし，その後，南洋真珠などを含めて世界各地に展開していった．その過程で真珠養殖技術は，原理上は日本のアコヤ真珠での技法を基本として据えながらも，細部においてはその対象とする母貝や，現場の環境，そして養殖業者や技術者個人などに応じて，ときに大きな違いを含みつつ多様化してきた．こうした技法や道具の多様化は，いったい何を意味するのだろうか．

ここで参考になるのが，森田敦郎によるタイの農業用機械に関する民族誌的研究である（森田 2012）．森田は，当初は日本製の中古コンバインなどをはじめとするタイに導入されていった機械が，日本とは大きく（自然的，社会的）環境の異なるタイで生き延びるために，改造などを通じて大きな変容を被っていった過程を記述している．森田によると，知的財産制度などを通じて機械のデザインや仕様の同一性

表1●南洋真珠養殖における各地の技法のバリエーション

業者	母貝	場所	抑制	直入	転倒	採苗
R社	クロチョウガイ	沖縄	○	○	n.d	人工
O社	同上	仏領ポリネシア	×	○	×	人工
G社	同上	仏領ポリネシア	×	○	○	自然
J社	シロチョウガイ	フィリピン	△	○	○	自然
K社	同上	フィリピン	△	○	○	自然
P社	同上	オーストラリア	○	n.d.	×（以前は実施）	人工

が維持されているような先進国に対して，タイにおける機械はずっとルーズに構成されている．このようなルーズなあり方を森田は，A. モルらに倣って「流体(fluid)」的な機械と呼ぶ．そこでは個々の機械は機種やブランドに縛られることなく，修理や改造をとおして次々と変化し個別化していく（森田前掲書：205–229；Mol & Law 1994）．

本章で扱った真珠の養殖技術についても，その中核的原理としては明治期の日本で最初に開発されたアコヤ真珠養殖の技法を採用しながらも，その細部の工程やそこで使用される道具・細かな技法については，ときに大きな差異を含みこんだ多様化・個別化を呈していることを述べてきた．こうした技術のあり方を森田らの用語に倣って「流体的なテクノロジー」と名付けることが可能であろう．「流体的なテクノロジー」である真珠養殖技術は，当初はアコヤガイを対象とする三重や九州などを発端とし，その後は沖縄，東南アジア，オセアニア，中国など世界の各地へと移動していった．この移動の過程で，養殖技術はそれに関わる人（養殖に関与する技術者など），もの（養殖で使用される貝，道具），（各地の漁場の）環境との組み合わせに応じて展開されていった．

養殖では核入れの工程をはじめとして，熟練の技術者が果たす役割が大きいことは既に指摘した通りであるが，実際には人間だけではなく，もう一方の主役とも言える貝（これ自体も母貝だけではなくピース貝，さらには核の原料となる貝など複数の貝が関与する）だとか，養殖で使用される（ときに技術者個人に応じてカスタマイズされた）メスなどをはじめとする道具，そして何より，海など養殖の現場の環境が果たす役割がいずれも重要であり，そのいずれのアクターの貢献を抜きにしても真珠養殖は成立しえない．

とくに，最終的なプロダクトである真珠の品質に関しては，外套膜を提供するピース貝であるとか，また水温や水質などが大きく影響する．真珠層を構成しているアラゴナイト層の集積は，先に述べたように石灰化現象の一種であるが，それは貝の遺伝で規定されつつも，環境の影響も強く受ける．また母貝の斃死率などには水温や水質をはじめとする環境が決定的に重要である．こうした複数の異質なアクターや要素のあいだの複雑な絡み合いを，ここでは考古学者のI. ホッダーに倣ってエンタングルメントと呼ぶことにしたい（Hodder 2012）．

養殖が対象とする貝も，それは起点となるアコヤガイから始まって今ではクロチョウガイ，シロチョウガイ，マベガイ，各種の淡水真珠貝，ラディアータなどへと多様化していった．こうした対象とする貝の種類の違いはもちろんこと，同じ種類の貝であっても，養殖場の周囲の水温や水質をはじめとする海の環境の差異，そして養殖に従事する技術者の身体の癖や嗜好などに応じて，実際の養殖を構成するエンタングルメントは，状況に応じて大きく変化し個別化している．

さらにこのローカルな環境は場所によって異なるだけではなく，時間的にもたえず変動するのが特徴である．とくに近年において真珠養殖業者のあいだでも，海況の悪化や近年の天候不純などは深刻な問題として認識されており，養殖漁場の環境が近年，不安定になっているという声を聞くことが多い．こうした環境の変化に応じて養殖技法にもさまざまな試行錯誤や微調整が行われている．

たとえば日本国内では近年の気候変動に伴い，比較的，高水温に強いとされる外国（中国やヴェトナム，ペルシア湾岸）産のアコヤガイの品種を国産貝に掛け合わせたいわゆるハーフ貝の導入が近年，急速に進んでいる．これはある意味では，貝の斃死という真珠貝の側の予期せぬ反応が，結果的に人間の多様で新たな対応を誘発している状況である．

こうして検討してきたとき，養殖真珠という「もの」は，人間の側の一方的・人為的な意図によって制作された人工物というよりは，むしろ人だけではなく真珠貝や環境を含みこんだ複雑でダイナミックなエンタングルメントの結果として生成してきた産物としての側面を強く有していることが見て取れるだろう．

5 「もの」の創発と複雑系――設計主義を越えて

皮肉なことに，養殖場によっては，前節で述べたような真珠養殖技法の変更や調整が，人間の側の意図や思惑とは異なる結果を招いてしまうことも稀ではない．たとえば，夏場の高水温に強い品種であるハーフ貝の導入は，結果的にそれを母貝とする真珠の真珠層のマキや品質の低下を招いてしまうことがしばしば指摘されている．このため，ハーフ貝の導入後でも真珠層の品質の低下を招かないように，養殖技術者は抑制のやり方や浜揚げの期間を調整するなどの対応に追われることになる．さらに夏場の高水温に強い貝は，逆に冬場の低水温時に弱いため，今度は冬場に養殖中の母貝の斃死率が上昇してしまうという問題に直面し，新たな対応を迫られる事例も起きている[5]．

このように空間的にも各地の養殖環境が多様であり，しかも時間軸とともにその環境が変化していくことに対応して，真珠養殖業者は養殖技法のノウハウなどを微妙に変化させていかざるを得ない．概して真珠養殖では，貝と海という非人間の側の相互作用の結果として創発する思わぬ挙動を通じて，人間の側は絶えず対応や微調整を迫られることになる．

このように真珠養殖は，あらかじめ人間の側が意図した設計やデザイン通りに，それを素材としての自然の材料（貝）に押し付けるといったイメージとは程遠いものがあり，むしろ貝や海など非人間のアクター間の相互作用の結果として創発している意図せざる挙動への絶えざる応答や交渉・微調整のプロセスという状況に近い．

やや抽象化して言えば，養殖真珠は，海などの自然環境と真珠貝という非人間のアクター間の相互作用や，そこに介入する人間のあいだで展開される複雑系（complex system）的な挙動の結果としてできるものだと言えるだろう．ここで言う複雑系とは，雑駁に言えば，複数の要素が相互作用することを通じて全体としては（要素のレベルには還元できないような）なんらかの新しい挙動や性質を示す（＝「創発」emergence）ようなシステムを指す．単純なシステムの挙動は，その系を構成する個々の要素を加えた結果にほぼ線形に対応するのに対して，複雑系の挙動は，系を構成する個別の要素の単なる総和に必ずしも対応しないこと（非線形性）を特徴とする．またこれに関連して，システム全体の挙動は初期値の微細な差異が増幅され，その差異に対して鋭敏に反応することもよく知られている．たとえばマクロな気象システムや経済システムなども複雑系の典型的な事例として挙げられることが多い[6]．

真珠養殖における人・「もの」・環境のエンタングルメントは，このような複雑系としての性質を有するがゆえに，最終的な完成品の真珠の品質であるとか，斃死率の変化などの真珠貝の挙動は，環境などの微細な違いが相互作用を通じて増幅されて思わぬ（ネガティブな）帰結を招いてしまう．

たとえば，壱岐で真珠養殖を営む養殖業者のK社では，母貝は約2～3種類，細胞貝も3種類ほど，さらにそれ以外に7種類くらいのタネ貝を育成している．これは，今後の環境の変化に応じた危険分散のため一種の保険のように生物（真珠貝）の多様性を維持しておくとともに，そのつど，最適の組み合わせで良い真珠を作るための措置である．ここではF1（第一世代）で掛け合わせて試験的に養殖テストする．結果が良ければ，そのF2以降を実際の養殖の細胞貝ないし母貝に使用する．しかしながら，K社の社長に言わせれば，どの組み合わせで斃死も少なく良い玉がでるのかはいわば「バクチ」だといい，同じ組み合わせでも年や細かな養殖筏の場所の違い，あるいは核入れした施術者の違いなどに応じて結果は大きく異なるという．

ここには真珠養殖における，先に述べたいわば複雑系的な特徴が強く示唆されている．真珠養殖では環境の条件，たとえば水温などの微細な差であるとか，それに応答する貝の体内の微妙なコンディション，そして技術者の側の介入の微妙な差などの初期値の微細な差異といったファクターが複雑なエンタングルメントを通じて増幅された結果，ときに人間の側の当初の思惑や意図を越えた結果をもたらしてしまうことが稀ではない[7)]．

この状況を理解するにあたって，T. インゴルドが挙げる，伝統的な編み籠製作の事例が示唆的である（Ingold 2000）．伝統的な編み籠の製作者は，作り始める前の時点では，最終的なプロダクトである籠に関しては，概して大まかな把握しか持っていない．インゴルドによると，編み籠の作り手は，製作に先立って自分が抱いていたデザインを素材に押し付けるというよりも，材料との，一連の身体的実践を通じた相互作用を介して籠を即興的に製作するようなプロセスだとされる．

現代の自動車の製造などの大規模工業生産においては，あらかじめ人間が事前に設計した仕様やデザインに沿って，部品が集積され，ロボットなどを用いて忠実に再現して生産することが多い．これを「設計主義」的な「もの」づくりと呼ぶとしよう．

それに対して，ここで挙げた編み籠の製作だとか，本章で取り上げた真珠養殖などは，（設計主義的な「もの」づくりとは対照的に）最終的なプロダクトは必ずしも人間の側が製作に先立って事前に用意した設計図などに沿って製作されるという訳ではない．

むしろ，そこでは製作のプロセスのなかで，籠の材料となる素材だとか，真珠貝などの「もの」であるとか海などの環境との複雑な相互作用の結果として，即興的，状況（経路）依存的に最終的なプロダクトが生成されてくるという状況に近いと言えるだろう．前者の設計主義的な「もの」づくりに対して，後者は非設計主義的で，（複雑系の理論の文脈における意味での）創発的（emergent）な「もの」づくりとでも呼びうるものであろう．

6　結語――新たなマテリアリティ研究へ向けて

こうした人間と非人間の「もの」のハイブリッドな混淆状況については，すでに言及してきたようにジェルであるとか，ラトゥールらのANTなどが指摘してきた論点でもある．ここで最後に，こうした近年の人類学等における非人間をめぐる議論に対して本論の事例がいかなる新たな知見を提供しうるのかについて一言述べたい．

たしかにANTやジェルによるアートとエージェンシーの議論などは，人間と非人間の単純な二分法や境界の固定化を批判し，複雑な両者の混交に焦点を当てることで大きな意味があったと評価できるだろう．

しかしながら他方では，先に挙げたホッダーも指摘するように，人間と「もの」がいかに実際に物理化学的ないし生態的に相互に連結され，依存しているのかに関して，これまで十分な注意が払われてきたとは言い難いのも事実である（Hodder 2012：40–41）．

D. ミラーの有名な研究以降，「マテリアリティ（materiality）」は物質文化研究における重要なキーワードの一つとなっている（Miller 2005）．にもかかわらず，対象となる「もの」の物理化学的・生物学的な特性をはじめとする即物的・客観的条件を考慮に入れた研究は，考古学や生態人類学の一部を除けば，人類学で依然として必ずしも十分とは言えない状況である．こうした「欠落」は決して褒められるべき事態ではなく，今後，いわゆる自然科学系の分野との学際的な協力を含めた「もの」研究の必要性とその可能性を指摘しておきたい．本論では，こうした状況を踏まえ，真珠貝に大きな影響を及ぼす海という自然環境の場所ごとの微細な空間的差異や，時間的変動などの条件の重要性に注目して試論的な検討を実施した．

また，いわゆる文化人類学の文脈においても，本論で扱った養殖真珠の事例は「もの」のエージェンシーをめぐって新たな視点を示唆しているように思える．ここでポイントとなるのは，とくに本章で扱った真珠貝などの「生物」であるとか，森田らの論じる機械という「もの」の有する特殊性である．生物や機械には典型的であるが，それらの非人間の「もの」は，環境の空間的・時間的変化につれて自らも状態を微妙に変化し，人間の側が意図しないような思わぬ挙動を創発していくことがありうる．ジェルらの枠組みでは，「もの」はどちらかと言えば，プライマリー・エージェント（primary agent）としての人間の代理ないし二次的なエージェント（secondary agent）としての役割が暗黙の裡に前提とされている側面を否めない．

しかしながら，ホッダーも指摘する通り，非人間の「もの」は，それ自身の固有の挙動や相互作用を有するがゆえに，いわば人間抜きでも，プライマリー・エージェンシーを持ちうる存在という面も，より強調されて然るべきではないだろうか(Hodder 2012：68, 216)．たとえば環境と「もの」の複雑系的な相互作用の結果として，「もの」は人間の側の意図やエージェンシーの枠内を越え，ときにそれを裏切るような新たな挙動を創発し，人間の側に思いもよらぬインパクトを及ぼしうるような能動性を有している．

こうして見たとき，「もの」は人間によって一方的に統御される客体ではないことはもちろんのこと，状況によっては人間のエージェンシーの単なる代理といった諸次元をも超えて，人間の側が事前に予測不能な挙動や性質を，それ自身の力能で生成・創発するポテンシャルを内包した自律的な存在者として立ち現れてくると言えるのではないだろうか．

注

1）真珠に関する定義や真珠の構造，真珠貝の概要などについては松月（松月 2002），赤松（赤松 2003）C. サウスゲートと J. ルカス（Southgate & Lucas 2008）などを参照．

2）アコヤ真珠等の養殖工程やその調査に関するより詳細な状況に関しては拙稿（床呂 2007；床呂 2011；床呂 2015）を参照．また近代養殖産業が本格的に開始される以前の人類と真珠の関係についてはG・クンツとC・スティーブンソン（Kunz & Stevenson：1908）を参照．

3）近代真珠養殖技術の海外移転の沿革等に関しては，赤松（赤松　前掲書）や室井（室井 1994），サウスゲートとルカス（Southgate & Lucas 2008）などを参照．

4）南洋真珠養殖における技術者の移動の詳細や技能形成に関しては拙稿（床呂 2007）を参照．

5）近年のアコヤガイの大量斃死問題と，その対応策としてのハーフ貝の導入に関しては『真珠年鑑』2005 年版の特集などを参照．

6）複雑系としての自然システムと，その非線形性に関しては，G. ニコラスと I. プリゴジンや山口昌哉の著作（ニコリス・プリゴジン 1993；山口 2010）等を参照．なお人類学を含む人文・社会科学等の分野における複雑系の理論の物質文化研究への流用に関しては，J. ベネット，R. エグラシュ，ホッダーらによる議論等を参照（Bennett 2010：42, Eglash 2013；Hodder 2012：98)．

7）より細かく言えば，真珠貝養殖に関わる複雑性を概念上，二つに分けて考えることも可能であろう．すなわち，養殖の中心になる真珠貝の生産は，貝の生命現象を利用する組織的複雑性で，人間が介入する初期条件や少しの環境変化によって結果が大きく変わりうるものである．これに対し，環境条件の変動に対応して養殖条件を変え，母貝・ピース・核の組み合わせが多様化することは，関与する要素が多すぎて予測不能（というより適応不能）になる複雑性（非組織的複雑性）として理論上は区別しうる．しかしながら，この組織的複雑性と非組織的複雑性の区別は，真珠貝養殖の実際の場面では，両者の側面が複雑に絡み合っていることが多く，それほど明瞭に区別できないケースが少なくない．

参照文献

赤松蔚（2003）『カルチャード・パール：真珠の魅力』真珠新聞社．

Bennett J.（2010）*Vibrant Matters: A Political Ecology of Things*. Duke University Press.

Descola P.（2013）*Beyond Nature and Culture*（Trans. By Janet Lloyd）. University of Chicago Press.

Eglash R.（2013）*Technology as Material Culture*. In: Tilley C. et al.（eds.）*Handbook of Material Culture*. SAGE Publications. pp. 329–340.

Gell A.（1998）*Art and Agency: An Anthropological Theory*. Oxford University Press.

Hodder I.（2012）*Entangled: An Archaeology of the Relationships between Humans and Things*. Wiley-Blackwell.

Hoskins J.（2013）Agency, Biography and Objects. Tilley C., et al.（eds.）*Handbook of Material Culture*. SAGE Publications. pp. 74–84

Ingold T.（2000）On Weaving a Basket. In: *The Perception of the Environment*, Routledge. pp. 339–348.

Kunz G. F. & Stevenson, C. H.（1908）*The Book of the Pearl*. The Century Co..

ラトゥール，B.（2008）『虚構の「近代」：科学人類学は警告する』川村久美子訳．新評論．

松月清郎（2002）『真珠の博物誌』研成社．

Miller D.（2005）*Materiality*. Duke University Press.

Mol A. & Law J.（1994）*Regions, Networks and Fluids: Anaemia and Social Topology*. Social Studies of Science 24（4）. pp. 641–671.

森田敦郎（2012）『野生のエンジニアリング：タイ中小企業における人とモノの人類学』世界思想社．

室井忠六（1994）『たくましき男たち：戦後の南洋真珠』真珠新聞社．

ニコリス，G.・プリゴジン，I.（1993）『複雑性の探求』安孫子誠也・北原和夫訳．みすず書房．

真珠新聞社（2005）『真珠年鑑』真珠新聞社．

Southgate P. C. & Lucas J. S.（2008）*The Pearl Oyster*. Elsevier.

床呂郁哉（2007）「真珠の資源人類学：アコヤ真珠と白蝶真珠の養殖を中心に」小川了編『論文集　資源人類学　第四巻　躍動する小生産物』弘文堂．

————（2011）「『もの』の御し難さ：真珠養殖をめぐる新たな「ひと／もの」論」，床呂郁哉・河合香吏編『「もの」の人類学』pp. 71–89，京都大学学術出版会．

————（2015）「旅するフィールドワーク：真珠をめぐる複数のフィールドの調査から見えてくるもの」西井凉子編『人はみなフィールドワーカーである：人文学のフィールドワークのすすめ』pp. 108–127，東京外国語大学出版会．

山口昌哉（2010）『カオスとフラクタル』ちくま学芸文庫．

第3章

久保明教

存在論的相対化
――現代将棋における機械と人間

KEY WORDS

将棋, コンピュータ, 存在論的転回, 比較, 可塑性

1 怖がらないコンピュータ

人工知能（AI）やロボットと呼ばれる知能機械は，人間とは少なからず異なる仕方で組織された世界を生きている．たとえば，J. サール（1984）やH. ドレイファス（1992）らによって20世紀後半に展開された古典的計算主義への批判は，知能機械が行為する世界には，私たちが生きる世界に存在する要素（「志向性」や「常識」）が欠けていることを指摘した議論として読むことができる．現代将棋における将棋ソフトの存在感を一躍高めた将棋電王戦（2012～2015年）において顕在化したのも，大半の棋士を凌駕するソフトの強さだけでなく（通算でソフト側の10勝5敗1引き分け），棋士とソフトが将棋というゲームにおける世界のあり方を著しく異なるかたちで捉えていることであった．両者は異なる認知のシステム，異なる思考様式によって将棋というゲームに関わる様々な要素を扱っている．たとえば，阿部光瑠六段は以下のように両者を比較している（山岸 2013：4）．

人間は，自分が不利になりそうな変化は怖くて，読みたくないから，もっと安全な道を行こうとしますよね．でも，コンピュータは怖がらずにちゃんと読んで，踏み込んでくる．強いはずですよ．怖がらない，疲れない，勝ちたいと思わない，ボコボコにされても最後まであきらめない．これはみんな，本当は人間の棋士にとって必要なことなのだとわかりました．

将棋ソフトには，感情や疲労や勝利への意思に関わる機能は実装されていない．そもそもソフトは怖がったり，疲れたり，勝ちたいと思ったり，早めにあきらめることはできないのだから，それらの否定形に相当する「怖がらない，疲れない，勝ちたいと思わない，ボコボコにされても最後まであきらめない」こともできないはずである．これらの特徴は，ソフトの指し手を棋士の指し手に擬えて理解するアナロジーの産物に他ならない．だが，このアナロジーは，科学哲学や論理学で一般的なアナロジーの定義，〈複数の同じ性質（A, B, C, D, E）をもつ類似した対象X／Yにおいて，Xが性質Fをもつことから Yもまた性質Fをもつことが推論される〉には当てはまらない．それはむしろ，〈類似した対象X（棋士）／Y（ソフト）において，Xが性質F（怖がる）を持ちYが性質Fを持たないことから，Yに性質Fの否定形（怖がらない）が付与される〉という「否定形のアナロジー」（久保 2016a）をなしている．

複数の「〜ない」によって特徴づけられるソフトの姿は，異なる基準を持つ存在者間の相互作用において，異なる視点を混ぜ合わせる効果をもつ媒介物として働いている．こうした否定形のアナロジーは，商品売買に代表される経済学的な交換ではないものとしての「贈与」，近代的な個人ではないものとしての「dividual」など，人類学の主な分析概念のなかにも見出される（久保 2016b）．AではないBをAと比べる，比較という営為が否定辞「ない」を不可避的に含むことを鑑みれば，しばしば同じ基準を共有していない諸対象を重ねあわせる人類学的比較は否定形のアナロジーを潜在的に孕んでいると言えよう．

「本当は棋士にとって必要なこと」という阿部の表現は，単に対局に臨む精神的な構えの重要性を述べたものではない．そもそもプロ棋士は，対局中の情動を制御する極めて高い能力と技術を備えている．筆者のようなアマチュアの将棋愛好者にとって，極めて高いレベルで攻防のバランスを取るプロ棋士の指し手の多くは「自分ではとても怖くて指せない」と感じられるものであり，それらが「安全な道を行こう」とした結果であるとはとても思えない．阿部の表現が示しているのは，情動の制御をギリギリまで突き詰めて繰りだされる棋士の指し手が――ソフトとの比較において――それでも「安全な道を行こう」とした結果のように見えるという状況である．さらに「本当は人間の棋士にとって必要なこと」という表現は，情動を制御する既存の方法の外側で戦うことの重要性を，若手を中心として多くの棋士が意識するようになったことを示唆している．千田翔太七段は筆者との対談において，ソフトとの対局の難しさについて次のように述べている（千田・久保 2016：37）.

> 人間が一局の将棋に見いだすストーリーには，定跡という基本的なフォーマットがあるはずなんですよ．人間でも，こんなの見たことないぞというストーリー展開の後にいきなり『千田くんここから物語紡いでね』って言われたら困りますよね．[……] ソフトと対戦すると定跡というフォーマットから外れていってしまうので，形勢判断やその後の指し方，ストーリーの紡ぎ方が分からなくなってしまって，結果的に全く力がだせずに終わることがよくあります．

千田の発言は，将棋という同じ世界を棋士とソフトが異なる仕方で認識しているという事態ではなく，状況（個々の局面）と表現（形勢判断や候補手）を結びつける棋士の論理が，両者を異なる仕方で結びつけるソフトの論理によって相対化されることを通じて，将棋という世界に新たな領域が生みだされていく過程を示している．定跡とは，将棋における様々な戦型において互いに効果的と思われる手を指し続けた時にどのような展開が想定でき，それらの展開において先手・後手のどちらがどれほど有利になるのかを評価した膨大な記述の集合体である．それは，「定跡」という語から一般にイメージされるような固定的なセオリーや必勝法ではなく，公式戦や研究会を通じて新たな指し手が提案され有利不利の判断が覆るなかで変容し続けている．日々変化する定跡を把握し，自らの将棋によって定跡を変えていくことは，棋士たちの実践において重要な位置をしめる．棋士が練り上げてきた高度な情動の制御法もまた，局面の進行を捉える上でのフォーマットとなっている定跡に大きく依存しており，指し手の流れが定跡から離れるほど上手く機能しにくいものとなっている．

将棋はゲーム理論の分類においては五目並べやオセロと同じく二人零和有限確定完全情報ゲームであり，運は介在せず可能な指し手の組み合わせが有限の範囲に留まるため，理論上は全ての組み合わせを把握した上で双方が最善手を繰りだせば先手必勝・後手必勝・引分けのいずれかであることが解析できる．ただし，どれほど計算能力の高いコンピュータを想定したとしても，こうした完全な解析がいずれ可能であるという目処は全く立っていない．理論上の解析可能性をあてにして，将棋というゲームの全域の実在，ソフトと棋士が異なる仕方で認識する「同じ世界」を仮定するならば，棋士とソフトの相互作用を認識のズレという観点から把握することもできる．だが，棋士やソフトという行為者の視点に立った内在的な記述を試みる限り，この仮定は妥当ではない．彼らはいずれも，完全解析された将棋の全域を前提として指し手を選んでいるわけではないからだ．さらに，完全解析されたからといって，将棋というゲームの全域が確定されるとは限らない．たとえば，現代将棋を牽引してきた羽生善治は，あるインタビューにおいて「将棋がコンピュータによって完全解析されてしまったら，どうするんですか」と質問されたとき，ケラケラ笑いながら次のように答えたという．「そのときは桂馬が横に飛ぶとかルールを少しだけ変えればいいんです」[1]．

千田翔太七段は，ソフトを活用して自らの感覚を変える研究を本格的に導入したことで知られる若手棋士であるが，現在の強豪ソフトの強さの要因の一つは中段玉などの最終盤の局面における自玉の安全度の見切りの正確性にあると分析している（千田・久保 2016：17）．中段玉とは，王将が敵陣近くに露出しながら不思議と詰ませにくい局面を指す．定跡には記載されにくく，定跡がカバーする範囲の後に現れる例外的な状況であり，トップ棋士であっても，恐怖や焦燥や諦念といった情動の微かな蠢きにとらわれて指し手が不安定化しやすい．将棋は相手の王将（玉将）を先に詰ました方が勝利するゲームだが，どれほど早く相手の守備を崩しても自玉が先に詰まされると負けてしまうため，自玉の安全度を見きわめることは，攻めるにせよ守るにせよ，全ての指し手の前提をなす．

現在の強豪ソフトは，自玉の安全度をギリギリで見きわめる判断の正確性によって，プロ棋士が微かな情動の蠢きのなかで考慮しきれず，選択しきれない指し手を選び，定跡というフォーマットによって把握できる範囲を超えて戦うことができる．こうした能力の基礎には，2000 年代後半に登場したソフト「ボナンザ」の活躍によって広まった，機械学習と全幅検索の組み合わせがある．前者は，それまで主に将棋の強い開発者の知見やプロ棋士の助言に基づいて手動調整されてきた評価関数（局面の有利不利を表す評価値を算出する関数）を，プロ棋士が残した膨大な棋譜を教師データとして学習させる方法論であり，後者は個々の局面において可能な全ての指し手を探索する方法論である．機械学習によってソフトの形勢判断はよりプロ棋士に近づくと同時に，全幅探索の導入は局面における有効手を瞬時に数手に絞り込む能力を根幹とする棋士の将棋ではありえない広大な領域へとソフトの指し手を押し広げてきた．全幅探索によって局面を網羅するソフトの将棋との比較を通じて，棋士の指し手が既存の情動の制御法と絡みあった定跡というフォーマットによって限定されていることが次第に明らかになっていく．ここには，〈類似した対象 X（ソフト）／Y（棋士）において，X が性質 F（網羅性）を持ち Y が性質 F を持たないことから，Y に性質 F の否定形（非網羅性＝限定性）が付与される〉という否定形のアナロジーが働いている．これが，前述した棋士における否定形のアナロジーと結びつくなかで「怖がらない」，「最後まであきらめない」と阿部が表現するソフトのあり方が生みだされてきたのである．さらに，これらの表現は，千田によるソフトを用いた研究を通じて精緻化され，より具体的な状況と表現のセット，つまり〈従来

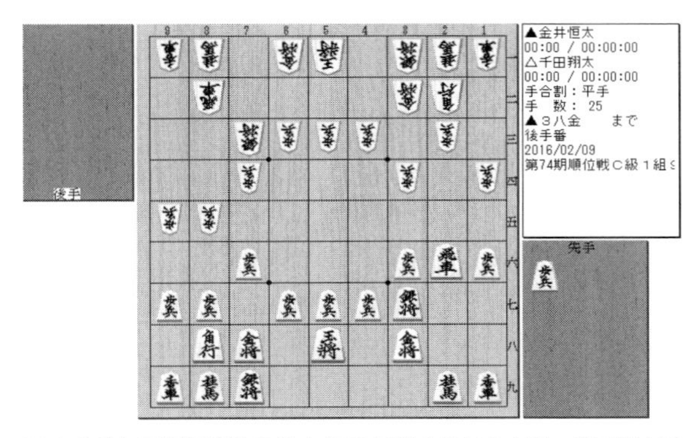

図１●第七四期順位戦Ｃ級１組９回戦金井恒太六段―千田翔太五段戦 25 手目

は正確な判断が困難とされていた局面における自玉の安全度評価の精度の高さ〉に置き換えられている[2)].

新たな表現を通じて，棋士の指し手も変化する．たとえば，以下に示す千田七段と筆者のインタビューにおけるやり取りは，将棋ソフト「ポナンザ」を用いた千田の研究を通じて，「囲い」と呼ばれる守備陣形をめぐる既存の表現が変容していく過程を示している（千田・久保 2016：30）．

千田：これ（図 1 上部，王将周りの陣形）でほとんど囲いが完成しています．

久保：え？　囲いが完成しているんですか？　これで？

千田：囲ってないですけども，守りの効率が良いので．

久保：いや訳が分からないです，将棋界でよく言う「ひぇー」ってやつですね（笑）．これで囲いが完成しているというのは従来の将棋観からすれば全く意味がわからないことのように思います．これで守りのバランスが良いという判断はソフトの影響がなければありえない，ということですよね？

千田：ないでしょうね．これは完全にソフトの影響ですね．しかも最新のポナンザ．

以上で検討してきたように，現代将棋における知能機械と人間の関わりは「異なる仕方で組織された世界を生きるもの同士の相互作用」として捉えることができる．こうした相互作用は，近年の人類学において台頭してきた「存在論的転回」（ontological turn）と呼ばれる潮流とも密接に関わる現象である．だが，まずもってそこで問題となるのは，相互に異質な論理を伴う存在者間の相互作用をいかに記述し分析できるかであろう．

2　それはいかなる転回か

「存在論的転回」と呼ばれる研究潮流は，この世界に存在する「もの」(things) についての他者 (研究対象となる人々) の見解を，文化によって異なる認識のあり方 (認識論) として捉えるのではなく，実際にそのような「もの」が存在するありかた (存在論) を示すものとして捉えるものであり (cf., Henare, Holbraad & Wastell 2007；春日 2014)，「もの」をめぐる人類学的研究一般に対しても新たな視座を提供してきた．ただし，一口に「存在論的転回」と言っても，そう呼ばれる研究には，様々な学問的系譜をもつ異なるタイプの議論が含まれている．その内実は依然として流動的かつ不明瞭だが，研究対象となる人々がこの世界に存在すると言うものを「真剣に扱う」(taking seriously the things the people we study tell us (Viveiros de Castro 2015：14)) という表現は，広く共有されていると思われる．

しかしながら，この表現は具体的な研究指針としては曖昧すぎると感じられるだろう．この世界に存在するものについての他者の見解を「彼らの存在論」とするならば，従来の人類学もそれを真剣に扱ってきたように思われるし，存在論的転回において批判される認識論的な文化研究においても「存在論」という言葉でほぼ同じ対象が指示されてきたからだ．たとえば，内堀基光と山下晋司は『死の人類学』において，個別文化の意味体系のもとで対象化された意味連関としての行動環境を人間などの存在者が構成する仕方を「存在論」と呼んでいる (内堀・山下 1986：29)．

精霊や妖術や動物人間といった，他者にとってはこの世界に存在するものを「真剣に扱う」と言うだけでは，それらを文化的な意味の構成物として「真剣に」扱ってきた認識論的研究との差異は生じえず，存在論的転回には何の新規性もないことになる．

しかしながら，存在論的転回において改めて焦点化されているのは，民族誌記述においてある状況を表現する際に，それを規定する「この世界に存在するものについての他者の見解 (＝彼らの存在論)」と「この世界に存在するものについての人類学者や読者の見解 (＝私たちの存在論)」が，しばしば明らかな齟齬を伴いつつ共立するという事態である．

認識論的な存在論概念においては，近代科学が解明する均質な自然という「同じ世界」に対する異なる意味づけの体系という仕方で諸文化が位置づけられるために，「私たちの存在論」は，科学的知識として把握される場合には「彼らの存在論」とは異なる水準 (「同じ世界」の側) におかれ，それが文化的な意味の体系として把握される場合は，「彼らの存在論」と――同じ水準にはおかれるものの――共立する必要のない相互に独立した閉域として配置される．こうして，自然科学をはじめとする近代的営為によって確定される「現実の世界」に「彼らの存在論」が介入する回路はあらかじめ塞がれ，異なる存在論の共立という事態は同じ「現実の世界」に対する異なる解釈（世界観）の排他的共存へと変換される．

存在論的転回が提示したのは，こうした変換の妥当性への疑義であり，世界観への変換を停止すると彼ら／私たちの存在論は「現実の世界」といかに再接続されうるのか，という問いである[3)]．したがって，「転回」の新規性は，人類学的な問いに対する回答方法の新しさではなく，問い自体の新しさとして把握される．そこで問われるのは，「この世界に存在するものたちは同じ世界をいかに異なる仕方で意味づけるのか」ではなく，第一に「様々な存在者はいかにして異なる世界を作りあげるのか」であり，第二に「異なる世界を生きる存在者はいかに関係しうるか」である．ただし，第一の問いだけを取りあげると，認識論的文化観への批判的視座を維持してきた生態人類学的な文化研究の基本テーゼと見分けがつかない．人々は世界を単に固有の仕方で認識しているのではなく，固有の仕方で世界を作り上げているのであり，認識と制作の両輪駆動において構成される彼らの「自然＝文化」（大村 2012）を解明することが人類学の目的である．こう言ってしまえば，存在論的転回は，20 世紀後半の言語論的転回の限界や認識論偏重への反省を踏まえた生態人類学的アプローチの本格的再導入を促すキャッチフレーズに留まるだろう．

しかしながら，問題は，第一の問いが常に第二の問いを伴うことにある．一体，複数の「自然＝文化」を解明し比較する人類学者の視座はどこにあるのだろうか．私たち自身が固有の「自然＝文化」を生きている以上，彼らの「自然＝文化」を客観的に分析することなどできるだろうか．人類学的な調査分析自体が「異なる世界を生きる存在者はいかに関係しうるか」という問いの対象にはならないということが，どうしてありうるだろうか？

存在論的転回を「自然＝文化」の解明に還元する発想は，「転回」が孕むもっとも根本的な問いを回避することによって成立している．それは，「文化」と呼ぶにせよ，「自然＝文化」と呼ぶにせよ，そのようなまとまった事象の有様を解明し比較する外在的で超越論的な視点を完全に放棄したとき，人類学的分析はいかなる意味で学問的な分析となりうるか，という問いである．

本章で「存在論的相対化」と呼ぶのは，そうした外在的な視点を予め設定できない中で生じる運動である．そこでの問題は，まずもって，「人々が存在すると述べるもの全てが実際に存在していると認めることにあるのではなく，むしろ《私たちの》世界において現に存在しているものを，他者の世界において存在しているものとの《差異》においてより良く理解すること」（Maniglier 2014：38）となるだろう．

だが，この問題設定は，ある困難な課題を人類学者につきつけることになる．それは，民族誌記述においてある状況を表現する際に――特定の状況に対して特定の表現を与える――異なる（彼ら／私たちの）論理を共立させながら，いかに有意味な状況と表現のセットを生みだすかという課題である．この課題に応える仕方でM. ストラザーンやE. ヴィヴェイロス・デ・カストロらが提示してきた手法として，〈ある状況に特定の表現を与える他者の論理にあわせて似た状況に対応する自らの論理を改変し，その改変された論理に従って表現を構成する〉ことがあげられるだろう（cf. 久保 2013；里見・久保 2013）．こうした営為を本章では「存在論的相対化」と呼ぶ．だが，そこには状況と表現の対応を保証する論理があらかじめ与えられないという難点があることは否定できない．人類学者が調査地の状況に対して人類学的分析概念に基づく表現を与えることで異文化に対する適切な表象が与えられるという発想に対する20世紀末になされた多くの批判（cf. Clifford & Marcus 1986；Clifford 1988）を経た現在においても，私たちは状況に適切に対応する表現を生みだす以外に，民族誌記述の妥当性を担保する方法，ひいては研究の学問的意義を内外に向けて提示する方法を知らないからだ．シンプルに，ある状況と表現のセットを「表象」と呼ぶのであれば，存在論的転回は表象をめぐる問題を容易に免れうるわけではない．調査地における表象（状況―表現のセット）を規定する論理に沿って分析概念自体を拡張する存在論的相対化は，20世紀末の異文化表象批判は乗り越えうるかもしれないが，では自他の論理が混ざり合った表象の妥当性はいかに担保されうるのか，という新たな問題に直面する．本書第12章で提示されている，存在論的転回を謳う文化／社会人類学者は動物と人間の対称性を前提とする人々の語りを肯定しながら自らは動物の視点を全く考慮していないのではないか，という極めて鋭敏な批判もまた，人類学者と調査対象の人々，人々と動物からなる二段階の自他の論理が混ざり合って構成される表象の妥当性をいかに提示しうるかという問題として理解することができる．言い換えれば，自他の論理の混ざり合いからなる表象を単に肯定するだけでは――人類学者（自己）と調査対象の人々（他者）の組み合わせであれ，人々（自己）と動物（他者）の組み合わせであれ――他者の観点を自己の観点に還元してはいないかという批判を免れえない．民族誌記述と学問的表象の関係を再編する作業が不十分である限り，存在論的転回を謳う分析の多くは堅実な学問的探究から離れて新奇性を追求する一過性の言説として受け取られるか，実際にそのようなものに変質してしまう道筋を避けられないだろう．

したがって喫緊の課題は，状況と表現の対応を規定する異なる論理の共立に基づく存在論的相対化が，（ｉ）いかにして適切な状況と表現のセットを生みだしうるのか，加えて（ii）適切な状況と表現のセットを生みださない時であっても存在論的相対化が持つ固有の有効性とはなにか，という二つの問いに応えることであろう．以下では，前節で検討した現代将棋における棋士とソフトの相互作用と重ね合わせながら人類学的探求の根幹をなす比較という営為を再検討することを通じて，この二つの問いに回答を与えることを試みる．

3　比較の可塑性

冒頭で検討したソフトを用いた千田の研究は，前節で提示した存在論的相対化，つまり，〈ある状況（個々の局面）に特定の表現（評価値や候補手）を与える他者（将棋ソフト）の論理にあわせて同じ状況に対応する自らの論理を改変し，その改変された論理に従って表現を構成する〉ことによって進められる．その結果，局面に対する千田の表現は，棋士の論理がソフトの論理に接続されたものに基づくがゆえに，棋界における既存の語り口とは異なるものへと変容していく．ちょうどストラザーンの民族誌において用いられる「関係」や「人格」や「イメージ」といった学問的語彙が，メラネシアの社会性に接続されることで変容していくように．

千田における「囲ってない囲い」にせよ，阿部における「怖がらないコンピュータ」にせよ，彼らの将棋ソフトを介した将棋観の変容の土台となっているのは，具体的な指し手に根ざした自らと将棋ソフトの比較である．比較という営為は，比較の対象およびそれをめぐる様々なアクター（比較する者自身を含む）が関係づけられていく実践であり，それらのネットワークが安定することを通じて，適切な状況と表現のセットによって世界を認識することが可能になる．フィールドワーカーは，被調査者をはじめとする現地の様々な要素に自らの身体や情動を結びつけていくことを通じて「彼らの視点」へと接近し，状況と表現のセットを規定する「彼らの論理」と「私たちの論理」を様々に接続するなかで「彼ら」と「私たち」を比較し，状況に対して適切な表現を産出しうる民族誌家となっていく（久保 2015：34–38；久保 2016c）．

比較に関わる諸アクターのネットワークが安定化することで明確な比較の基準が与えられている時，比較はその状況に適切に対応した一連の表現（「（A は〜であるのに対して）B は…である」）を産出し，人類学者は「比較するもの」としての有様を確立する．だが，状況と表現の適切な対応は，比較自体が流動的に変化・拡張していく運動における一つのステップに他ならず，人類学者は絶えず中途半端な「現地民もどき／分析者もどき」としてふるまい続けることになる．

比較によって対象は特定のかたちを獲得し，対象の動態を通じて比較が新たなかたちを得る．筆者は，こうした比較の両義性を，C. マラブーがヘーゲル研究や神経学研究を通じて練り上げてきた可塑性概念（マラブー 2005；2016）を参照しながら，「比較の可塑性」と呼んできた（久保 2015）．可塑性（Plasticity, *plaztizität, plasticité*）という概念には，「特定の姿かたちを与える」能力（ex.「造型芸術＝plastic art）と「異なる姿かたちを受け取る」能力（ex.「この粘土は可塑的である」）という意味が同時に含まれている．

人類学的営為において，比較の安定化によって適切な状況と表現のセットを確立すること（認識）と比較の拡張によって適切な状況と表現のセットが確立されうる新たな領域を探索すること（実践）は表裏一体であり，一方は他方の下位要素ないし効果として現れる．こうした可塑的な運動において，比較をめぐる認識と実践は動的に接続されている．そこにおいて，比較は，表象の精度を上げるために用いられる二次的な手段としてではなく，表象に潜在的に先行し，その副次的効果として表象を産出する一次的な営為として捉え直される．

阿部の言う「怖がらないコンピュータ」もまた，棋士とソフトの比較をめぐる実践と認識のあいだに発生する存在である．一見，「怖がる／怖がらない」という二項対立において棋士とソフトの差異が認識されているようだが，そのソフトのあり方は棋士との対局という実践の只中において現れるものに他ならない．内在的な実践の動態が外在的な認識の切り分けに導入されることで生まれるソフトの否定形の有様は，「本当は棋士にとって必要なこと」として実践の場にさし戻される．

一方，千田によるソフトを用いた研究は，将棋というゲームが許容する無数の指し手を棋士の思考とソフトの計算と結びつけながら探索することで遂行される．比較される膨大な要素が結びつき安定した基準を確立すると，「自玉の安全度評価の精度」といった仕方で自他の差異が抽出され，ソフトの精度と重ねあわされるなかで千田自身の将棋を捉える視点が変化し，人間の棋士との対局における彼自身の指し手もまた変化していくなかで，棋士とソフトの差異を捉える仕方も変容する．

比較が対象に特定の姿を与えると同時に比較のあり方（ひいては「比較するもの」としての人類学者／棋士の有様）自体が対象との相互作用を通じて変容し，変容した比較が対象に新たな姿を与えていく．こうした可塑的な比較の過程のなかで，異なる存在論的布置を生きる者同士の相互作用は，両者のいずれにも還元できない不明瞭な――状況と適切に対応しているとは言えない――表現（「怖がらないコンピュータ」，「囲ってない囲い」）を通じて比較に関わる諸要素のネットワークを拡張し，新たに探索された領域の部分的な安定化（による新たな状況の産出）を通じて，より明瞭な，状況と適切に対応する表現（「自玉の安全度評価の精度」）が産出される．

いまや私たちは前述した二つの問い，存在論的相対化は（ｉ）いかにして適切な状況と表現のセットを生みだしうるのか，（ii）適切な状況と表現のセットを生みださない時であっても存在論的相対化が持つ固有の有効性とはなにか，に対する応答を手にしている．棋士や人類学者が参与する存在論的相対化においては，異なる存在論的見解に依拠するものとの相互作用を通じて比較のネットワークが変容し，その安定化を通じて適切な状況と表現のセット（＝表象）が生みだされる．さらに，適切な表象が確立されないときであっても，存在論的相対化は，否定形のアナロジーが産出する不明瞭な表現を介してネットワークを拡張することを通じて，未知の状況と表現のセットを探索するという固有の有効性を持つ．可塑的な比較を通じて，人類学的探求は，世界中の様々な状況に適切な表現を与えるという学問的意義をもつだけでなく，まさにそうした営為に伴って，未知の状況と表現が結びつく新たな可能性を探索するという効果を持つのである．

4 相対化の実定性

ただし，可塑的な比較を通じた表象の形成と探索は，単に安定化と不安定化を繰り返しながら表象可能領域が増大していくようなプロセスではない．マラブーは近年の著作において，可塑性の第三の意味に焦点を当てた議論を展開している．可塑性という語は，「プラスチック爆弾」（plastic）や「プラスチック爆弾による攻撃」（plastiquage）といった表現に見られるように，あらゆるかたちを爆発させ粉砕する可能性をも含意する（マラブー 2016：42–44）．可塑的な比較もまた，かたちを受け取り，与えるだけでなく，比較を通じて比較対象の粉砕が促され，比較のかたち自体が崩壊していく契機を孕んでいる．

自己と他者を比較すること．そこには常に，他者との比較を通じた自己の変容への脅えにもとづいて，そのような自己と類比的な他者自体を――物理的ないし認識論的な暴力を通じて――無力化しようとする動きが噴出する可能性が伴う．現代将棋においては，将棋ソフトに否定的なことで知られる棋士の一人が電王戦で敗れた棋士を慰めようとしてSNS上に投稿した「彼は将棋で負けたのではなく，将棋に似たゲームで負けただけ」という発言が，ソフト開発者の反発を招いている[4)]．棋士を中心に形成されてきた将棋界において，増大し続ける計算力をもとに年々棋力を上げるソフトの視点から従来の人間的努力を否定されるのは受け入れがたいという反応が出るのは当然とも思われる．だが，ソフト開発者からすれば，棋士との比較という成果の認定法を奪われて，ソフトは将棋と似た別のゲームに強いだけだと断定されることは，これまでの努力を否定する暴力的な見解と感じられることも当然であろう．

存在論的相対化を軸とする人類学的研究の実定性は，まさに，グローバル化の進展において，「（異なる仕方で認識される）同じ世界」という近代的前提による制約／抑圧が問題化し，著しく異なる存在論的見解の対立がしばしば比較の破壊的可塑性を噴出させている現代世界の有様において認められる．たとえば，激化する IS（イスラミック・ステート）と諸国家の対立は，一方との比較に基づいて自己を規定する両者のふるまいが，比較項たる他者の殲滅へと向かうプロセスとして捉えることもできる．

こうした現代的状況に対して，認識論的な文化相対主義は，「世界に対する異なる認識を可能なかぎり尊重するがそれを許容できなくなれば『同じ世界』における問題に変換することで排斥する」という態度を批判できない，という明確な弱点を持っている．ある人々にとっては実在する神を彼らの世界観の産物に変換することで「同じ世界」から排除する限りにおいて，神の実在を前提にした人々の営為は確実に抑圧される．文化相対主義は，どこまでが「同じ世界」でどこからが「異なる認識」であるのか，その線引き自体の構築性を捨象してしまうのである．対して，存在論的相対化は，何がこの世界に存在しうるのかに関する既存の前提を掘り崩しながら，様々な「もの」を存在せしめる異なるやり方が結びつく過程においていかなる相互作用や概念の拡張がなされうるのかを探求する契機となる．「人権」や「人道的介入」を存在せしめるやり方が，「実在する神」を存在せしめるやり方との間でいかなる共通する要素や異質な要素を持っているのか，両者はいかに関係しているのか，関係しうるのかを考察することも十分に可能であるように．

「他者性」（Alterity）とは，近代主義的自己反省をロマンチックに彩るレトリックではない．それは，自己を異化する他者との関係性を，相対主義的尊重や相互殲滅戦とは異なる仕方で——それらの近傍において——練りあげるために活用されうる契機である．存在論的相対化を軸とする人類学的分析の実定性は，人類学者の可塑的な比較が被分析者の可塑的な比較と接続するなかで発生し，両者が連動しながら状況と表現を対応づける新たな領域が探索され，比較の破壊的可塑性が噴出する只中において未知の妥当性を持つ状況と表現が産出されていくプロセスにおいて把握されることになるだろう．

注

1）『週刊ポスト』2014 年 5 月 2 日号，143 頁，小学館．

2）ソフト開発の軌跡は，棋士が質的な表現によって捉えてきた指し手の価値が，量的に把握されうる数値とそれを操作する数式へと変換されてきた軌跡として捉えることができる．だが同時に，徹底的な数値への変換は，ソフトによる指し手に棋士のそれとは異なる新たな性質を付与することにもなった．千田七段の研究においては，局面毎の評価値の精査を通じて，ソフトが弾きだす量的な評価を棋士が依拠する質的な表現と結びつけることが試みられている．質と量が数を通じて密接に結びつくあり方については，本書第 10 章を参照のこと．

3）存在論的転回におけるこうした問いは，カント的な相関主義からの離脱を含意する点で，近年の哲学分野における「思弁的実在論」と呼ばれる潮流と部分的に関係している．思弁的実在論については本書第 13 章を参照のこと．なお，本章の議論は第 13 章の終盤で提示される課題の三つ目に対応していると考えられる．

4）将棋ソフト「やねうら王」開発者・磯崎元洋氏による 2016 年 5 月 24 日のブログ記事「『将棋に似たゲーム』とは何なのだろうか？」を参照のこと（yaneuraou.yaneu.com）．

参照文献

Clifford, J.（1988）*The Predicament of Culture : Twentieth-Century Ethnography, Literature, and Art*, Harvard University Press

Clifford, J & G. E. Marcus（eds.,）（1986）*Writing Culture : The Poetics and Politics of Ethnography*, University of California Press.

千田翔太・久保明教（2016）「機械と人間：その第三の道をゆく」『E！』（8）：10–42（http : // www.eureka-project.jp/#!projects/c10d6）.

ドレイファス，H. L.（黒崎政男・村若修訳）（1992）『コンピュータには何ができないか：哲学的人工知能批判』産業図書.

Henare, A, M. Holbraad & S. Wastell（2007）*Thinking Through Things : Theorising Artifacts Ethnographically*. Routledge.

春日直樹（2014）「人類学の静かな革命：いわゆる存在論的転換」春日直樹編『現実批判の人類学：新世代のエスノグラフィへ』世界思想社，9–31 頁.

久保明教（2013）「人類学機械と民族誌機械：ガタリ記号論からみる現代人類学の展開」『現代思想』41（8）：172–183，青土社.

————（2015）『ロボットの人類学：二〇世紀日本の機械と人間』世界思想社.

————（2016a）「記号の離床：将棋電王戦にみる人間と機械のアナロジカルな相互作用」『科学と文化をつなぐ：アナロジーという思考様式』東京大学出版会，236–253 頁.

————（2016b）「方法論的独他論の現在：否定形の関係論へ」『現代思想』44（5）：190–201 頁，青土社.

————（2016c）「非人間への生成：非連続的思弁と連続的実践の狭間で」『現代思想』44（20）：194–209，青土社.

Maniglier, P.（2014）A metaphysical turn? Bruno Latour's An Inquiry into Modes of Existence.（Translated by Olivia Lucca Fraser）*Radical Philosophy* 187 : 37–44.

マラブー，C.（西山雄二訳）（2005）『ヘーゲルの未来：可塑性・時間性・弁証法』未來社.

――――――（平野徹訳）（2016）『新たなる傷つきし者：フロイトから神経学へ，現代の心的外傷を考える』河出書房新社
大村敬一（2012）「技術のオントロギー：イヌイトの技術複合システムを通してみる自然＝文化人類学の可能性」『文化人類学』77（1），105–127.
里見龍樹・久保明教（2013）「身体の産出，概念の延長：マリリン・ストラザーンにおけるメラネシア，民族誌，新生殖技術をめぐって」『思想』1066 号（2013 年第 2 号），264–282 頁，岩波書店.
サール，J.（1984）「心・脳・プログラム」ホフスタッター，R. D. & D. C. デネット編，坂本百大監訳『マインズアイ：コンピュータ時代の「心」と「私」』TBS ブリタニカ，178–210 頁.
内堀基光・山下晋司（1986）『死の人類学』弘文堂.
Viveiros de Castro, E.（2015）Who is afraid of the ontological wolf ? some comments on an ongoing anthropological debate, *The Cambridge Journal of Anthropology* 33（1）：2–17.
山岸浩史（2013）「人間対コンピュータ将棋」頂上決戦の真実【後編】：一手も悪手を指さなかった三浦八段は，なぜ敗れたのか」『現代ビジネス』2013 年 5 月 15 日記事（http : //gendai.ismedia.jp/articles/-/35787?page=4）.

Column Ⅰ　小松かおり

人工物を食べる

遺伝子組み換えバナナの開発

KEY WORDS
遺伝子組み換え，ゲノム編集，バナナ

1. 遺伝子組み換え作物の現在

遺伝子組み換え作物（Genetic modified organisms：GMO）[1]は，現在，除草剤に耐性をもつ roundup ready と呼ばれるモンサント[2]のダイズ，トウモロコシなどの一連の商品群を中心に，さまざまな議論の対象となっている．GMO は，食べものとは何か，ということを考えさせる．何が「食べもの」であるかということは，基本的には文化的に決まるものであるが，GMO が提起するのは，「普遍的に」食べものはどうあるべきか，ということである．

作物の形態と質的特徴の改良自体は，農の起源と同じくらい古い．作物（栽培植物）のそもそもの定義が，人間の介入によって遺伝的に形質が変化した植物である．栽培化されたあとも，選抜と交配，突然変異による新たな形質の保護によって多くの改良品種が生み出されてきた．しかしそれは，「自然の力を借りて」「自然の淘汰を経た」ものであると考えられてきた．20 世紀の後半には，一部の品種は放射線を照射して特別変異を誘発する方法によって育種されたが，その方法が消費者の目を引くことはなかった．

直接 DNA に働きかけて改変する遺伝子工学は 1970 年代に開発され，現在主流の遺伝子組み換え技術は 1990 年代にアメリカで実用化された．遺伝子組み換えでは，作物の DNA の特定の配列がもたらす形態や機能を特定して，特定の塩基配列で切ることができる制限酵素を使って DNA の特定の部位を切り取り，別の生物の特定の場所に追加する．遺伝子組み換えが成功した生物を識別するために，マーカー遺伝子と呼ばれる遺伝子も導入され，非GMOと区別ができる．それまでの品種改良と異なるのは，種の境界や植物・動物・細菌などの境界を越えて，遺伝子を組み合わせることが可能なことである．

現在，アメリカ，カナダ，ブラジルなど南米アメリカ大陸を中心に，工業加工食品と家畜の飼料用に開発されたダイズとトウモロコシ，綿花などの普及が進んでいる．一方，アジアに向けて，国際稲研究所（IRRI）がビタミンAを強化したゴールデン・ライスと呼ばれるイネを開発したが，主食作物の遺伝子組み換えは多くの国で反対運動に遭い，受け入れは進んでいない．

2. 遺伝子組み換え作物をめぐる議論

アメリカで1994年に最初に商品化されたGMOは日持ちするトマトだったが，生鮮食品であるGMトマトはアメリカの消費者に受け入れられず，その後，加工用・飼料用の作物や綿花が対象となった．殺虫効果をもつ遺伝子を組み込んだ作物（殺虫剤が不要になる）や，除草剤に耐性が高い作物（除草剤が大量に使える）などがよく知られている．これらの作物は，土壌微生物など生態系への悪影響，除草剤耐性に対抗するスーパー雑草出現の可能性，自然交配による在来作物の汚染などへの懸念が表明されてきた．これらの状況が起きると，環境を不可逆的に変えることになる．

また，人体への影響が予測できないとして，人体への影響の判定に，既存の食物と同じ基準が用いられるのは甘いのではないかという疑念も呈されてきた．開発から短期間で商品化されるため，意図しないタンパク質の発現による人間の体への中長期の影響が試験されていないことも議論の的になってきた．

もう一つ大きな問題となっているのは，GMOと権利の問題である．GMOの遺伝情報と形質は，おもにアメリカ系の多国籍バイオテクノロジー企業によって特許が保有されている．マーカー遺伝子が挿入されているため，非遺伝子組み換え遺伝子との識別は簡単にできる．商品としては，連作すると形質が不揃いになる種子で販売するため，GMOを栽培する農家は，毎年会社から種子を購入しなくてはならない．それに対して，そもそも世界中の農民が数千年にわたって品種改良してきた作物の一部に手を入れただけで，遺伝情報と形質を独占する権利を得るのは不当である，という批判がある．

それらに対して，GMOを推進する立場の人々は，途上国の人口増と低栄養状態を改善するための食糧生産の増大の特効薬であると主張してきた．GMOの販売から20年以上経った今でも，明らかな健康被害の報告が知られていないため，安全性は確立されているという．また，最初の遺伝子組み換えが，大規模生産農家とバイオテクノロジー企業の利益だけを目指していると批判されたためか，最近の遺伝子組み換えは，ビタミンAなど途上国で不足しているといわれる栄養素の添加を目的とするものが多く，消費者にこそメリットがあるという主張が前面に押し出されている．GMOが結果的にもたらす高収量が畑地の拡大を抑え，自然環境を保護するという主張もある．さらに，耐病性や殺虫効果をもつGMOが減農薬に繋がるため，より「自然」な農業に利するという考えもあり，有機農業とGMOの統合を模索する動きもある（アダムシャ&ロナルド2011）．

3. ウガンダにおける遺伝子組み換えバナナの作出

バナナも，現在，遺伝子組み換え技術が実用化されようとしている作物の一つである．バナナには，均質的なグローバル商品としての顔と，遺伝的多様性の高い在来作物としての顔がある（小松2012）．在来作物としてのバナナは，数千年前から，世界中の湿潤な熱帯と亜熱帯で栽培されてきた．果物としてだけでなく，料理用バナナを主食とする地域も多い．一方，グローバル商品としては，19世紀末に中南米でグロス・ミッシェルという品種の栽培が始まった．

グローバル商品としてのバナナは，初期から，多くの病虫害，中でも，フザリウム属の真菌によって引き起こされ，のちにパナマ病と呼ばれるようになった病気に悩まされてきた．初代のグロス・ミッシェルも，大規模栽培が難しくなったグロス・ミッシェルに代わって現在栽培されているキャベンディッシュも，世界規模でパナマ病の被害を受けている（コッペル2012）．

一方，在来作物としてのバナナもさまざまな病虫害の被害を受けている．

中でも，バナナを主食・主作物とするウガンダ，ルワンダ，タンザニアなどの東アフリカ高地は，ゾウムシ，線虫，ブラックシガトカ病など，複数の病虫害で深刻な生産減に追い込まれている．ウガンダは，料理用バナナと生食用バナナを合わせて世界第 3 位のバナナ生産国で，湿潤な南部一帯で小規模農家がバナナを栽培している．バナナは，長時間蒸し煮して軽くマッシュしたり，マメと一緒に煮込んで主食にする．田舎ではバナナ酒が日常的に醸造されている．ウガンダのバナナは穀類，イモ類の中で最も生産量が多い．その中でも特に，主食と酒用に重要なのが，東アフリカ高地 AAA と呼ばれるこの地域に独自の品種群である．この品種群には，たくさんの品種が含まれるが，遺伝的に近いため，病虫害が流行すると，被害が拡大しやすい．政府の農業研究機関（NARO）もバナナの研究を重視して，病虫害対策の研究にも力を入れているが，現在，効果的な対策は見つかっておらず，バナナの病虫害はウガンダの農業・食糧政策にとって，喫緊の課題になっている．

これまで，世界のバナナの遺伝的多様性の研究と品種改良は，バナナを生産から流通まで担うチキータやドールなどの多国籍アグリビジネス企業や，バナナ生産を主要産業とするホンジュラスの国立研究所とともに，世界のさまざまな農業関係の機関や大学に所属する研究者のネットワークが担ってきた．2012 年には，彼らが，栽培バナナの原種であるムサ・アクミナータの全遺伝情報の解析を完了した．その情報は，ネット上で公開され，キャベンディッシュの後継品種の作出にも，主食としてのバナナの作出にも利用できる状態になった．

ウガンダ政府は現在，多国籍アグリビジネス企業やバイオテクノロジー企業に先んじて，GM バナナを国内で栽培しようとしている．遺伝子組み換え技術を利用して，従来の品種改良法では追いつかない耐病虫性をもったバナナの開発に取り組み，在来の東アフリカ高地 AAA から，ブラックシガトカ病に対応したバナナと，ビタミン A 添加バナナを完成させた．このバナナは，ほかの在来品種のように，株分けのみで代を重ね続けることができる．完成した新型バナナは，実験圃場で代を重ねながら，GMO 栽培を一般の畑でも許可する法律を待っている．

ウガンダ政府の農業研究所の開発を後押ししたのは，欧米のドナーである．ビル＆メリンダ・ゲイツ財団などのドナーが，特定の目的の GM バナナのために多くの助成金を出し，実験所と実験畑の維持に大きく貢献した．

4. ウガンダのバナナがもたらすもの

ウガンダのGMバナナには，これまでのGMOとは違う点がある．まず，GMOに反対がある大きな三つの理由——人間への安全性の未確認，生態系の攪乱，アグリビジネス企業による利益の独占——のうち，後の二つをクリアしている．バナナは株で増える根栽作物で，現在作出対象となっている三倍体のバナナは不稔であるため，種子作物のような在来作物への遺伝子汚染が起こる可能性が非常に低い．そもそも，ウガンダのような小規模栽培のバナナ畑には，数品種から数十品種が混作されることが多く，遺伝子組み換えの東アフリカ高地AAAバナナが生み出されたからといって，在来の品種が一掃されることは考えにくい．また，新型バナナは，NAROの作品だが，NAROはこのバナナを農民に無料配布する予定で，他の作物で問題になっているような，特許による知的所有権の独占の問題は起きない．しかも，主食作物が病虫害で激減しており，政府も国民もバナナ生産の困難に直面している，ということを総合的に判断すると，倫理的に文句をつけにくい状況なのである．ただし，GMOの世界的ドナーであるビル＆メリンダ・ゲイツ財団が出資した研究は，ウガンダの人々にとっては最重要の課題とは言えないビタミンA添加バナナなのであるが．

一方，もし，ウガンダでGMバナナが普及すれば，工業製品として加工しない主食作物が大々的に普及する初めての例になるかもしれない．それは，GMOを推進する人々にとって大きな前進となるだろう．GM食品を毎日の主食とする事例であり，世界で最も生産されているGM果物を長期間大量に食べる事例になるからだ．それは，遺伝子組み換えをめぐる論争において，推進派を大きく利することになるだろう．

そのようなGMOを作りたくない／食べたくない人は作らない／食べない，ということを選択すればよい，という考えもあるが，作物の単位あたりの流通コストは流通量に反比例するため，GMOの割合が増えれば，非GMOを分けて流通させるためのコストが高くなり，そのコストが価格に転嫁されたり，そもそも非GMOの生産量が減って入手しづらくなることも予想される．バナナの場合は当てはまらないが，種子作物の場合は，GMOと非GMOの自然交配を完全に防ぐことは難しいので，周囲にGMOが存在すれば，気がつかないうちに混入することが起こりうる．つまり，GMOを食べものとして忌避する人たちにとって，遺伝子組み換え作物の国や地域への導入は，食べものに対する自己選択権を侵害するものであると感じられるだろう．

5. 食べものとは何か

GM作物に反対する人々の主張の根幹は，それが「食べもの」として認めがたい，というところにあると思われる．動物と植物，細菌の混淆は，自然に反することで，食べものとして受け入れがたいと感じる人は，現時点ではかなり多いと思われる．

「自然」という基準で言えば，わたしたちはすでに，化学的に合成された加工食品を大量に摂取して暮らしている．作物の育種でも，放射線による育種は忌避されていない．歴史を遡れば，人間が作物や家畜を生み出した時点で食べものは人工的なものになったともいえる．もっと根源的には，レヴィ＝ストロースがいうように，人間は，料理することによって，食べものを「文化」に変換してきた．さらに，食べものはそもそも食べものと見なされた段階で「自然」ではない，という考え方もあるだろう．

一方で，食べものとは，自分の身体に同化するものであり，自分の身をゆだねるものである．そのために，あらゆる「もの」の中でも，高度に信頼が必要とされる．具体的に身をゆだねる対象は食品店や農家や工場であり，食べものを設計した技術者や育種家でもあるが，究極的には人間にはコントロール不可能な何か，「文化」もしくは「人工」に対する「自然」とも呼べるものに対する信頼や畏怖が食べものを食べものたらしめるのではないか．言い換えれば，完全に「人工」に属するものとみなされた場合，「食べもの」としての力を失い，不信を抱かれるのではないだろうか．人間は，「人工」と「自然」のバランスの中に個々の食べものや食べもの全体を位置づけ，技術の進歩によってそのバランスを修正しながら，許容できる食べものと許容できない食べものの線を引き，食べるもの全体の組み合わせでさらにバランスを調整してきたように見える．ウガンダのバナナは，工業的に加工されない主食であるという点で，このバランスに，より大きな影響を与える存在なのである．

ごく最近，さらに複雑な事態が起こっている．ここ数年で実用化されたゲノム編集である．ゲノム編集の手法は多様であるが，育種に実用化されているゲノム編集は，現存する品種の遺伝子の一部を選択的に取り除く方法である．たとえば，特定の栄養素の合成を担う遺伝子を取り除くことで，栄養成分を変えることができる．ゲノム編集は，遺伝子組み換えと比べて，狙った遺伝変異を正確に高確率で起こすことができ，しかもコストが安いため，急激に普及しつつある．遺伝子組み換えには必要だったマーカー遺伝子が必要ないため，編集のあとも残らない．ゲノム編集は，遺伝子組み換え以上に人工的にコントロールされた手法であるが，現在のところ，ゲノム編集で作られた作物には種を越える遺伝子は含まれていないので，これを，GMO と見なすか，GMO の規制に含めるかということでは，世界各国で対応が別れている（石井 2017）．ゲノム編集は，従来の育種法と遺伝子組み換えの橋渡し役を務めるだろうか，それとも，遺伝子組み換えを不要とする防波堤になるだろうか．

人間はさまざまな食べものを受け入れながら生きてきたが，ウガンダのGM バナナは，食べものの「自然」と「人工」のバランスに関する人々の意識を大きく変えるかもしれない．

注

1）Genetic modified organisms は遺伝子組み換え生物全体を指すため，動物，魚類，微生物などを含む．

2）モンサントは，アメリカに本部をおく多国籍バイオテクノロジー会社．遺伝子組み換え作物で最も大きなシェアをもつ．

参照文献

アダムシャ，R.・P. ロナルド（椎名隆・石崎陽子・奥西紀子・増村威宏訳）（2011）『有機農業と遺伝子組み換え食品：明日の食卓』丸善出版．

石井哲也（2017）『ゲノム編集を問う：作物からヒトまで』岩波書店．

小松かおり（2012）「バナナとグローバリゼーション」三尾裕子・床呂郁哉（編）『グローバリゼーションズ：人類学，歴史学，地域研究の現場から』東京外国語大学アジア・アフリカ言語文化研究所，285–316 頁．

コッペル，D.（黒川由美訳）（2012）『バナナの世界史』太田出版．

第II部……ものの人化

第 4 章

奥野克巳

絡まりあう生命の森の新参者
――ボルネオ島の熱帯雨林とプナン

KEY WORDS

諸自己の生態学，意思疎通，狩猟民プナン，
複数種の絡まりあい，マルチスピーシーズ人類学

1　諸自己の生態学にみられる意思疎通

動物行動学者 C. スポティスウッドらの調査研究によれば，モザンビークのヤオ（Yao）のハニーハンターたちが特別な音を出すと，ノドグロミツオシエ（*Indicator indicator*）というトリがハンターを蜂の巣へと誘導する可能性が高まる．ハニーハンターたちは，ノドグロミツオシエに案内された場所に到着すると，蜂の巣がある木を切り倒し，木ごと燻して蜂蜜を手に入れる．他方で，ミツオシエもまた人間を誘い出すために，特定の鳴き声を発する．ハニーハンターが“brrr-hm”という特別な音でそれに応じれば，ノドグロミツオシエが人間を蜂の巣へと誘導する確率は高くなるという．ノドグロミツオシエは，人間を蜂の巣まで案内し，人間による作業を介して，食料である蜜蝋を手に入れる．主にサハラ以南のアフリカでは，ノドグロミツオシエと人間の間で互いが互いを生かす，コンヴィヴィアルな関係が築かれてきた（Spottiswoode, Begg, & Begg 2016）．

ここで，ノドグロミツオシエと人間の間で交わされるコミュニケーションは，互いの考えていることを通わせているという意味で，両者の間に「意思疎通」が行われているように見える．意思疎通とは，互いが考えていることを伝えて理解を得たり，認識を共有したりすることであり，本来的には，人間同士の関係において生じる現象であるとされる．その意味での意思疎通がノドグロミツオシエと人間の間で達成されているように思えるのだ．

はたして，人間と人間以外の生きものや生きもの同士の間で意思疎通は可能なのか．この点を考えていくための手がかりを，本章では，E. コーンが『森は考える』（コーン 2016）の中で示した，意思疎通の概念に求める．コーンによれば，異種間の意思疎通は可能である．彼の要点は，以下の二つである．

第一に，コーンは意思疎通を，「種＝横断的な共感・意思疎通」（コーン 2016：154），「種の分割線を交差する意思疎通」（コーン 2016：276–277）にまで拡張し，種間および種＝横断的な意思疎通を構想した[1]．言うまでもないが，そのような行動を意思疎通と読むのは，つねに人間である．

第二に，コーンは，種＝横断的な意思疎通の基礎にあるのが，実際的な効果を持つ「記号」であると考えている．樹上のサルは人間が引き起こした衝撃音を記号として受け取り，直ちに飛び退いて，生命をつなぐ．後に詳述するように，こうした「生ある世界で起きる記号過程」（コーン 2016：64）のことを，コーンは意思疎通と呼んだのである（コーン 2016：64–65）．

ヤオで見られるハニーハンターとノドグロミツオシエのような人間と野生動物との間で直接交わされているように見える意思疎通を介した「相利共生」に関する報告は実際にはきわめて稀であるが，人間と他の生物種との間のやり取りを含め，種間あるいは種＝横断的な意思疎通が日常的に行われていることを想像するのはそれほど難しいことではない．人間を含むにせよ含めないにせよ，種同士は，種＝横断的な意思疎通を交わしてきたと見ることができる[2]．人間と伴侶犬とのコンパニオンシップだけでなく，人間とイルカの相互理解に関しては，これまでに幾つかの重要な研究がある（たとえば，ハラウェイ 2013a，2013b；ベイトソン 2000）．本章で取り組んでみたいのは，種と種が複雑に絡まりあって繰り広げる生命活動の中に，人間がどのように関わってきたのかを記述検討することである．

コーンが「諸自己の生態学」という概念枠組を提示することで考えようとしていたのは，この点であった（コーン 2016）．彼は，C. S. パースの「記号過程」を応用して，「記号もまた人間的なるものをはるかに超えて存在する……（中略）……．生命は，構成的に記号論的である．つまり，生命とは隅々まで，記号の過程の産物なのである」（コーン 2016：21）と述べる．彼は，記号過程で生じる思考や精神を持つ主体を「自己」であると捉えて，諸々の自己，すなわち諸自己によって生み出される生態学の全体像を描き出した．コーンの諸自己の生態学を手がかりとしながら，本章では，ボルネオ島の熱帯雨林に住む狩猟民プナン（Penan）を対象として，人間を含めた複数種の間で繰り広げられる生命の絡まりあい（entanglement）を記述検討する．

それは，既存の静態的な「人間–存在（human beings）」の概念に代えて，複数種との絡まりあいのなかで生みだされる動態的な「人間–生成（human becomings）」像を提起しようとするマルチスピーシーズ人類学に接近することでもある．マルチスピーシーズ人類学とは，これまでもっぱら人間の観点から，種間関係を含めた世界が描かれてきた人類学のあり方を批判的に乗り越え，複数種のつくり出す世界に人間がどのように生成した（しつつある）のかを位置づけようとして，近年登場した一つの学問ジャンルである．人間と他種の関係論的なあり方を検討することにより，本章では，複数種の編み目の中心にいるのが人間ではなく，人間もまた，その編み目をつくりだす一つの生物種にすぎないということが示されるであろう．

2　エクアドル・アヴィラの森のハキリアリをめぐる複数種の絡まりあい

パースの記号過程は「イコン（類像記号）」，「インデックス（指標記号）」，「象徴（シンボル）」から成る．イコンとは，カメレオンが周囲の自然と見分けがつかないほど擬態していることで表象されるような，類似に基づく記号である．インデックスとは，旗がはためいていることによって，風が吹いていることが表象されるような，指標的な記号のことである．象徴とは，結婚指輪が結婚の合意を表象するように，対象に恣意的に結び付けられる規約的な記号である．

パースの議論を土台として，コーンは，エクアドル東部のアヴィラの森で複数種の間で織りなされる記号過程を描き出し，それらの意思疎通のあり方を浮かび上がらせている．ここでは，食料源として重用されるハバチ科アッタ属のハキリアリをめぐるコーンの記述考察を見てみよう．

それぞれのコロニーのハキリアリは，年に一度，数分間にわたって，同時に数百の丸まると太った，羽つき女王アリを，他のコロニーのハキリアリと交尾させるために，夜明けの空に向けて解き放つ．ハキリアリは脂肪を有り余るほど貯えており，森の中の多くの生きものにとってご馳走となる．カエル，ヘビ，小型のネコ科動物といった他の生きものたちは，ハキリアリが飛び立つタイミングに関心を向ける．それらは，ハキリアリや，ハキリアリに誘われて来た他の生きものに惹きつけられる．

ハキリアリが夜明け前に巣から飛び立つと，コウモリはハキリアリを襲って，脂肪で膨れた腹部を噛みちぎる．ハキリアリが飛び立つタイミングは，それが捕食者に気づかれるか気づかれないかに対する反応である．ハキリアリは，コウモリに襲われないように飛び立つ瞬間を調整しようとする．そのことを，コーンは以下のように述べている．

> アリが飛行する正確なタイミングは，記号論的に構造化された生態学の帰結である．アリは，夜行性と昼行性の捕食者からもっとも見つかりにくい時間帯である夜明け――夜と昼のはざまの不明瞭な域――に姿を見せる．（コーン 2016：142）

ハキリアリの飛行のタイミングは，ハキリアリの群れが夜明け前の闇の暗さと見分けがつかないほど類似していることで表象されるイコン，何らかの動きがハキリアリの飛行を予示することになるインデックスなどによって，記号論的に構造化されている．

それに対して，人間は，雷鳴と稲妻，川の氾濫を伴う豪雨の期間の後の穏やかな時期になると，果物の実り具合，昆虫の増加，動物の活動の変化に関わる様々な生態学的な兆しに結びつけて，インデックス的にハキリアリの飛翔を予測する．様々な指標が「アリの季節」の到来を告げるようになると，人々は様子を見に行く．

このように，人間もまた，ハキリアリをめぐって複数種の間で繰り広げられる記号過程のネットワークの論理の中に積極的に入り込もうとする．人々は，他の生きものたちと同じように，気象学や生態学の関係のネットワークを利用して，すなわち，象徴的な記号以外の「読み」を利用する．そうした読みは，人間と他種の生きもの両方に共有される．カエルやヘビなどは，ハキリアリが巣から出てくる何かの兆しを求めて，ハキリアリを監視し，ハキリアリを監視している生きものにも目を配る．

他方で，アヴィラの人々は，ハキリアリが飛び立つ前の夜に雨が降ったら巣から出て来なくなるのを心配して，邪魔な雨雲を追い払うために「生命の息吹」がしみ込んだ煙草の煙を吹き付けたことがあった．人間は，そのように，恣意的にかつ規約的に組み立てられる象徴的な使用域を用いて，対象を操作しようとする．また，ハキリアリが光源に誘引される生きものであるという特性を利用したりする．人々は，灯した灯油ランプ数台とろうそく数本や懐中電灯などを巣から離れたところに設え，ハキリアリの群れが光源に向かってくると，松明でハキリアリの羽を焦がし，覆いがしてある鍋へと獲物を追いこむ．

このように述べた上で，コーンは，人間によるハキリアリの捕食は，複数種の意思疎通の利用だと言う．

> アヴィラの人々もまた，アリとそれに連なる多くの生きもののあいだの意思疎通の世界を利用しようとする．そのような戦略には，実用的な効果がある．それに基づくことに

よって，大量のアリを収穫することができるようになる．（コーン 2016：143）

コーンによれば，森に住む生きものたちはすべて，記号過程の中継点となり，意思疎通する記号論的「自己」となる．そうした複数種の意思疎通を利用して，人間は，ハキリアリを死へと送り込む．アヴィラの森では，記号論的なネットワークに入り込んだ複数種が絡まりあって，種＝横断的な意思疎通が繰り広げられている．

コーンが提起した諸自己の生態学を踏まえ，以下では，人間を含む複数種の間のやり取りによって築かれた生存圏のあり方をプナンの民族誌の中に展望する．その前に次節では，ボルネオ島の熱帯生態学の概略を示しておきたい．

3 ボルネオ島の熱帯雨林の生態学

熱帯雨林は月平均気温が摂氏 18 度以上で，一日のうちで気温は変化するが同時刻の気温は年間をつうじてほとんど変化せず，雨が多いせいで蒸発量が降水量を上回る月がないような気候条件下において見られる（百瀬 2003：16）．ボルネオ島の熱帯雨林のうち，標高 600 メートルくらいまでの低地に分布するのが，混交フタバガキ林である（図 1）．生命活動が低温や乾燥という気候条件の制約を受けることがない季節性のない混交フタバガキ林では，平均して数年に一度の割合で多くの植物が一斉に開花し，一斉に結実する（井上 1998；湯本 1999；百瀬 2003）．

湯本貴和によれば，「現在の熱帯雨林は，白亜紀中期以降過去一億年の歴史を記した，被子植物や昆虫や脊椎動物との共進化の産物である」（湯本 1999：48）．新生代になると，鳥類や哺乳類が栄えたため，植物は，種子散布をそれらに依存するようになったとされる．それは，人間出現以前の種＝横断的な意思疎通の結果だと言うこともできる．いずれにせよ，熱帯雨林は長い時間をかけて，今日あるような姿になったのである．

混交フタバガキ林では，一斉開花期以外にはハリナシバチ（Trigona 属）が，花粉を媒介するもっとも重要な存在である．形態的に特殊化していない花の花粉は，ほとんどがハリナシバチによって媒介される．他方，鮫島弘光によれば，非一斉開花期には淡水湿地林で，雌雄異花植物の採餌をしながら個体群を維持しているオオミツバチ（*Apis dorsata*）が一斉開花を察知し，花蜜を吸うために，混交フタバガキ林に飛来する（鮫島 2003）．オオミツバチは，盛んに花粉を集めて働き蜂を増やし，新しい巣をつくる．一斉開花が終わりに近づくと，オオミツバチは旅立ちに備えて，燃料となる蜜をため込む（百瀬 2003：81）．

図１●ボルネオ島の低地に分布する混交フタバガキ林．ボルネオ島の熱帯雨林で最大とされるフタバガキやマメ科の樹木は，高さ70メートルにも達するものがある．そこでは，1haに400種以上の樹木が生育し，様々な地形と土壌を含む50haでは，1200種を超える樹種が確認されている．熱帯雨林におけるそうした樹種の多さは，多様性の点で地球上の他の森林形態を圧倒する．

温帯ではトリが種子散布の主な担い手であるが，熱帯ではトリに加えて，サルなどもまた種子散布を行う（湯本 1999：122）．霊長類のうちカニクイザル（*Macaca fascicularis*）は，ボルネオ島に広く生息する，尾が長いサルである．熟した果実，タケの新芽や木の花や，脊椎動物・無脊椎動物を食べる（安間 1991：74–81）．ブタオザル（*Macaca nemestrina*）は，低地から標高1300メートルくらいまでの森林に生息し，種子や野生バナナなどの採食時以外は，地上中心に活動する（安間 1991：166–170）．ホースリーフモンキー（*Prebytes hosei*，以下，リーフモンキーと略称する）は樹上で暮らし，木の葉，若い枝や種子を齧ったり，果実を食べたりする（安間 1991：80）．ミューラーテナガザル（*Hylobates muelleri*，以下，テナガザルと略称する）は樹上性のサルで，長い手を利用して，小枝をたわめて果実をとったりする．果実を中心として，若い葉，茎，花，時には鳥の卵やひな，昆虫，蜂蜜などを食べる（安間 1991：155–166）．

地上動物は，葉や種子を食べるため，植物にとっては厄介な存在であるが，食べた種子を糞として体外排出することで，植物の種子散布のパートナーでもある．鮫島弘光によれば，一斉開花期にはオオミツバチが，一斉結実期にはヒゲイノシシ（*Sus barbatus*）が多数現れ，豊富な資源を消費する（鮫島 2015：177）．ヒゲイノシシは，落下した果実，種子，木の根，若い灌木や草や小動物を食べる（安間 1991：149–154）．

熱帯雨林ではこのように，植物が繁栄するために動物を利用し，逆に，動物もまた自らの生存のために動植物を食対象として，相互利用してきた．一方，約 20 万年前にアフリカで誕生した現生人類は出アフリカ後，今からおおよそ 4 万年にボルネオ島に辿り着いたとされる（ミズン 2015：193）．ボルネオ島では熱帯雨林が最初にあり，人間はその生命活動の真っただ中に入り込んで暮らすようになったのである．人間はかなりの新参者である．

一億年をかけて植物と動物の共進化によってつくられてきたボルネオ島の熱帯雨林の中に，人間はいったいどのように入りこんできたのだろうか？　複数種のネットワークがどのように築かれ，その間でどのような意思疎通がなされ，人間はそこにどのように位置づけられるのか．その一端を，狩猟民プナンを事例として，次節で描いてみたい．

4　ブラガの森の一斉開花・一斉結実期における複数種の絡まりあい

プナンは，ボルネオ島の熱帯雨林とともに暮らす，狩猟採集活動に従事する，人口 1 万人強の人々である．マレーシア・サラワク州ブラガ川上流域の森（以下では，ブラガの森と称する）には，約 500 人のプナンが暮らしている．1980 年代以降の州政府の定住化政策により，現在では定住して焼畑稲作も行っているが，生業の基本はいまだに狩猟採集である．森の中に，数日から数週間程度の期間で，一時的に狩猟小屋を建てて，半定住的な生活をすることもある．彼らに最も好まれる食肉は，野生のヒゲイノシシの肉である．プナンは，ヒゲイノシシの狩りを成功させるために，一斉開花・一斉結実というフェノロジー（生物変化）に対して，つねに大きな関心を払っている．

プナンはヒゲイノシシを三つのカテゴリーに分けて，それぞれの到来時期や食感などにしばしば言及する．第一に，「一斉開花の時期にやって来るヒゲイノシシ（*mabui menyerang busak*）」には，脂身は少ない．第二に，「スミゴロモのヒゲイノシシ（*mabui kiyong*）」は，一斉結実の季節にやって来るスミゴロモの落とした実を食べる．これらの二種のヒゲイノシシは，ブラガの森近くに住むヒゲイノシシである．第三に，それらとは別に，遠くから大勢でやって来るのが，「オオミツバチのヒゲイノシシ」である（*mabui layuk*）」である．

プナンにとって，オオミツバチのヒゲイノシシは，他のイノシシよりも量的・質

図２●ボルネオ島の混交フタバガキ林は，林床から数メートルの高さの草本層，数メートルの高さで花を咲かせる低木層，10 メートル以上に成長する亜高木層，林冠を形成する高木層および樹高 60～70 メートルに達する突出木層からなる．オオミツバチは，一斉開花期に突出木であるメンガリスの木の中上層に巣をつくる．

的に満腹感・幸福感をもたらす．オオミツバチのヒゲイノシシの到来は，混交フタバガキ林における一斉開花という，いつどこで起きるかはっきりわからない不規則なフェノロジーと，それが起きれば，一斉結実への規則的な移行に沿っている．

淡水湿地林にいるオオミツバチが混交フタバガキ林に飛来し，その林冠から突出して聳える，マメ科のメンガリスの木（プナン名：*tanyit*，学名：*Koompassia excelsa*）の中上層に巣をつくる（図 2）．突出木に巣をつくることで，オオミツバチは容易に捕食者が近づけないようにする．プナンには，その蜂蜜を取って食べる習慣はない．プナンのハンターたちは，突出木にオオミツバチが巣をつくるのを視認すると，森の中に入る．植物と小動物から毒を集め，それらを居住地に持ち帰って，毒矢のストックを増やすための作業にいそしむ．

プナンには，「オオミツバチが飛来したら毒矢を用意せよ」「オオミツバチがメンガリスの木に巣をつくったら狩猟の準備に取りかかれ」という言い回しがある．吹矢や槍などの狩猟具を入念に修理したり，新たにつくったりして，来たるべき一斉結実期の猟期に備える．プナンにとって，オオミツバチの飛来は，その後のヒゲイノシシの大量到来の兆しである．オオミツバチこそが，人間にそのことを教えてくれる．記号過程として見れば，プナンは，オオミツバチの巣を食用とするのではなく，インデックス的に未来を知るために利用するのである．それらはまた，種＝横断的な意思疎通として見ることができるだろう．

プナンは，オオミツバチがやって来ると，その次に，トリが果実の季節を告げにやって来ると言う．言い伝えでは，花の匂いを嗅いだヒゲイノシシが，花の季節に遠くからやって来て，交尾をする．ヒゲイノシシはやがて，トリやサルが地上に落下させた果実をたらふく食べて太る．それを見たオジロウチワキジ（*Lophura bulweri*）がヒゲイノシシについて行くと，実がたくさん成っている場所に辿り着く．口伝で示されているように，オオミツバチの飛来が一斉結実をインデックス的に予示するのは，人間に対してだけではない．プナンも言うように，それは，すべての動物に対して，一斉結実の到来を告げる．

オオミツバチのヒゲイノシシは，一斉結実期になると，数頭の仔イノシシを連れた，子育て中のヒゲイノシシとして現れる．それは，「歩き回るヒゲイノシシ（*mabui tuun*）」と呼ばれることもある．遠来のヒゲイノシシが，子連れで森の中を歩き回る．それらは，実を食べてたっぷりと太っており，脂肪分が厚く，プナンに好まれる．

オオミツバチの到来とともに狩猟具を整え，その後の一斉結実期に，プナンは，狩猟に出かけるスピリットを溢れさせる．その時期に，プナンのハンターたちは数多くのヒゲイノシシをしとめる（図3）．ところが，その時期には，果実が成り，樹上や樹下にたくさんの生きものが一時に集い，犇めき合うので，そのことによって，プナンの狩猟行動がうまく行かないこともある．

ヒゲイノシシが落下した果実を齧っているときに，走鳥類であるボルネオアオハシリカッコウ（プナン名：*butji*，学名：*Carpoccyx radiates*）もまた，そこにやって来る．ボルネオハシリカッコウは，ヒゲイノシシのおこぼれにあずかろうと，ヒゲイノシシをつけまわすからである．動物図鑑などでよく見られるボルネオアオハシリカッコウの行動特性の記述とは，たとえば，以下のようなものである．

> ボルネオアオハシリカッコウは，ヒゲイノシシやマレーグマについて回って，森の中で採食し，地虫や虫を地面から掘り起こすのを待って，すばやく手に入れる．（Phillips 2009：168）

ボルネオアオハシリカッコウは，ヒゲイノシシについて回り，ヒゲイノシシが採食している時に，果実欲しさにうるさくがなり立てるという習性がある．ボルネオアオハシリカッコウにとって，ヒゲイノシシは，落下した果実の場所のインデックスである．ボルネオアオハシリカッコウのために落ち着いて食餌できなくなったヒゲ

図３●ボルネオ島の熱帯雨林には，獰猛な大型獣は存在しない．プナンはヒゲイノシシをはじめ中小の動物を相手に狩猟を行う．狩猟者は吹き矢や槍，山刀などの猟具を磨き上げ，毒矢を持ち運び，猟犬を同行させる．近年では，手製のライフル銃が用いられることが多い．果実の季節(一斉結実期)になると，プナンの狩猟者たちはいつも以上に狩猟を行う．図は，ヒゲイノシシを担いで森から出てきた狩猟者が，一休みしているところ．

イノシシは，その場から逃げ去ってしまう．

狩猟のために森に入ったプナンのハンターは，ボルネオアオハシリカッコウのけたたましい鳴き声を聞きつけることがある．彼らは，同時に，そこにヒゲイノシシがいることを悟って，一目散に小走りにその場に駆けつける．ところが，ハンターは，たいていの場合，ヒゲイノシシを逃してしまう．言い換えると，ボルネオアオハシリカッコウのがなり声が聞こえると，ヒゲイノシシがその傍にいるのは確かなのだけれども，ハンターが駆けつけたとしても，ヒゲイノシシは獲れないのである．

興味深いのは，この事態を，プナンは，ボルネオアオハシリカッコウがヒゲイノシシの命を助けると解釈する点である[3)]．ボルネオアオハシリカッコウは，ヒゲイノシシをインデックスとして，落下した果実を食べに来ているだけであって，ヒゲイノシシを人間から逃がす意図を持ちあわせていないはずである．しかし，このよく起こりうる動物の行動パターンを，プナンは，ボルネオアオハシリカッコウとヒゲイノシシの間の情報伝達ないしは意思疎通であると見たてて，そのことを猟の失敗を説明するために用いる．

これとよく似た事態が，樹上の果実食の鳥類と霊長類の間でも見られる．プナンは，ハイガシラアゴカンムリヒヨドリを,「ジュイト・バンガット（プナン名：*juit bangat*，学名：*Alophoixus phaeocephalus*）」と呼ぶ．和訳すれば，「リーフモンキー鳥」である．他方，「テナガザル鳥」（プナン名：*juit kelavet*，学名：*Pycnotus flavescens*）と名づけられているのは，カオジロヒヨドリである．これに対して，リーフモンキー（プナン名：*bangat*，学名：*Prebytis hosei*）とテナガザル（プナン名：*kelavet*，学名：*Hylobates muelleri*）は，霊長類である．

リーフモンキーとテナガザルは，ブラガの森に棲息する霊長類のうちともに樹上性である．リーフモンキーは種子を食べて破壊する（コレット 2013：100）．テナガザルは大量の果実を消費し，ほとんどの種子を丸飲みし，広い範囲で無傷の種子を排泄する．テナガザルは，哺乳類の中でも最も効率的な種子散布者である（コレット 2013：101）．この二種の生態は，リーフモンキー鳥やテナガザル鳥を含む，ヒヨドリたちの行動と交差する．ヒヨドリたちは，鳥類のうちで最も重要な小型果実の種子散布者である（コレット 2013：99）．

プナンのハンターからすれば，ヒヨドリたちがそこにいることは，樹上性・果実食のサルがいることをインデックス的に示す．しかし，サルたちは，同じく果実を狙って飛来し，近くでけたたましく鳴くヒヨドリに驚いたり，妨害されたりして逃げてしまう．その事態を，プナンは，リーフモンキー鳥がリーフモンキーを助けるために飛んでやかましく鳴いているのだと解釈する．同じように，テナガザル鳥はテナガザルに人間が近づいていることを警告するために，樹上でけたたましく鳴いているのだと解釈するのである[4)]．いずれにせよ，プナンは，リーフモンキー鳥やテナガザル鳥は，リーフモンキーやテナガザルに対して情報伝達もしくは意思疎通を行っていると見たてていることになる．かくして，猟の不首尾が説明される．

オオミツバチの飛来によって狩猟の準備をすることを知らされたプナンは，その後，大量にやって来るヒゲイノシシやサルなどの動物に対してつねに安定的な捕食者であるわけではない．餌食となるべきヒゲイノシシや霊長類は，同じ生存圏の域内に侵入してくるトリたちと食餌行動で競合したり，トリたちに食餌行動を邪魔されたりして，その場から逃げてしまうことがある．プナンは，そうしたトリたちの行動を，人間の餌食となる野生動物の生命を救う行動であると解釈する．プナンによれば，トリたちは，つねに動物の味方をする．

いずれにせよ，そこには，記号過程を介した，複数種の間の情報伝達や意思疎通によって，絶えず,「異なり，競合し，そして解釈しあう種の編成がかみあった予測」（コーン 2016：140）がなされ，生命が複雑に絡まりあう状況が確認される．言い換えれば，複数種のネットワークが複雑に張りめぐらされ，種＝横断的な意志疎通をつうじて，命のやり取りが不断に行われている．これまでの記述から浮かび上がるのは，人間が複数種の編み目の中心にいるのではなく，人間もまたその編み目をつくりだす一つの生物種であるという事実ではないだろうか．

5　森の新参者たちの過去，現在，未来

ボルネオ島の熱帯雨林には季節がない．そこでは，ある時，ある場所で一斉に花が咲き，実が一斉に成る．花と果実の季節の到来が不規則である一方で，花が咲くと，その2～5か月後には，規則的に実が成る．

オオミツバチが飛来するのは花蜜を吸うためであり，一時的に突出木に巣をつくる．オオミツバチの到来は，その後の，一斉結実を予示する．あらゆる実が結ぶと，トリやサルが樹上で実を啄んで地面に落下させ，地上の動物たちがそれを食べにやって来る．その時，森は食べ物に溢れ，ひとときの楽園と化す．その場に落ちたり，他の場所に運ばれたりした種子は，地上や樹上で芽吹き，やがて陽光と水分が行きわたれば生長するだろう．

熱帯雨林では，過去1億年にわたって，被子植物と昆虫や脊椎動物との間の共進化のなかで，こうした生命活動が紡ぎだされてきた．その観点からすれば，人間は，複数種のネットワークで繰り広げられる諸自己の生態学のほんの一隅にいるにすぎない．

近年の「完新世」から「人新世」への地質年代区分の変更は，地球生態を変えてしまった張本人が人類であるという点を私たち人間が自覚するのに，大きな役割を果たしている[5)]．しかし，はたして，人間の力とは，それほど大きいものだったと言い切れるのだろうか．人間の力を過小評価するつもりはないが，これまでのところ，人間の知恵があまりにも強調され，人間だけが特遇され，記述検討されすぎてきたのだとは言えないだろうか．

マルチスピーシーズ人類学は，そうした課題を踏まえ，複数種の生命活動の中に人間を位置づけなおそうとする．人類学ではこれまで，動物とは，人間にとって，「考えるのに適した（good to think）」（C. レヴィ＝ストロース）存在であると捉えられ，その考え方に抗して，今度は，「食べるのに適した（good to eat）」（M. ハリス）存在であると考えられてきた．ダナ・ハラウェイらによる「動物的転回」（たとえば，ハラウェイ 2013a, b）以降，動物は，「ともに生きるのに適した（good to live with）」（D. ハラウェイ）ものであると捉えなおされつつある．ハラウェイの考え方を取り入れながら，動物を含む他の生物種との絡まりあいの中に人間を考えるのが，マルチス

ピーシーズ民族誌である（Kirksey 2014；カークセイ＋ヘルムライヒ 2017）．人間的な自然（本性）とは，A. ツィンが言うように，種間の関係に他ならない（Tsing 2012）[6)]．

本章は，森に生きる自己としての生物種が広義の意思疎通に拠りながら，自らの生態学的課題を達成する過程の中に，生命が絡まりあうさまを描くことに努めた．コーンの諸自己の生態学を手本としながら，プナンおよびボルネオ島の熱帯雨林の動植物たちがいかにして生存圏を紡ぎだしているのかの一端を描き出した[7)]．本章は，ブラガの森の諸自己の生態学であり，マルチスピーシーズ人類学に向けた一つのささやかな試みであった．

注

1）菅原和孝もまた，人間と非人間の間の種＝横断的な意思疎通（コミュニケーション）に着目している（菅原 2015）．菅原はコミュニケーションを，「『私の情報意図を相手は理解するだろう』という〈期待の投げかけ〉」であると定義する．カラハリのグイは，巨大なソーセージのようなヤスデを驚かせて糞をさせるような，一見クダラナイ遊びをするが，菅原は，それは，動物に対するグイのコミュニケーション期待であるという．また，菅原によれば，狩猟具である撥ね罠は，「反コミュニケーション」に貫かれた道具である．そこでは，人間を中心とした意思疎通に傾いているが，種＝横断的な意思疎通が取り上げられているのだと言える．

2）種＝横断的な霊長類学者とサルとの関係に関しては本書の伊藤によるコラム 2 を参照．

3）卜田隆嗣もまた，ボルネオアオハシリカッコウを取り上げている．「獲物の存在を告げるとされる鳴き声のうち，アオハシリカッコウだけは，村や森の中のキャンプにいる時に声を聞いても人びとは動かない．人の居住地の近くでは猪に『逃げろ，逃げろ』と知らせるふりをしているのであって，実際には猪はいないとされる．それに対して，森の中で狩猟活動をしている最中にこの鳥がこのように鳴くと，男たちはいっせいにその声の方向へと駆け出す．カミは，万全の態勢で森の中を移動している猟師や犬たちと猪が出合わないようにしゃべらせているのだが，同時にそれは人間に猪の存在を知らせるものである．カミは常に中立的で，どちらか一方だけを完全に支持しているわけではない」（卜田 1996：88）．卜田によれば，基本的には，カミがハシリカッコウを通じて，ヒゲイノシシの味方をしている．しかし，カミは，あくまでも平等であって，人間がヒゲイノシシを捕まえることを拒んでいるわけではない．いずれにせよ，トリの鳴き声は，人間の狩猟行動を左右する．

4）プナンにとって，人間を積極的に助けるトリはいない．トリは，動物の味方をする．その意味で，リーフモンキー鳥が囀る時，近くにリーフモンキーがいることが指差されるが，同時に，人間はリーフモンキーを捕まえることができないということもまた，指差される．したがって，ハイガシラアゴカンムリヒヨドリ（リーフモンキー鳥）の「聞きなし」とは，リーフモンキーが近くにいるが，それは逃げて獲れないだろうという「事実の指差」となる．聞きなしとは，その意味では，よく言われるような，民俗的な信仰の類ではない．ここでは，きわめて合理的に，出来事の因果を示している.

5）地質年代の区分では，現在は，新生代のうち，今から1万1700万年前に始まった完新世に位置づけられる．しかし，人類の地球生態系への影響が拡大していることに危惧を抱いた大気化学学者パウル・クルッツェンらは，2000年以降に，その地質年代区分に代えて，人新世という新たな地質年代区分を提唱するようになった．クルッツェンらは，大気中のCO_2濃度が上がり始めた18世紀末を人新世の始まりとしているが，人口が急増し，核兵器が開発された20世紀半ばをその始まりとする研究者もいる．気候変動，海洋の酸性化，生物多様性の喪失などの人間が地球環境にもたらした劇的な変化が顕在化してきた過程で，人類をそれほど強力な存在としていいのかという意見もあるが，地球が誕生して47億年，生命が出現して37億年の間に，単一の種で地球環境に大きな負荷を与えた生命体は他にいない.

6）動物を含む文化人類学の研究の新たな潮流に対する批判に関しては，本書第12章の中村論文を参照.

7）その意味で，本章は，他者によるものの世界を捉えた「存在論」の範疇に位置づけられるかもしれない．人類学の存在論的転回の検討については，本書の第3章の久保論文を参照.

参考文献

ベイトソン，G.（佐藤良明訳）(2000)『精神の生態学』思索社.

コレット，R. T.（長田典之・松林尚志・沼田真也・安田雅俊共訳）(2013)『アジアの熱帯生態学』東海大学出版会.

ハラウェイ，D.（高橋さきの訳）(2013a)『犬と人が出会うとき：異種協働のポリティクス』青土社.

――――――（永野文香訳）(2013b)『伴侶犬宣言：犬と人の「重要な他者性」』以文社.

井上民二（1998）『生命の宝庫・熱帯雨林』日本放送出版協会.

カークセイ，S. E.＋S. ヘルムライヒ（近藤祉秋訳）(2017)「複数種の民族誌の創発」96–127頁，『現代思想』2017年3月臨時増刊「人類学の時代」青土社.

Kirksey, E., Craig S., & Stefan H.（2014）Introduction : Tactics of Multispecies Ethnography. Eben Kirksey（ed.）*The Multispecies Salon*, Duke University Press.

コーン，エドゥアルド（奥野克巳・近藤宏監訳，近藤祉秋・二文字屋脩共訳）(2016)『森は考える：人間的なるものを超えた人類学』亜紀書房.

ミズン，S.（2015）『氷河期以後（下）：紀元前二万年からはじまる人類史』（久保儀明訳），青土社.

百瀬邦康（2003）『熱帯雨林を観る』講談社選書メチエ.

Phillips, Q.（2009）*Phillips' Field Guide to the Birds of Borneo*. Beaufoy Books.

鮫島弘光（2003）「ボルネオのオオミツバチ Apis dorsata F. と蜂蜜採集」『日本生態学会ニュースレター』50：9–14.

――――（2015）「Kemena/Tatau 水系の一斉開花・一斉結実」鮫島弘光・中根英紀編『熱帯

バイオマス社会』日本学術振興会科学研究費補助金基盤研究（S）「東南アジア熱帯域おけるプランテーション型バイオマス社会の総合的研究」（2010–2014年）論集，177頁.
卜田隆嗣（1996）『声の力：ボルネオ島プナンのうたと出すことの美学』弘文堂.
Spottiswoode, C. N, Begg, K. S. & Begg C. M.（2016）Reciprocal signaling in honeyguide-human mutualism. *Science* 353：387–389.
菅原和孝（2015）『狩り狩られる経験の現象学：ブッシュマンの感応と変身』京都大学学術出版会.
Tsing, A.（2012）Unruly Edges： Mushroom as Companion Species. *Environmental Humanities* 1：141–54.
安間繁樹（1991）『熱帯雨林の動物たち：ボルネオにその生態を追う』菊地書館出版社.
湯本貴和（1999）『熱帯雨林』岩波新書.

第 5 章

湖中真哉

サヴァンナの存在論
——東アフリカ遊牧社会における避難の物質文化

KEY WORDS

存在論的比較, 国内避難民, 遊牧, レジリアンス, 最低限のもののセット

1 東アフリカ遊牧社会における存在論

本章は, 民族誌的には, 東アフリカ遊牧社会の国内避難民を対象とした広域比較調査研究に基づいて, 彼らの社会がもつ避難の物質文化を解明することを目的とする. また, その成果に基づいて, 理論的には, 東アフリカ遊牧社会における人間とものの在り方について, 存在論的な比較考察の手がかりを探求することを目的とする. 本章で紹介する民族誌的事例は, 彼らの社会の外部者の観点からみれば, われわれが通常はものとみなしているような事物が, 彼らの社会ではひとの身体の一部となっているという点で, 本書第Ⅱ部の課題である「もののひと化」の一例として位置づけることが可能である. ただし, 彼ら自身は, こうした現象を「もののひと化」とは全く認識しておらず, ものとひとの身体を連続したものとして捉えていることをおことわりしておく.

東アフリカの某国では, 2000 年代に紛争が発生し, 国内避難民が発生した. 筆者は, この一連の紛争の過程で, 国内避難民となった三つの民族集団のうち被害が最も深刻であった世帯を対象として, 各世帯が保有するものの悉皆調査を実施した. この調査成果については既に別稿 (湖中 2018b) で分析したが, 本章では, このうち, とりわけ, 国内避難民が避難の際に携行したものに着目し, 彼らがもつ「避難の物質文化」について，分析と考察を行う．とりわけ，家畜に高い価値を置く東アフリカ遊牧社会において，家畜を放棄して避難した国内避難民が優先的に携帯するものは，遊牧社会における家畜以上の究極的価値を体現していると考えられる．本章では，その所在について考察する．

筆者が既に別稿（湖中 2018a，2018b，2018c）で指摘したように，国際機関等による人道支援においては，物質文化の領域は「ノン・フード・アイテムズ（non-food items)」として扱われているが，人類普遍の人道原則に基づいて基準が定められており，被災者がもつ物質文化の多様性は十分に省みられてこなかった．本章では，被災者自身が形成してきた物質文化の側から人道支援の在り方を照射することを試みる．

東アフリカ遊牧民の物質文化については，おもに人類学，考古学の領域において，多くの先行研究が蓄積されてきた（Robbins, 1973；Larik, 1986, 1987；Prussin, 1995, 1996；Kassam & Megerssa, 1996；Bianco, 2000；Kratz & Pido, 2000；Grillo, 2014）．それらの多くは，当該社会における物質文化の文化的位置づけや定住化に伴う物質文化の変化を扱っているが，いずれもおもに平時の安定性（stability）を前提としており，遊牧社会における紛争や災害等の危機的状況によって生じた不安定性（instability）を前提とした物質文化は探求されてこなかった．また，先行研究においては，物質文化における「もの」は，人間の身体や家畜の身体とは分離した対象として扱われてきた．筆者は，別稿（湖中 2011）において，東アフリカ遊牧社会において，もの，身体，環境を連続的に捉える「包括的物質文化論」を提唱したが，本章においては，それをさらに存在論的に展開することを試みる．

筆者が本章で理論的に試みるのは，東アフリカ遊牧社会を対象とした存在論的な比較考察の手がかりを探究することである．近年のものの人類学や存在論的研究において，議論が盛んに展開された対象は，ヨーロッパの実験室（ラトゥール 1999）か南米のジャングル（ヴィヴェイロス・デ・カストロ 2015；コーン 2016；Descola 2013）であり，東アフリカ遊牧民が暮らすサヴァンナが議論の対象となることはほとんどなかった．ものの人類学や存在論が，人間とものが相互に織りなす世界の複数的な成り立ちを探るのであれば，東アフリカ遊牧社会においてその文化だけを切り離し，ヨーロッパの実験室や南米の密林の議論をサヴァンナ世界にそのまま当て嵌めることができるという見方は誤りであると言わざるを得ない．本章は，ヴィヴェイロス・デ・カストロのパースペクティビズム論が提起した内在性と身体性という課題を引き受けつつも（2015：75），M. ストラザーン（2015）が試みたような対象がつくりあげている世界の在り方を遠景に反転させるような存在論的な比較を南米の密林と東アフリカのサヴァンナの間で試みる．

なお，本章では，民族名，国名については，仮名を用いて表記し，あえて明示しない．これは，本報告が，劣悪な国家ガヴァナンスに苦しめられ，深刻な人権侵害を受けている人々を対象としており，本報告が彼らに及ぼす影響に配慮する必要があると考えたからである．

2 紛争と国内避難民

紛争の概要

東アフリカ遊牧社会では紛争が頻発しているが，本章では，近年発生した三つの民族集団をめぐるある紛争を取り上げる．この紛争は，殺人，傷害のほか，家畜の略奪，家屋や家財の焼き討ち等，多大な被害をもたらした．一連の紛争は，ほとんど報道されることがなく，ある国際機関の報告でも，紛争についての情報が不足し，紛争によって発生した国内避難民が無視されてきたことが指摘されている．紛争は結果的には相互の報復を招いたが，当初，近隣民族集団に攻撃をしかけたのは，民族集団 A であった．紛争の要因は民族集団 A の政治家による扇動である．民族集団 B，C，D は，いずれも A からの攻撃を受けた側に当たる．

この四つの民族集団のうち，B は比較的牧畜に特化した牧畜民であるが，民族集団 A，C，D は雨水によるトウモロコシやミレット等の農耕と牧畜の両方を営む農牧民である．民族集団 B は標高約 1500m の高地サヴァンナ，民族集団 A，C，D は標高約 1000m のサヴァンナをおもな居住地としている．家畜に価値を置く文化的特徴はどの民族集団にも共通している．

民族集団 A と B の紛争

民族集団 A の最初の標的となったのは，東に隣接する民族集団 B であった．この民族集団 A と B の紛争については既に別稿（湖中 2012a, 2012b, 2012c, 2012d, 2015, 2016）で報告したため，ここでは概略のみ示す．両者の紛争は，2004 年に始まり，2010 年に終結した．筆者の調査累計では，死者の総数は 567 人を数える．この紛争によって発生した国内避難民の数について，ある国際機関は 2006 年 10 月時点の国内避難民総数を 2 万 2000 人と推計している．

民族集団AとCの紛争

2009年の9月に発生した紛争では，民族集団Aは民族集団Bの防衛拠点を攻略しようとしたが，逆に激しく迎撃された．そのため，民族集団Aは，攻撃の矛先を南に隣接する民族集団Cに向けるようになり，2012年の5月から11月にかけて，民族集団Cを襲撃した．死者数の総計は22名，放火された民家総数は32軒，放火・略奪された学校総数は8校を数える．略奪された家畜総数は，ウシが340頭，ヤギ・ヒツジが4768頭を数える．国内避難民の総数は，1万人と新聞報道されている．

民族集団AとDの紛争

2005年から2013年にかけて，民族集団Aは，南に隣接する民族集団Dを断続的に攻撃した．死者数の総計は11名，略奪された家畜総数は，ウシが約9000頭，ヤギ・ヒツジが2300頭を数える．国内避難民の総数は，5000人以上と新聞報道されている．

3　遊牧民の国内避難民の物質文化悉皆調査

この一連の紛争の影響によって，多くの遊牧民がそれまでの居住地を追われて国内避難民となった．そこで，筆者は，国内避難民の幾つかの世帯を対象として，彼らがどのような物質的基盤のもとに生活を成り立たせているのかを解明するために，物質文化の悉皆調査を実施した．調査の対象としたのはおもに攻撃を受ける側となった民族集団B，C，Dの国内避難民である．調査の方法は，世帯が保有する全物品を悉皆調査する方法で実施した．調査の対象としたのは，その地域の中で，最も深刻な被害を被った世帯であり，とりわけ，家畜を全て，あるいはほとんど失って避難した世帯や，最も保有している物品が少ない世帯を対象として調査を実施した．調査の対象とした物品は，調査当日に家屋内，およびその周辺にあった物品で，着衣など全ての物品を含んでいるが，調査時点で外出していた世帯構成員の着衣や持ち物は含まれていない．

国内避難民を対象とした物質文化の悉皆調査は2011年8月から2014年9月にかけて断続的に実施した．調査物品の総数は，民族集団Bが567点，民族集団Cが218点，民族集団Dが156点を数える．全世帯の平均保有物品数は，民族集団

B が 24.7 点，民族集団 C が 21.8 点，民族集団 D が 11 点である．避難時に携行した物品が物品全体に占める割合は，民族集団 B が 24%，民族集団 C が 51%，民族集団 D が 45% である．

4 避難の物質文化——民族集団 B，C，D の比較分析

遊牧社会における究極の価値

東アフリカ遊牧民の社会は，家畜に高い社会文化的価値を置くことを共通の社会的特徴としている．それゆえ，こうした社会において家畜を失うことは，極めて深刻な事態を意味する．しかし，遊牧社会間の紛争では，略奪の主要な標的とされるのは敵方の集団にとっても価値が高い家畜である．それゆえ，人々が襲撃の標的である家畜を連れて避難することは稀であり，多くの場合，家畜を放棄して避難することを余儀なくされる．こうした場合，避難民は，当然，家畜のみならず，金銭，家屋，家財などほとんどの財産を放棄して，文字通り着の身着のまま家族だけを連れて逃げることになる．

こうした非常時において，避難民は，最も必要性の低い物品から優先的に放棄し，最後に残った最も必要性が高い物品のみを携行して避難すると想定される．つまり，最後に残った避難時に携行する物品は，当該社会における究極の価値を体現していると考えられる．本章では，こうした分析視角を「避難の物質文化（material culture of evacuation）」と呼ぶ．遊牧民の国内避難民を対象とした物質文化の悉皆調査結果を分析することによって，遊牧社会において家畜以上に社会的な価値が高い「もの」とは一体何であるのかという遊牧社会研究における根源的な問いに接近することが可能になると考えられるのである．

民族集団 B，C，D が避難時に携行した物品の種類

以上のような問題意識に基づいて，民族集団 B，C，D の国内避難民が避難時に携行した物品について分析を行う．調査対象世帯のほとんどは，金銭をもって避難することができず，調査時点の所持金もほぼ皆無に近かった．これは，彼らの社会ではつねに現金を携行する習慣がなく，多くの場合，現金は家屋の奥深くで金属製の箱の中にしまい込まれているからだと考えられる．

筆者は各民族集団が避難時に持参した物品の種類別割合を検討したが，その結果，

表 1 ●民族集団 B の衣類と装身具を除く避難時に携行した物品の構成[23 世帯]

構成	実数	割合
家畜の乳容器*	6	29%
鉈	5	24%
椅子*	4	19%
敷物*	2	10%
食器・調理器具	2	10%
水容器	2	10%
合計	21	100%

*民族集団 B にとって避難時に残すと不吉なもの

全ての民族集団において，衣類と装身具が最も高い割合を占めていることが判明した（民族集団 B が 95%，民族集団 C が 80%，民族集団 D が 87%）．これらの衣類や装身具は，そのほとんど全てが，調査対象者が，避難の際に身につけていたものであり，調査結果は，彼らが文字通り着の身着のまま避難したことを反映しているにすぎない．

そこで，衣類と装身具を除外して，それ以外に彼らが避難時に携行した物品を分析する必要がある．国内避難民が避難時に携行した物品のうち衣類や装身具を除いた物品の数は，民族集団 B では 21 点，民族集団 C では 22 点，民族集団 D では 9 点である．表 1 は，民族集団 B の衣類と装身具を除く避難時に携行した物品の構成を示したものである．主立った物品をみると，家畜の乳容器が 29%，鉈が 24%，椅子が 19%，敷物が 10% をそれぞれ占めている．表 2 は，民族集団 C の衣類と装身具を除く避難時に携行した物品の構成を示したものである．家畜の乳容器が 50 %，ロープが 14%，箆（へら）が 14%，家畜の乳容器の攪拌機が 9% をそれぞれ占めている．表 3 は，民族集団 D の衣類と装身具を除く避難時に携行した物品の構成を示したものである．商店で購入した食器・調理器具が 44% で，あとは椅子，箆，かき混ぜ棒，水容器がそれぞれ少数の割合を占めている．

このうち，鉈を持って逃げた世帯がみられるのは，敵から攻撃された場合の，護身用である．鉈を除く物品が携行された理由は，何らかの別の要因と関連していると考えられる．この調査結果からは，それぞれの民族集団ごとに，避難時に携行された物品にある程度の共通した傾向性がみられることがわかる．

表２●民族集団Ｃの衣類と装身具を除く避難時に携行した物品の構成［10 世帯］

構成	実数	割合
家畜の乳容器*	11	50%
ロープ*	3	14%
篦*	3	14%
家畜の乳容器の攪拌器	2	9%
かき混ぜ棒	1	5%
鉈	1	5%
箒	1	5%
合計	22	100%

*民族集団Ｃにとって避難時に残すと不吉なもの

表３●民族集団Ｄの衣類と装身具を除く避難時に携行した物品の構成［14 世帯］

構成	実数	割合
食器・調理器具	4	44%
椅子*	1	11%
篦	1	11%
かき混ぜ棒	1	11%
水容器	1	11%
その他	1	11%
合計	9	100%

*民族集団Ｄにとって避難時に残すと不吉なもの

5　最低限のもののセット

避難時に携行すべきとされる物品

そこで，各民族集団において避難時に携行するべきとされてきた物品を検討する必要がある．表４は，各民族集団の調査対象者へのインタビューをもとに構成した各民族集団において一般的に避難時に携行すべきとされてきた物品を示したものである．ここに挙げられた物品は，物質文化の悉皆調査から明らかになった各民族

表４●各民族集団が避難時に携行すべきとされる物品

集団	割合
民族集団B	家畜の乳容器，家畜の皮の敷物，椅子，火起こし棒，弓矢，家屋の屋根の敷物
民族集団C	家畜の乳容器，ロープ，虫払いの棒，篦，かき混ぜ棒
民族集団D	家畜の皮の敷物，椅子

各民族集団の調査対象者へのインタビューによる

集団の国内避難民が避難時に携行した物品と多くの場合一致している（76.9％）．

これらの物品は，貨幣との換算価値でみれば，たいした価値をもたないが，それぞれの民族集団内の日常生活で一定の生計道具としての役割を担っている．家畜の乳容器は搾乳や保存に使用される．椅子は，接客や作業の際に腰掛けるために使用される．敷物は，就寝に使用される．ロープは家畜を結わえ付けたり薪や食料を運搬したりするのに用いられる．篦は調理に用いられる．家畜の乳容器の攪拌機は，家畜の乳の燻蒸に用いられる．かき混ぜ棒は，粥状の料理の調理に用いられる．

各民族集団において，避難時に携行すべきとされてきた物品は，歴史的に，生業経済を基盤とする各民族集団の遊動生活において，必要不可欠な物品のセットを構成してきたと考えられる．つまり，紛争や旱魃等の危機状況に直面した各民族集団は，それぞれの遊動生活において，避難する際に，最低限持って逃げるべき「最低限のもののセット（minimum set of commodities）」とでもいうべき物品のセットを設定してきたと考えられる．これが最も顕著なのは，民族集団Cであり，彼らは，家屋内の一定の空間に，家畜の乳容器，篦，かき混ぜ棒等をまとめて配置している（図１・２）．非常時にこれらのものを持って迅速に避難できるように，普段からこれらのものをまとめてあるのだという．

そのため，緊急時には，彼らは，それらのまとめた物品をそのまま持って逃げることができるのである．安定性を前提とすれば，これは物質文化の例外的な状況に見えるかもしれない．しかし，東アフリカ遊牧民はそもそも常態化した移動的状況を受け容れながら暮らしてきたのであり，不安定性を前提としたこのような特徴は，むしろ，彼らの物質文化の核心を形成してきたと見るべきである．

人とものの関係性のネットワーク

しかしながら，こうした生計道具としての役割だけでは，各民族集団の国内避難民があえてこれらの物品を優先的に持ち出した理由は説明できない．まず，各民族

図１●家屋内の場所でひとまとめにされた家畜の乳容器

図２●家屋内の場所でひとまとめにされた篦，かき混ぜ棒等

集団とも，現在の日常生活においては，鍋やスプーン等の商品経済を通じて入手した世帯用品を使用しており，国内避難民が携行したような生計道具にまさるとも劣らぬ実用的役割を果たしているが，それらはあまり持ち出されていない．また，民族集団ＢとＣの国内避難民は家畜の乳容器を優先的に携行して避難していたが，搾乳可能な家畜を連れて避難できた世帯はほぼ皆無であった．事実，調査の時点において，これらの世帯の家畜の乳容器は長期間空のままであり，本来の用途には全く役立っていなかった．また，他の物品にしても避難先で容易に代替品を調達することが可能なものが多く，あえてそれらの物品を携行しなければならない理由は，それだけでは説明しにくい．

各民族集団では，もし，避難時に持って逃げなければ，その所有者に不吉なことが起こると考えられている特定の物品が存在する．民族集団Ｂでは，それらの物品は，家畜の乳容器，家畜の皮の敷物，椅子である．家畜の乳容器は，割礼の際に，割礼を受ける少年の母親によって彼女の息子のためにつくられる．その家畜の乳容器は彼の身体であり，さらに固有名であるとされる．男性が結婚したら，彼の妻は，家畜の乳容器を夫と思って大切にするように言われる．また，彼が死亡したら，彼の家畜の乳容器を藪の中に捨てる．女性の場合は，結婚式の際に嫁ぐ娘のために家畜の乳容器がつくられる．結婚式の当日には，この家畜の乳容器には，赤土が塗られ，彼女の背中にぴったりと結わえられ，家畜の乳容器は彼女が将来出産する子どものようなものだと言われる．もし，女性が彼女の家畜の乳容器を残して避難したら，子どもを授からない．彼女が死亡したら，男性と同様に彼女の家畜の乳容器を藪に捨てる．

家畜の皮の敷物は，男性の場合も女性のFGM（Female Genital Mutilation：女性生殖器切除）の場合も，割礼の手術をする際に身体の下に敷かれるが，その上に手術を受けた者の血が流れるため，その人物の身体と言われる．特定の儀礼の際に屠殺される家畜の皮も同様の扱いを受ける．家畜の皮の敷物は，その人物が死亡したら，家畜の乳容器と同様に藪に捨てられる．椅子は家長が保有し，来客をもてなす際に使用されるほか，割礼の際の剃髪と祝福に用いられる．椅子は家長の象徴であり，父親から長男に譲られる．

民族集団Cでは，避難時に持って逃げなければ，その所有者に不吉なことができると言われている物品は，家畜の乳容器とロープである．民族集団Bと同様，保有者が死亡したら，彼の家畜の乳容器を捨てる．ロープは，割礼の際に屠殺したウシの皮でつくられる．家畜の乳容器とロープは，もし，避難の際に集落に残し，敵に奪われると，その所有者は財産を手にすることができないと言われている．

民族集団Dでは，避難時に持って逃げなければ，その所有者に不吉なことが起こると言われている物品は，家畜の皮の敷物である．もし，家畜の皮の敷物を避難の際に集落に残し，敵に燃やされると，その所有者の身体に危険が及び，女性の場合は，子どもを授からない．その人物が死亡したら，家畜の皮の敷物の上に遺体を横たえて埋葬する．

これらの物品は，避難と同時に携行できなかった場合，敵の襲撃後も捜索される．危険を顧みず，敵の襲撃後の居住地跡まで戻って，これらの物品を探して，避難先にもってくることさえみられる．

このように，各民族の最低限のもののセットは，生計道具としての役割だけではなく，各民族集団が人とものアクター間で形成してきた関係性のネットワークを通じて理解しなければならない．避難時に持って逃げなければ，その所有者に不吉なことが起こるとされる物品を検討すると，各民族間において一定の共通性を示しつつも，それぞれの民族集団ごとに異なった傾向があることがわかる．これは，各民族集団が人とものの間でつくりあげてきた関係性のアクター・ネットワーク（ラトゥール 1999）の多様性を反映していると考えられる．

身体としての最低限のもののセット

ここまでの検討結果から明らかなことは，国内避難民が避難時に携行する最低限のもののセットは，その保有者の身体と深く結びついていることである．このことを最も顕著に示しているのが民族集団Bの事例である．彼らにとっては，家畜の乳容器や家畜の皮の敷物は，たんなる物品ではなく，保有者各個人の身体と不可分なその一部である．

最低限のもののセットがそもそもものではなく，身体の一部であると考えると，これらの物品を残して避難することが，あってはならない事態であることは理解できる．最低限のもののセットが身体の一部である以上，その一部を残して避難することは，いわばわれわれが手足や目鼻といった身体の一部のみを残して避難するのと同様に，極めて不自然なあり得ないことと言わねばならない．

先に述べたように，家畜を放棄せざるを得なかった世帯が避難時に携行した物品は，家畜に価値を置く遊牧社会において家畜以上の究極の社会的価値を体現していると考えられる．しかしながら，最低限のもののセット自体は，貨幣価値においても，生計道具としての価値においても，それ自体が高い価値をもつわけではない．しかし，もし，最低限のもののセットがたんなるものではなく，身体の一部であるとすれば，一見すると取るに足らないように見えるこれらのものが究極の価値を体現していることは自然に理解できる．

東アフリカ遊牧社会がつくりあげてきた人とものの関係性は，さらに家畜や野生動物とも繋がっているが，それについては，既に別稿（湖中 2011）で詳述した．ここでは避難の際の愛玩動物の扱いに限って述べる．三つの民族集団では，犬や猫を愛玩動物として飼育しており，とくに，犬は番犬や牧羊犬としての役割を果たしている．民族集団 D では，とくに，子持ちの犬や出産して間もない犬を残して避難すると，犬の保有者に不吉なことが起こると言われている．民族集団 D の調査対象者は，その理由を，「犬は人間の眼」だから，犬を残して避難してはならないないと答えている．これは，犬のとりわけ夜間の番犬としての役割と関係していると考えられるが，先に述べた家畜の乳容器や皮の敷物と同様に，犬が人間の身体の一部である眼として捉えられており，人間の身体と犬が不可分であると捉えられていることがわかる．

つまり，避難時に携行するべきとされる最低限のもののセットや愛玩動物が遊牧社会の究極の価値を体現しているのは，それらがたんなるものや動物ではそもそもなく，人間の身体と不可分に捉えられており，身体の一部を構成してきたからであると考えられる．

6　サヴァンナの存在論へ向けて

人間身体の拡張としての遊牧基本ユニット

東アフリカ遊牧民は，現在，定住傾向にあり，多くの遊牧民が数か月に一度住居を移動させる居住形態から，集落と放牧キャンプを分離し，集落は数年に一度移動させる半―遊動的居住形態に移行している．しかしながら，危機的状況と不安定性を前提とした遊牧的な生活様式は，潜在的に彼らの物質文化の核心を構成しており，紛争時の避難において，そうした特徴が避難の物質文化として一気に顕在化したと考えられる．東アフリカ遊牧民が家畜と少数の生計道具とともに頻繁に移動を繰り返していた当時は，人間の身体は，家畜や生計道具と不可分に移動し，遊牧の移動基本ユニットを構成していたと考えられる．

波佐間(2015)は，ウガンダに居住するカリモジョン―ドドスのアイデンティティは，人間と人間以外で区切られるのではなく，人間と家畜が構成するユニットとそれ以外で区切られることを議論している．確かに，東アフリカ遊牧民にとって家畜なき人間はあり得ないし，また，人間なき家畜もあり得ない．そこでは，人間と家畜が一体化して，アイデンティティの核を形成している．そのため，筆者が別稿(湖中 2011）で論じたように，野生動物ですら家畜の派生として捉えられる．

これと同様に，本章で対象とした国内避難民のアイデンティティは，人間と人間以外で区切られるのではなく，人間と最低限のもののセットが構成するユニットとそれ以外で区切られる．遊牧民にとって最低限のもののセットなき人間はあり得ない（危機でもものを持って逃げる）し，人間なきものもあり得ない（人間にとって意味のあるものだけがものとみなされる)．つまり，東アフリカ遊牧社会においては，人間とものの関係性は連続的な特徴をもつが，それは，人間と家畜の関係性が連続的な特徴をもつことと相似の関係にあると考えられる．

ここで重要なことは，東アフリカ遊牧社会においては，アイデンティティ生成の境界分岐点自体が人間の皮膚と外界の境界を越えていることである．人間だけではなく家畜やものとつねに移動する遊牧的運動が生成するのは，このような皮膚境界なき身体である．彼らの社会では，このように自己と家畜やものが一体化しているので，家畜やものはそもそも何らかの対象ではなく，自己の一部だということになる．よく知られているように東アフリカ遊牧社会では，過剰な身体装飾が行われるが，これは装飾品として用いられるビーズ等のものが身体の拡張として捉えられていることを示している．また，耳朶に穴を開けたり，抜歯を行ったりする身体加工も東アフリカ遊牧社会においては広くみられるが，それは身体がもののように扱われることを示している．つまり，不安定性と遊動性を前提とした東アフリカ遊牧社会では，人間身体とものの間の境界が消滅し，ものが身体であり，身体がものであるような関係性が形成されてきたのである．それゆえ，彼らの社会では，本書第Ⅱ部の課題である「もののひと化」と次の第Ⅲ部の課題である「ひとのもの化」の両方がみられると言ってよい．

国際機関等による人道支援においては，安定性の確保が優先され，そもそも不安定性を前提として形成されてきた避難の物質文化は，完全に無視されるか，あるいは，例外的で取るに足らない政策の残余物（mess）として処理されてきた（Cf. Roe 2013）．しかしながら，避難の物質文化は，外部社会からの支援に頼らずに，被災者自身が自力で創り上げた生存手段である点は重要である．全てを喪失した被災者は，まず自らの身体イメージを取り戻すことから，復興へのきっかけをつかむとしたら，身体と一体化した最小限のもののセットがレジリアンス（復元力：resilience）の起点として果たす役割は決して小さくない．たとえ全家畜が失われても，最低限のもののセットさえあれば，人々はそれを起点として身体イメージの拡がりを回復させ，やがて自尊心やアイデンティティを取り戻すことができるかもしれない．その役割は決して人道支援によって配給されるテントや鍋が代替することのできないものである．そこには，東アフリカ遊牧社会における人道支援の在り方を根源的に考え直すための手がかりが潜んでいるように思われてならない．

密林の存在論・サヴァンナの存在論

最後に，本章の調査成果を存在論的な比較考察に位置づけることを試みたい．人類学における存在論的転回を主導しているヴィヴェイロス・デ・カストロは，南米先住民のパースペクティビズムを分析する過程で人間と動物の眼に注目している．ここで彼が言う眼は，たんなる認識，表象，世界観のことではなく，文字通り身体としての眼であることに注意を払っておく必要がある．彼は，「アナコンダは人間と異なる眼をもつので人間には理解できない」，「ジャガーが人間の眼を食べる」といった南米先住民の眼に対する捉え方を紹介している（ヴィヴェイロス・デ・カストロ 2013：115–116）．つまり，南米先住民のパースペクティビズムにおいては，人間の眼と動物の眼は，互いに拮抗する関係にあるというのである．

これに対して本章で扱った民族集団Dの「犬は人間の眼」という眼に対する捉え方は，ヴィヴェイロス・デ・カストロの南米先住民の事例と対称的である．つまり，東アフリカ遊牧社会においては，南米先住民の社会のように人間のパースペクティブが動物のパースペクティブと拮抗するのではなく，逆に，人間のパースペクティブが動物のパースペクティブを吸収し，それと一体化しているのである．

ここから眼を起点とした存在論的比較への視座がひらける．ヴィヴェイロス・デ・カストロが議論を展開している南米先住民が居住する密林空間においては，人間身体，動物，ものはそれぞれ空間的に不可視となり，隔離されている．そこでは，パースペクティブが働く方向は垂直的であり，それぞれが安定的に定位した密閉空間のなかで，自己と他者の距離感が強調される．それゆえに，密林空間の安定的な存在論（ontology of stability）においては，動物がアクタント化し，多種多様な精霊がアニミズム的に跋扈する．その結果，そこでは，複数の眼や複数のパースペクティブが対等な関係において拮抗することになる．

それに対して，本章が扱う東アフリカ遊牧民が居住するサヴァンナ空間の不安定的な存在論（ontology of instability）においては，人間の身体は動物やものと一緒につねに遊動を繰り返しており，人間身体，動物，ものはそれぞれ可視的である．そこでは，パースペクティブが働く方向は水平的であり，自己と他者は区別を失い，遊動のユニットとして融合することになる．ものや動物は他者化されるのではなく，むしろ自己の一部となる．そこでは，複数の眼やパースペクティブが拮抗するのではなく，それらが融合し，一体化することになる．

つまり，不安定性と遊動性を基調とするサヴァンナの存在論においては，動物やものがより極端なまでに人間身体化するのである．遊牧民は，動物やものとたんに共生したり，他者として尊重したりするのではなく，それらを自己の身体の一部として捉える．パースペクティブは密林の存在論のように複数林立するのではなく，合体する．犬が人の眼であるという捉え方は，こうしたサヴァンナの存在論を前提としていると考えられる．もちろん，家畜は犬とは異なり人間の眼として理解されているわけではないが，「最低限のもののセット」を通じて，家畜の乳や皮と人間身体との連続性が強調されていることについては既にみた通りである．

東アフリカ遊牧民の社会において卓越しているのは，自己と他者とをあらかじめ区別した上での他者への寛容の論理ではない．彼らの論理は，そもそも自己と他者を区別すること自体を拒否しているのであり，それは，むしろ，より徹底して他者を重くみた接し方であると言わねばならない．それは，自己と他者，人間と非人間，人間と動物，人間とものをいったん区別した上で――寛容にも――他者や非人間や動物やものにも一定程度のエージェンシーを認めてあげようとするパターナリスティックな接し方とは根本的に異なっている．

自己と他者が区別されないこのような状況下では，たとえば，他者が有する家畜も他者の家畜として区別されるわけではなく，自己の所有物の引力圏に引き寄せられることになる．遊牧社会で家畜の略奪が頻繁にみられることについては，政治的要因を主因とすることが多いので慎重に理解しなければならないが，一方で，自己と他者の境界がつねに流動的な遊牧社会の特性に照らして考えてみる必要がある．

サヴァンナの存在論においては，他者や非人間や動物やものは，そもそも自己に等しい．人間身体とともに遊動する動物やものは，すべてが自己であり，全てが人間身体なのである．その意味で，本書第Ⅱ部の課題である「もののひと化」の極端な事例と言えるかもしれない．それゆえ，ものや動物は眼差しの対象でも表象でもエージェントでもないし，対称的にも対等にも扱われない．ましてや，他者として尊重されることもない．それは，われわれが自分の手足や目鼻を，自分と対等であるとも，尊重するとも言わないのと同じことである．つまり，ヴィヴェイロス・デ・カストロやものの人類学がこれまで議論してきたエージェンシーや対称性は，非人間やものや動物を自己の外部に対象化した後の議論にすぎない．

人間とものや家畜をそもそも区別せず，それらを切れ目なく自己身体の一部として飲み込み，それらとともに形成される拡張身体として遊動してきた遊牧社会は，従来の存在論やものの人類学が描写してきたのとは異なるサヴァンナの存在論の地平を示している．東アフリカ遊牧民は，他者をいったん遠くに対象化した上で尊重するのではなく，自己と他者を区別しないほどに徹底して他者を重くみた関係性を他者と取り結んできたのである．

謝辞

現地でお世話になった東アフリカ遊牧民の国内避難民の皆様には調査に御協力いただいた．本研究は，JSPS 科研費 JP18H03606，JP16K13305，JP25257005，JP24651275，JP20401010，静岡県立大学教員特別研究推進費の助成を受けて行われた．また，本共同プロジェクトのメンバーの先生方，とりわけ河合香吏教授，中村美知夫准教授には有益な御助言を頂いた．以上の方々の御厚意と御協力に，心より御礼申し上げる．

参照文献

Bianco B.（2000）Gender and material culture in west Pokot, Kenya. In： Hodgson D. L.（ed.）*Rethinking Pastoralism in Africa： Gender, Culture & the Myth of the Patriarchal Pastoralist*. James Currey： Oxford. pp. 29–42.

Descola, P.（2013）*Beyond Nature and Culture*. University of Chicago Press.

Grillo, K.（2014）Pastoralism and pottery use： An ethnoarchaeological study in Samburu, Kenya. *African Archaeological Review*. 31（2）：105–130.

波佐間逸博（2015）『牧畜世界の共生論理：カリモジョンとドドスの民族誌』京都大学学術出版会．

Internal Displacement Monitoring Center（IDMC）（2006）*I am a Refugee in My Own Country*. Internal Displacement Monitoring Centre.

Kratz, C., & Pido, D.（2000）Gender, ethnicity and social aesthetics in Maasai and Okiek beadwork. In： Hodgson, D. L.（ed.）*Rethinking Pastoralism in Africa： Gender, Culture & the Myth of the Patriarchal Pastoralist*. James Currey： Oxford. pp. 43–71.

Kassam, A., & Megerssa, G.（1996）Sticks, self, and society in Booran Oromo： A Symbolic interpretation. In : M. J. Arnoldi, C. M. Geary, & K. L. Hardin (eds.) *African Material Culture*. Indiana University Press. pp. 145–166.

コーン，E.（奥野克巳・近藤宏・近藤祉秋・二文字屋脩訳）（2016）『森は考える：人間的なるものを超えた人類学』亜紀書房.

湖中真哉（2011）「身体と環境のインターフェイスとしての家畜：ケニア中北部・サンブルの認識世界」床呂郁哉・河合香吏編『ものの人類学』京都大学学術出版会，321–341 頁.

———（2012a）「劣悪な国家ガヴァナンス状況下でのフード・セキュリティとセキュリティ：東アフリカ牧畜社会の事例」松野明久・中川理編『GLOCOL ブックレット 07 フード・セキュリティと紛争』大阪大学グローバルコラボレーションセンター，39–52 頁.

———（2012b）「アフリカ牧畜社会における携帯電話利用：ケニアの牧畜社会の事例—」杉本星子（編）『情報化時代のローカル・コミュニティ：ICT を活用した地域ネットワークの構築　国立民族学博物館調査報告』106：207–226.

———（2012c）「紛争と平和をもたらすケータイ：東アフリカ牧畜社会の事例」羽渕一代・内藤直樹・岩佐光広編『メディアのフィールドワーク：アフリカとケータイの未来』北樹出版，136–150 頁.

———（2012d）「ポスト・グローバリゼーション期への人類学的射程：東アフリカ牧畜社会における紛争の事例」三尾裕子・床呂郁哉編『グローバリゼーションズ：人類学，歴史学，地域研究の立場から』弘文堂，257–284 頁.

———（2015）「やるせない紛争調査：なぜアフリカの紛争と国内避難民をフィールドワークするのか」床呂郁哉編『人はなぜフィールドに行くのか：フィールドワークへの誘い』東京外国語大学出版会，34–52 頁.

———（2016）「アフリカ国内避難民のシティズンシップ：東アフリカ牧畜社会の事例」錦田愛子編『移民／難民のシティズンシップ』有信堂，60–80 頁.

———（2018a）「人道支援におけるグローバルとローカルの接合：東アフリカ遊牧社会の現場から」湖中真哉・太田至・孫暁剛編『地域研究からみた人道支援』昭和堂，1–23 頁.

———（2018b）「物質文化と配給生活物資の相補的関係：東アフリカ遊牧社会における国内避難民のモノの世界」湖中真哉・太田至・孫暁剛編『地域研究からみた人道支援』昭和堂，65–90 頁.

———（2018c）「新しい人道支援モデルに向けて：東アフリカ遊牧社会の現場から」湖中真哉・太田至・孫暁剛編『地域研究からみた人道支援』昭和堂，251–282 頁.

Larik, R. (1986) Age grading and ethnicity in the style of Loikop (Samburu) spears. *World Archaeology*. 18 (2) : 269–283.

——— (1987) The circulation of spears among Loikop cattle pastoralists of Samburu district, Kenya. *Research in Economic Anthropology*. 9 : 143–166.

ラトゥール，B.（川崎勝・高田紀代志訳）（1999）『科学が作られているとき：人類学的考察』産業図書.

Prusssin, L. (ed.) (1995) *African Nomadic Architecture : Space, Place, and Gender*. Smithsonian Institute Press.

——— (1996) When nomads settle : Changing technologies of building and transport and the production of architectural form among the Gabra, the Rendille, and the Somalis. In :

M.J. Arnoldi, C.M. Geary, & K. L. Hardin (eds.) *African Material Culture*. Indiana University Press. pp. 73–102.

Robbins, L. H. (1973) Turkana material culture viewed from an archaeological perspective. *World Archaeology*. 5 (2): 209–214.

Roe, E. (2013) *Making the Most of Mess. Reliability and Policy in Today's Management Challenges*. Duke University Press.

ストラザーン，M.（大杉高司・浜田明範・田口陽子・丹羽充・里見龍樹訳）（2015）『部分的つながり』水声社.

Sphere Project (2011) *Humanitarian Charter and Minimum Standards in Humanitarian Response*. Hobbs the Printers.

ヴィヴェイロス・デ・カストロ，E.（2013）「内在と恐怖」『現代思想』41（1）：108–126.

――――――――――（檜垣立哉・山崎吾郎訳）（2015）『食人の形而上学：ポスト構造主義的人類学への道』洛北出版.

第6章

内堀基光

石について
——非人工物にして非生き物をどう語るか

KEY WORDS

自然物, 人工物, 岩田慶治, 五来重, アニミズム

1 「ひと」の手にならない「もの」

ある「もの」がそこにある．その「もの」の存在に関して，「ひと」の意図の関与が極小であり，しかもそれであって，「ひと」に対してある一定の状況下では可能な限り大きな影響をもたらすものを想定しよう．

目を向けるのは「ひと」の手になるものでない「もの」，つまり非人工物，非加工物——と一般にされているもの——である．自然物といっても良いが，ここでは命あるものを除くことにする．実を言えば，何に命があり，何に命がないと思われているかについて語ること自体，この本の扱うトピックの広がりの中心に位置すべきものである．だがある限定のもとに，さしあたって植物はここでの対象としておこう．その意味では除外するのは，命あるものというよりも自ら「動くもの」，つまり動物ということになる[1)]．

とすれば，非生き物の非人工物の代表となるものは，何といっても石と木である．本書の前編『ものの人類学』では「意思なき石のエージェンシー」を語ってみたが，好みによっては木を入れて木石の論としてもよい．「ひと」に対して及ぼす効果——あるいはより一般的に関係——として，石と木とが共通にもつ属性，あり方と，場合によっては互いに反する属性，関係についての論である．以下実際には，石について語ることになるが，この場合の石は，かなりの程度，木と互換性を帯びたものになる．その互換のあり方の中心には，石と木はともに「ひと」に対して大いに語りかける存在だということがある．石は（木も）語る．あるいは（こう言ったほうが良ければ），石は（木も）語る，というように「ひと」が語る．だがすべての「ひと」がこのように言うわけではなく，当然すべての石や木が語るわけでもない．ここで特に探りたいのはこうした「石の語り方」（日本語における便利な両義的・曖昧な意味合いで）である．

そこからさらに次の一歩として，これらの語り方が可能になった実的（リアル）な基礎に目を向ける．（木）石を代表とする自然物と「ひと」との相互作用を，「語り」を含むそうした作用が生成する場という枠組のなかで考えるこころみとなる．あえて言えば非人工物にして非生き物という自然物の存在論なのだが，ここでは，こうした存在論が「もの」なるものの全体を語ることへの新たな可能性を開くものであるかどうかを問うことになる．

ここでその可能性について，一つだけ予報的な見込みを出しておこう．それはある種の語りにつきもののプロット（「筋」）から離脱する方向への可能性である．非人工物にして非生き物を「ひと」が語るといっても，それが「物語」的なプロットで語られると，「ひと」――あるいは「ひと」でなく，「ひと」類似の動作主であるかもしれない――が，対象としての非人工（非加工）の「もの」に関わるという主人公中心の展開が必要である．「物語」でなく，客体としての「もの」に関わる経験の語りでも同じことが起きうる．こうした物語的な主―客の対照性をこわそうとすると，こんどは客体の側のあからさまな擬人化――「もの」が「ひと」のように動き，話す――というパラドクスが残ってしまう．偉大なる暗闇広田先生が三四郎に向かって言ったように「自然を翻訳すると，みんな人間に化けてしまうからおもしろい」（夏目漱石『三四郎』）ことはたしかだが，それはパラドクスゆえの――つまりは翻訳物語としての――おもしろさである．だとすれば，このパラドクスを回避する方法の一つは，はじめから物語的なプロットをもたない言及のしかたを探ることである．おもしろさは求めないことにして，そのような言及の一端でも示すことが本章での主なこころみである．

2 「ひと」の痕とその連鎖

人類学的な「もの」（モノ）研究の中心には，つねに「ひと」の作った「もの」が置かれてきた．研究対象となる「もの」は生活道具から武器，また装身具から美術作品，さらにはからくりからロボットにいたるまで，ことごとく人工・人造の「もの」であり，したがってその「もの」の存在自体，「ひと」の意図性のもとに現れるものであった[2)]．

ある特定の個人あるいは人間集団にとって，ほとんどの「もの」はすでに与えられたものとして現れる．このことはごく普通のことである．私の身の回りには，私が作ったのではない人工物があふれているが，その多くは私の生より古くから存在するという意味で私にとって所与である．だがそれらの「もの」の存在の初発では，かならず「ひと」の意図の体現——正しく体現されたかどうかは別にして——としてあった．そこには人間によるなんらかの技工が介在し，したがって定義として artefact（「技」ars によって作られたもの factum，すなわち人工物）と呼ばれるものたちである．人類学が人間の営為を研究するものである以上，人工物が「もの」のなかで特権的な位置を占めることは当然といえば当然である．

では人工物でないものにどう向かうか．英語では artefact に対して naturefact という新語が造られたことがある（オズワルト 1983）．オズワルトは人間が作ったのではないが道具として用いられる「もの」，たとえば非加工の木の枝やら自然礫などを指す語としてこれを提案している．造語としては英語でもやや不自然な合成に見え，そのためかあまり人口に膾炙したものとはならなかった語であるが，この本の邦訳書のなかで与えられた「自然物」という訳語は，日本語として英語にこめられた概念をさらに裏切るものとしか言いようのないものとなっている．「自然具」あるいは「天然具」としたほうが概念により良く沿っているとは思う．だが，ここでさらに注意すべきなのは，オズワルトのような技術誌を専門とする人類学者にとっては，自然に与えられた非加工の「木石」ですら「ひと」の実利的な用途という枠内でのみ関心の対象となっているということである．言わずもがなのことながら，役にも立たない「自然物」が彼の視野に入ってくることは到底ないわけだ．

役に立たないことを，日常生活上の最も狭い意味で実利がないことととるならば，美術品もこのカテゴリーに入れられることが多い．アイロニカルなことに，「もの」の研究をめざす人類学で美術品——あるいは実用品の「美的」な側面——が特権的な対象となりうるのは，かなりの部分をこの非実利性によっている．その点でこれらの研究は技術的・道具的な「もの」への接近とは逆方向を向いているように見える．とはいえ，美術品は人間の生活環境からの距離で言えば極限的とも言うべき人工物であり，しかもその距離ゆえに，そうした「もの」を作る「ひと」の意図性，作られた「もの」が「ひと」に与える印象の力，さらに「もの」のやりとりというかたちで現実化している「ひと」と「ひと」との相互関係など，美術品をめぐる議論の要には常に「ひと」が極大的に現れる．この場合「もの」にどのようなかたちでか付着する「ひと」なるものの人格性は，道具などの場合に比べてはるかに大きいのだ．道具などはむしろこの人格性の濃淡によって，ときに工芸品（民具）として美的な評価の対象となりつつ，実利性から離れたものとみなされるようになるのだと言えよう．

美術品はさておくとして，日常の身の回りにある「もの」には，人格性の濃淡はともあれ，どうしようもなく「ひと」の痕（trace）が付着せざるをえない．世界が「もの」と「ひと」から成っていると言うとき，あるいは「ひと」も「もの」として見て，世界は「もの」であると言うときに，われわれが想う「もの」はほとんどそうしたものである．人工物でもオズワルト流の naturefact でなくとも，われわれが目にするものであるかぎり「ひと」の痕はそこかしこに浸透している．世界は「ひと」の見る世界だからであり，このことに応じて「もの」の「人類学」（＝「ひと学」）を構想することは当たり前という意味で理にかなっている．だがここでは，こうした人類学の当たり前の前提からあえて外に出ることを試したい．

人類学の当たり前ではなく，日常の思考が特段の努力なしに，つまりは当たり前に想い及ぶ範囲のなかでは，「ひと」の痕のないものが厳然と存在する．素朴に信じられた実在として，そうした痕がないような「もの」としての自然物に，「ひと」はどのような意思と感覚をもって向きあうか．あるいは主語を「もの」に移して，「ひと」が自らの意思で出会うというのではなく，そこにふっと石や木が立ち現れるとき，その出現は「ひと」にいかに働きかけ，「ひと」の状態を変えることになるか．

「ひと」との出会いにおいて「もの」が発揮する力は，これら自然物の場合，大きさ，形，色といったその形態的な――ヘナーレたち（Henare et al. 2007）にしたがって「本質的な」と言っても良いが――属性に加えて，出現の状況に依存することは言うまでもない．その状況――あるいはヘナーレたちが排除したがる「文脈」――を語り尽くすことが，自然物（石と木）を人類学的に論ずるということでもあるわけだが，やっかいなのは，ここにおいてもまた「ひと」の痕の問題が入り込んでくることである．そもそも自然物という「もの」に「ひと」の痕がないという事態はどのように可能なのか，あるいは痕というものは程度の問題として考えるべき事柄であって，自然物にあってもある種のこうした痕を見るべきなのか．

この最後の問いへの答えは当然「然り」なのだが，程度に関わるその最小限として極限的にゼロに近いものを考えることにしよう．その場その時において「ひと」がはじめてその「もの」の存在に気づくこと，目を向けること，意識することといった，関わりの極小だけがあることをもってこの近似ゼロとする．自然物たる木石をこのようなものとしてさしあたり見ることにする．とすると近似ゼロの逆の極限には，「ひと」の痕のみから成り立っているような「もの」を考えればよく，そこには先端技術製品やある種の美術品が含まれることになるだろう．おそらくこれらを対象とする「もの」の人類学的研究は「ひと」の痕の長い連鎖を辿るようなものとして実現することになる．これを辿る語りは，連鎖がいかにして形成されるかについて議論，ジェルの用語を用いれば，たとえばあるインデクス（「もの」）におけるエージェンシー（エージェント）とペーシェンシー（ペーシェント）の対応による結びつきなどの延長版ということになろう．痕の連鎖という観点から言い換えれば，自然物との出会いの場合には，出会いの瞬間において，すでに与えられた連鎖がないか，きわめて短いか，あるいはある「ひと」にその連鎖がまったく見えてこないという状態がそこにある．それが新たな連鎖のはじまりになるか否かはまた別のことであるが，自然物が自然物であることを止める契機がそこにある[3)]．

3 「もの」に「ひと」を見る——岩田アニミズム

「ひと」の痕の多少にかかわらず，「もの」として石や木を取り上げるとき，日本的な関心からは自然崇拝，精霊信仰，アニミズムといった用語による議論に向かいがちである．日本人の「もの」を見る目がそうしたものなのだと，近ごろでは肯定的な気持ちを込めて語られることも多い．科学技術的な思考あるいは一神教的世界観への批判や反省が底流にあるとはいえ，それとは別に，こうした「もの」の見方，ひいてはそうした見方，またそれについての語り方は実際どのように構成されているのか．このトピックは論じ尽くされたことのように見える．だがここでは，これらの語り方に対して，明確にその外部にある立場からあらためて理屈を立ててみたい．

このために参照に値するのは岩田慶治の論考である．「草木虫魚」の語りに代表される岩田の語りの表層のスタイルは，彼自身が言うようにアニミズムにあるのだが，その奥にあるものを探ることにそれを超えた意義を認めたい．それらを岩田自身の「存在論」として読むことをとおして，「ひと」と「もの」にかかわる存在論の広がりを考えていくわけである（岩田の「存在論」なる語については内堀 1979 参照）．ここでの私の立場は，岩田の近くにとどまりつつも，それでいてアニミズムへの共感には行かないための語り方の可能性，すくなくともその糸口を探るところにある．

岩田の関心はふつう植物（木）を含めた生き物に向かう．先に言ったように，生き物といっても「非—人間」も生命体であるかぎりは，人間的エージェンシーの類比的延長で語ることが比較的容易である．だが岩田の場合，「草木虫魚」をあえて文字どおりにとって，動物のなかでも「ひと」との類比が難しい虫と魚というふうに読んでみることが可能，というよりも必須であり，そこにこうした類比的延長から離れようという意図がはっきりと見えてくるように思われる．「ひと」の日常生活にいちばん近いところにいる動物，豚や牛などの家畜，あるいは犬や猫などのペットのように，人間との異種間相互関係がその存在の前提となる動物に目を向けるのではなく，虫でなければせいぜい空を飛ぶ鳥に目が向かうところに，自然としての「非―人間」つまり「ひと」の痕の見えない生き物の存在に自らの存在感覚を寄り添わせる岩田の真骨頂がある．

こうした生き物に「鳥さん，鳥さん」というように語りかけ，生き物が答え語ることを聞くというかたちで自らの思いを自らに戻す．これが岩田の典型的な語りの形式である．民族誌的な舞台の設定とその道具立ての描写によって，この語りの空間が具体的な広がりをもって現れ，語りかけ答えを返す鳥がその空間にその時にいた特定の鳥であって，ある文化のなかでカテゴリー化され意味を担わされた「鳥なるもの」ではないことが前面に押し出されることになる．これがまさしくある「もの」の存在にかかわること，岩田の言葉を使えば「文化以前」また「宗教以前」・「歴史以前」のありようにかかわることなのである．

世界に存在するこうした実体的な「もの」の「文化以前」と，カミと霊魂といった語によって言い表されるものに絡まる「不思議」の事柄の「宗教以前」とが，岩田自身から発し自らに戻ってくる「存在論」なのだが，そうした岩田の語りにあっては，具体的な「もの」へのまなざしと，彼自身の思念，そして民族誌的な記述と解説が綯い交ぜられて，回り巡るようにして展開する．そうした全体の循環的な回路のなかで見返すとき，実は彼がしばしば用いたアニミズムなる名辞そのものに大きな意味があったとは思われないのだが，これについてはやや突っ込んだ議論が必要である．

結論から言えば，この当時としては手垢のついた用語は，岩田の場合，「宗教以前」を表す一標語であったのだろうと思う．アニミズムの実質的な内容を伝える意図以上に，新旧の宗教教派で説かれる教説の主知的な性質，過剰な概念性に対する岩田の疑義が先立っているということである．岩田が神ではなくカミと標記するのも同じことであり，神という語が歴史のなかでまとった教説めいた外被を払いのけ，その「実」に迫ろうとするための表記である．とすれば，ここで掘り起こす必要があるのは，人類学あるいは宗教学の理論のなかで解説されるアニミズムではなく，岩田の体験的あるいは感覚的とも言えるアニミズムの「実」の部分であり，何が岩田個人の直接的な存在体験（感覚）といったものを呼び起こすに足る実在者，言い換えれば，世界の中にある「もの」なのかということになろう．

世界にあまたある実在者のなかで,「ひと」以外で動作にかかわる主体性を帰することが容易なものは動物であり，とりわけ「ひと」の生活と「ひと」そのものの身体的属性への類比の距離が短い動物である．岩田がこうした動物にまず言及しないのは，これらに対して「ひと」的な主体を外挿することが，あまりにもあからさまに「ひと」の世界を拡げすぎることになるからである．そうすることが，岩田も古くから言及する「人間中心主義」のくびきから脱却することにつながらないからである.「草木虫魚」と「ひと」との距離の遠さを越えてゆく語りのあり方は，これとはちがって，前者を「ひと」化するような語り口でありながら，その源泉となる存在感覚の突飛さ——これを岩田自身は「不思議」と表現する——ゆえに，悪くすればパロディにとどまる危険をはらみつつも，むしろ逆に「ひと」を「草木虫魚」の仲間に引きずり込むだけの力能をもつのである.

「ひと」との類比の距離の長短と「ひと」の痕の連鎖の長短は，別の視点から見た「もの」と「ひと」との関係であって，両者のあいだに一義的な相関関係はない.だが，前者においてより長く，後者において可能なかぎり短いもの，つまりより非人工（人為）的なものをラジカルに究めてゆくとすれば，生き物のなかでは動物よりも植物へ，生命のあるものよりもやはり石のような非生命の「もの」へということになるはずである．岩田の目をもって進むときでも，「草木虫魚」の行き着く先はやはり「石」であり，ここでも植物と合わせれば「木石」ということになるのだ.言わずもがなの言をつけ足せば，こうした「非情物」こそが自然世界における実在者の総体，つまり森羅万象の中核をなす.

では実際，岩田が石をどのように見ているか．それは彼のアニミズムの「実」を知るうえでも有用な試金石となろう．岩田が石に触れている，軽いが印象的な文がある．長いが引用する.

> ……森羅万象に仏性が宿るのである．宿ったことを自分から言明するのだ.「私はつゆくさよ」,「わたしは芙容よ」と言い,「わたしは石よ」と言うのである．／とある玄関の前のまるい石，今はなんの役にも立っていないが，昔は玄関の雪おとし，泥ぬぐいに使われたのであろう．今日はだまっているが，それがこの石なのである．／忘れていたというか，無視していたというか，私はその石の前を朝ごとに三年も通りながら，気づかなかった．ついこのあいだ，このことに気づいて，ハッとしてその石に見入った．……／竜安寺庭園の石庭の配置についてはやかましすぎるくらい，その形とその配置の美をいいたてるが，この石を見つめる人はいない．……／出会いの経験のなかにひそむもの，それを私はかつてカミと呼んで尋ね回ったが，いまそのカミが目前に坐っているのであった．／石がカミになる，石のなかの仏性が言葉を語る，……（岩田 2005：152–153）

道元の語を引いて仏性という言葉を使っているが，岩田にとってそれはカミであり，「もの＝石」に宿るものである．だがここでほんとうに注意すべきことは，それが宿ったという事態は「宗教以前」の出会いの経験において「わたし」にとって立ち現われるものとして感得されているということである．仏性やらカミ，あるいはここでは言及されていないが霊魂（たましい）といったものは，「もの」に恒常的に内在する実体というよりも，「ひと」との遭遇と，「ひと」による「気づき」によって，時に応じて「宿る」ものだということである．今風の言い方をすれば，「もの」と「ひと」との出会いの界面に応じて，ある種のパースペクティヴがとられるのだといっても良い．このように見ていくと，答えるべき問題は，当たり前のようだが，岩田という「ひと」の「ひととなり」，ある石という「もの」なら「もの」の属性，あるいはその本質，そして両者の出会いの状況の特性という全体構成に立ち戻ることになる．

玄関前の石は，かつては「ひと」の生活の用途にあった石であり，その意味で「ひと」の痕が見られる石だが，石庭の石との比較でいえば，その痕の連鎖は長くはない．自然石に近いものを「ひと」がそこに移動させただけであり，おそらく加工はほどこされていない．まさしく先に言及した naturefact（自然具）――それも元であって今ではない――なのだが，そのことが岩田の注意を引き思考に導いたのではないだろう．目立たない形と，三年間それに気づかなかったことにふと気づいたという状況，それまであったことが突然目の前に啓かれたという驚きの感覚，おそらく岩田にとっての説明のつかなさ加減といったものが，その時のこの石の存在なのであり，「ひと」が石に出会うというよりも，石が「ひと」に姿を現わすかのような状況を生んだのである．

アニミズムの名を使おうと使うまいと，岩田の思考の核にある瞬時性ともいえるその時その場の感覚経験が，「わたし」から「もの」への主体の移譲をもたらすものであることはたしかである．ここでいう主体とは，動作の主体というよりも，存在の焦点としての主体と考えておきたいのだが，おそらくそれは単なる語り口の問題ではなく，岩田にとってはその時の「わたし」の存在にかかわる実感であり，またそれ以上にそこにある「もの」の実在の問題であって，「宿る」仏性やカミと呼ばれるものはその実在への移譲，つまり焦点移動を言い表すための名辞にほかならない．だからこそ，仏性やカミが外からやって来て「もの」に入り込むといったものではなく，その瞬時においては石がカミなのである．

民族学者としての岩田は，民俗的な霊魂信仰などについてはときにきわめて素朴になることもあり――というよりも素朴を装うかのように，なのかもしれない――，ボルネオ島イバン人のスマンガットや沖縄のマブイを現地の人びとが実体のように語り扱うことをそのままに記述する（イバン人のスマンガットの存在様態については内堀（2016, passim）で論じている）．だが，川原の石を拾ってきて祖先に供えるといった儀礼習俗に言及する文脈でも，「自然の石が，その形，そのてざわり，その重さなど，要するに石に封じ込められているその意味によって，自然と人間をむすびつけていた」（岩田 2005：85）と述べるように，彼の思いは石の実在そのものの「意味」——これがどのような意味であれ——に向かう．仏性やカミというのは，逆に言えば，こうした実在に内包された「意味」であり，しかも自然と人間をむすびつけるという作用をもつ「意味」だということになる．ヘナーレたちが後に主張する（Henare et al. 2007：3），「もの」に人間が「意味」を付けるのではなく，「もの」はそれ自体で独自の「意味」であるという命題とまさしく同じ意味で，石に「意味」が「封じ込められている」と言うのだが，実は岩田がこう言うのはやや傍観者的，といって悪ければ研究者としての位置に立ってのもの言いである．というのもここでは，岩田の言はこの石の実在を出会いとして経験するところからではなく，民間習俗の解説をしているところから発せられたものだからである．

民間習俗の解説に向かう岩田と，みずからの体験を語るときの岩田のあいだには，決定的とまでは言わないが考察に値する断絶がある．当然のこと，みずからの体験と感覚については，その瞬時の直観を前面に押し出して語ることができるが，民族誌という枠組での解説は，いかなるものであれ「筋」のとおった論理を要求するからである．この「筋」は主人公の動きをたどる物語的なプロットとして構築される必要はないが，論理上の主語や客語としてなんらかの実体が求められる．自身の経験であれば語りうる目に見えない仏性かカミに言及しえないところで，民族誌家としての岩田は，目に見える「もの」が現地の人びとにとってもつ「意味」について，同じく目に見えないスマンガットやマブイといった実体を否応なく実在であるかのように語らざるをえないのである．とはいえ，上に引いた石については，習俗解説とは別の観点から石という「もの」の実在的属性がもつ「意味」を語ることにより，断絶を越えようとしているように見える．だが，これを越えるところでは，仏性やカミ，スマンガットやマブイも究極的には不要な観念であり，これらはすべてアニミズムという名と同様に，便宜のために言及される名辞にほかならないことになろう．そしてこの点に至るところに，岩田の思考の透徹が見られるのである．

4 「もの」に「ひと」を見る——石の宗教

ここで岩田から離れたい．古来，石は宗教学や象徴研究のなかで意味あるオブジェクト（対象＝客体）として少なからぬ関心を集めてきた（ファン・デル・レーウの「宗教現象学」参照）．この分野では五来重による『石の宗教学』が，石という存在への切り込み方の深さでは群をぬいていると思う．彼の手法は，仏教的なもの，神道的なもの，あるいは民間の習俗に関わるものを問わず，日本全域の石をめぐる宗教心を描きだすものだが，その基礎には石という自然物に対して「ひと」が時と場合に応じて感じることのあるある種異様の感覚――驚きであれ，畏怖であれ，賛美であれ――を置いている．こうした感覚を五来は日本文化基層にある自然信仰そのものとみなし，こうした自然信仰を含む民俗的な習俗を「自然宗教」と呼んで，彼が「文化宗教」と呼ぶものと対置させている．そうした意味での日本人の自然宗教に「自然石崇拝」なるものが含まれるというわけである．さらにこれが霊魂観と結びついたところにアニミズムという語が使われる．すなわち「石に神の霊魂がこもる」という信仰（五来 1988：29）．これが五来にとってのアニミズムの範例となる表現である．

五来の考えの大本には「もの」に対して「ひと」が抱く直接的な感覚への共感がある．こうした直接的な感覚が解発されるのは，生命をもつものであっても非生命的なものであっても，種類，大きさや形，あるいはそれが存在する場における「もの」の配置様態が尋常とは異なるときである．この感覚の直接性からアニミズムへの距離は，岩田と同じく五来にあってもきわめて短いものだが，五来はこのアニミズムを彼のいう自然宗教の核に置くことによって，それを彼の見通すより大きな宗教体系の堅固な一部分として取り込んでいるようだ．

そこにあるだけの自然の石や岩を拝み，またその回りをめぐる実修の行為から，賽の河原の積み石を経て，石を並べて立てる祭祀空間の設計へ，さらには石にさまざまな加工を施すことにより成り立つ石像，石碑，石塔の建設に至るまで，石に対する人間の働きかけの強度の高まりによって，宗教の文化性といったもの，つまり自然宗教からの距離が増えていく．五来はこの様相の遷移をあますことなく描く．先に使った言葉で言えば，文化宗教において石が現れるとき，「ひと」の痕の連鎖の長さが目立つようになるわけで，その長さを辿るのが『石の宗教』という本であるとも言える．にもかかわらず，日本の民間信仰における石仏に半肉彫のレリーフが多いことに触れた次の文は，この連鎖の長さよりも石そのものの「主体」を強調したものとして記憶に値しよう．

曰く，「［日本には］大きな丸彫の石仏はすくない．これは石彫の技術の問題もあるが，日本人の石そのものへの信仰があって，石を彫刻の素材とするのではなく，その石に，道祖神や庚申（先祖）や観音，地蔵の魂を彫り込む意味があったためとおもう．したがって石が主体であって，神像，仏像はシンボルであるから，ディテー

ルを彫らないでも，それと分かればよかったのである.」(五来 1988：208)

五来がここで言う「石そのもの」とは何か．これまでの語りからもわかるが，これはアニミズムの相における神宿る，あるいは魂の宿る物体，つまり容器のようなものではないし，神や霊魂が現象世界で顕現するといったものでもない．岩田について見たのと同じく，ここでもそれは，そうしたアニミズムらしいアニミズムを生み出す手前にあって，アニミズムを可能とさせる物質としての石であり，あえて言えば，「ひと」のまえに現れる実在としてのその具体的な物質性，つまるところは物体としてのその質感である．繰り返しになるが，そこでは「もの」が先にあり，それが「ひと」に出会うのであって，逆ではない．岩田にあっては，この出会いは気づきという個的な瞬時の経験と現れるが，五来にあってはむしろ集合的で累積的な経験を構成していくものとなる．ここに自然という修飾語をつけつつも「宗教」といい，さらには「文化宗教」という概念まで動員する五来の歴史家，宗教学者としての語りの特質がある．

5 より「即物的」に

当たり前のことだが，出会いは出会いである以上，それを「もの」を起点として語るか，「ひと」を起点として語るかという問題は擬似的な問題であって，問題は起点をどちらにとるかによってそれを受ける述部が変化する――しなければならない――ということにある．石との出会いで「ひと」は直接的な感覚――視覚，触覚はもちろん聴覚も――を経験する．この感覚は石の実在にも「ひと」の身体性にも還元できないので，そのどちらかを起点として，それにふさわしい述語を選ぶ．語り方というのは結局のところその述語の選択のことだと言ってもよい．

岩田と五来は，「ひと」の経験のあり方を，特定の場にある特定の石が――岩田にあってはまた，特定の時に――作り出すというかのような語りによって，石を主体（主語）の位置に置きつつも，述部ではその経験の内容を語る．この主体と述部のあいだのこうしたねじれのすき間に挿入されるのがアニミズムとしてくくられる説明の場におけるカミであり霊魂であり仏である．これを逆に言えば，こうした存在者を前提として語るとき，彼らはこのすき間に介在する主体ということにもなりうるということである．そのかぎりでという条件付きで，この地平での存在論的語りもまた十分に可能となることを認める必要はあろう．

だが，本章で目指そうとした課題は，説明をアニミズムの存在論にたよるとなしに，それでいて「もの」の実在と「ひと」の感覚のあいだに成り立つ出会いを，その不思議さまで含めて記述する方策を考えることであった．先に言ったように，岩田も五来も実はこれに近いところにいるのだが，民族誌や習俗記述に向かうとき，その筆先は見える石から見えない観念へと移し替えられてしまいがちであり，しかもその観念を言葉の操作によって実体であるかのように語ることになる．言葉の操作が東南アジアの人びとや日本の村人のものである場合には，それはスマンガットであり，マブイであり，魂である．言葉の操作が著者の場合には，それはカミとなり，仏となり，「神の霊魂」となる．こうした移し替えがアニミズムの出発点なのだが，これによって「もの」の実在は「ひと」の感覚から遠ざけられこそすれ，決してその逆ではなく，たとえば「自然石」には外側からアニミズムという「ひと」の痕が被せられることになる．言い換えれば，アニミズムと結びつけられた「もの」は自然の側にあるのでも宗教以前の場にあるのでもなく，すでに文化，宗教，歴史の内側にあると言わなければならないのである．言葉としても，自然崇拝はともかく，自然宗教というのは，よほど文化を高級化して考えないかぎり，言語矛盾のようなものである．

ではこれにしたがって，アニミズムを文化の側に引き寄せてみよう．その時，石と「ひと」の出会いにとって残るものは何だろうか．「もの」と「もの」とのあいだ，あるいは「もの」と「ひと」とのあいだの関わりを記述するに当たって，さしあたり利用しうるもっとも手近な概念はエージェンシー agency ではあろう．そこで問題になるのは，「生きもの」でない「もの」にどのようなエージェンシーを認めるか．あるいはそれにあわせてエージェンシーの概念内容をどのように設定することが可能かということである．エージェンシーとは本来はみずから動き，また他のものを動かすものである．「もの」にこれを認めることは，多くの研究者がすでにしているように，もちろん可能であり，それが人工物の場合にはそうした見方も比較的すんなりと受け入れられるのだが，石のような人工物ではない「生命なきもの」の存在については，違和感をもたざるをえないからである．

この違和感を避けるため，「もの」は「すること」，「うごく（うごかす）こと」，「はたらくこと」(act, agir) を含意するエージェンシーとしてある――あるいはエージェンシーを帯びる――のではなく，「あること」(be, être) の連鎖のなかにあるのだと考えたい．「ひと」の痕というときには通時的な枠組みのなかで基本的に「ひと」にエージェンシーを認めているのだが，この場合でもいったん出来た痕は「あること」の一部となると認めても良い．「あること」の連鎖は共時的な連鎖であり，痕はそこに組み込まれているということである．この共時的な連鎖をある時の「事態」であり，ある時の事態とその後の時の事態をむすぶものが「こと」である．そして，この「こと」は長い時間のなかで経過する事件というよりも，本来的に短い，瞬間瞬間——およびそのごく短い連続——ともいえる時間でおきるのであり，それだからこそ本質的に共時的な「こと」とみなすべきである．こうした「こと」における「すること」（エージェンシー）の介在は当然だが，「あること」は「こと」の介在者ではなく，むしろ逆である．というのも，「あること」は「こと」に先立つものであり，また「こと」が「あること」の現実を生成するという意味では「こと」にしたがうものでもあるからだ．瞬時の「こと」の感覚経験がそのときどきの「あること」を指し示すのはこうしてであり，「ひと」がこの感覚経験を語るとしても，それは本質的に通時的な形式をもつ物語的な筋にしたがうことはない．本章で見たように，岩田が自らの感覚を語るときのようにである．

このような思考の行き先は実証学としての民族学／人類学の領域ではないが，問題のありかを確認するためにはやむをえず必要となることである．考えなければならないのは，この「あること」をどのような概念（群）で取り囲むかということである．「あること」を別の語で言い表さずとも，こうした類概念の取り囲みで十分それを概念化できるはずである．

「すること」——「うごく（うごかす）こと」，「はたらくこと」——の主体に目を向けるのではなく，むしろそうした作用ないし動作を「受けること」に焦点を当てることを軸に現実の生成を考えてみよう．エージェンシーとの対照で言えばペーシェンシーを中心に考えるということだが，このことは普通の意味でエージェンシーを考えるのが難しい「もの」に対して，比較的無難に適用できる概念を使うという利点をもたらす．ただし，この場合でも，ペーシェンシーに対してエージェンシーを一組のものとして見るのではなく，そのものの「あること」に明白に関わりをもつエージェンシーのあるなしにかかわらず，あるいはそうしたエージェンシーに言及することなしに，ペーシェンシーがペーシェンシー自体として成り立つと考えなければならない．そうでなければ，ペーシェンシーはエージェンシーの的か陰のような位置づけから離れることもなく，結局のところ「すること」「うごかすこと」が再焦点化されることになるからである．

ペーシェンシーがそれ自体で成り立つと見ることが可能であれば，「ひと」にその存在によって衝撃を与えもする石のエージェンシーなどを考える必要はない．あえて石の「せいで」なにかが起こったというときに，それを石のエージェンシーと考えるのはその事柄を被った「受け身」である「ひと」のペーシェンシーから発する倒立した概念化である．石がそこに「ある（あった）」ことが「ひと」のペーシェンシーをいわば喚起するのである．その意味ではペーシェンシーを軸に見ていくことは，「ひと」に焦点を当てることを捨てないということだが，それはまた「ひと」がその身の回りを取り巻く世界（つまり環境）のなかで出会うきわめて多くの「もの」とその共時的連鎖としての「こと」に対して「基本的受け身性」――あるいは「本源的受け身性」と言ってもよいかもしれない――を帯びた存在，あるいはそうした「もの」であることを表してもいるのである．「ひと」以外のすべての命あるものにはこうした「基本的受け身性」があるのだが，それが環境のなかの出会いとして実現するのはそれぞれに限られた条件のもとである[4]．おそらくは，「ひと」に関わるこの「受け身」の出会いの無限定に近い広がりが，「ひと」とその他の命あるものを含む「もの」の世界における「ひと」の特異なあり方である．

命のない非人工の「もの」への着目が最後にはやはり命あるものについて多言を弄してしまったことになる．いずれも人間の関心のなかにあり，人間の語ることである．すべての世の存在物が人間の目をとおして見られ，口をとおして語られる．それは逆説的に言えば，「もの」への執着は人間の自らの存在への逃れがたい執着だからであるが，この執着からはおそらく言語を絶つことによっても不可能なのではないか．世界の「もの」が「ひと」に対して現れるとき，「ひと」の受ける感覚（五感）をすべて言語化できるわけではない．それであっても，さまざまの語ることのできない感覚は，「ひと」が――「わたし」がと言うべきか――外の世界と「もの」から自らの存在感覚を受け取っていることの証であり，ひいては「ひと」の存在そのものなのだから．

注

1）命のあるもの（living things）の研究は1980年前後に多少流行した（たとえばKarim 1981）．人間がこれらのもの，とくに動きのあるもの（動物）に対して特別注目することは，子供の遊びなどにも見ることができ，人類の進化課程のなかで保持されてきた環境認識の一部という見解と連動した流れであろう（Bloch 1998 参照）．多くの人にとって，植物もふつうに命のあるものだが，ここではむしろ「ひと」の情を知らぬものとしての「木石」を並べることに着目した．議論としてagencyをanimate，あるいはthe livingまたはlivesに限る必要はないという考え方もできる．問題は同じ事柄であっても，語りの「場」というか「層」が異なるわけで，どの場・層で語られるかである．しかしman-madeであるものにagent性を割り当てるのは，ある種の省略話法（擬人による省略論法）と論難されうる（cf. Carrithers 2010）．非人工物はこの点では問題を回避できているが，別の問題があらたに多々現れるわけであり，それを語るのがこの章である．

2）Henareたちの本が「ものを通して考える」と題しつつ「artefactsを理論化する」という副題を付けていることは，これについて範例的とも言えるものである．それに先立つGellの本はあくまでartを主眼としているが，そこかしこで石を登場させている．ただこの場合の石は，ほとんどの場合，観賞用あるいは美的構築物の素材としての石であって，ここで考えているような自然環境あるいは日常生活環境のなかに存在する石ではない．

3）ここで述べている「ひと」の痕の逆方向が，『「もの」の人類学』所収のエッセイ（内堀2011）で「せい性」と呼んだものである．あえて英語に訳せば，becausability といった造語をあてたいところだが，それは因果性（causality）よりもはるかに偶然性や無意図性に重きをおいた用語のつもりであり，説明的に言えば，偶然的連鎖 contingent linkage なり意図なき連鎖因果 link causality without intention といったものである．

4）あるいはこれを言い換えて，inanimate and non-artefactual なものついては agency ではなく affordance の問題となると考えてもよい．affordance は意思性を付与されていないが，環境の側からの可能性供与という意味で幾分能動性の含意がある．アフォーダンスとしての「もの」は単なる「あること」――「そこにある」ものとしての存在者 Seiendes――ではなく，能動的生命体との関係のなかで afford できる存在者だからである．人間以外の生命・生活を聡い筆致で語るコーンは，面白いことに Rethinking cause through form forces us to rethink agency as well. What is this strange way of getting something done without doing anything at all？（Kohn 2013, 21；コーン 2016）．といったことを言っているが，「しないこと」に注目しつつも彼は affordance に方には向かわない．ちなみに，彼は石への言及する箇所で，アニミズムから距離を置くことを言い，代わりにもともと文法用語である animacy（有生性）という語を導入している．単に命のあるなしだけでなく，そこには anima に能動性をもたせるという含意があるとも言えよう．

参考文献

Bloch, M.（1998）*How We Think They Think： Anthropological Approaches To Cognition, Memory, And Literacy*. Westview Press.

Carrithers, M.（2010）'Debate： Ontology Is Just Another Word for Culture, Proposing the Motion', *Critique off Anthropology*, Vol. 30（2）, pp. 152–200.

Gell, A.（1998）*Art and Agency： An Anthropological Theory*. Clarendon Press.

五来重（1988）『石の宗教』角川書店.

Henare, A., Holbraad, M. & Wastell, S.（eds.）（2007）*Thinking Through Things： Theorising Artefacts Ethnographically*. Routledge.

岩田慶治（1973）『草木虫魚の人類学』淡交社.

――――（2005）『木が人になり，人が木になる：アニミズムと今日』人文書館.

Karim, W. J.（1981）*Ma' Betisek Concepts Of Living Things*（London Schoolof Economics Monographs on Social Anthropology）. Berg.

コーン，E.（奥野克巳ほか監訳）（2016）『森は考える：人間的なるものを超えた人類学』亜紀書房.

オズワルト，W.（加藤晋平ほか訳）（1983）『食料獲得の技術誌』法政大学出版局.

内堀基光（1979）書評『岩田慶治「カミの人類学：不思議の場所をめぐって」』民族学研究 44（3），pp. 325–327.

――――（2011）「意思なき石のエージェント性」（床呂郁哉・河合香吏編）『ものの人類学』京都大学学術出版会，pp. 363–367.

―――― (2016)「他者としての精霊：イバン民族誌から」(河合香吏編)『他者：人類社会の進化』京都大学学術出版会，pp. 315–338.
Van der Leeuw, G. (1967) Religion in Essence and Manifestation (2 vols.) (translated by J. E. Turner) Peter Smith.

Column 2

伊藤詞子

観察するサル，観察される人間

非人間であるとはどのようなことか

KEY WORDS

人間と非人間，フマニタスとアントロポス，
自己と他者，区別と関係

1. 人間と非人間

人間中心主義を超えようとする人類学の歩みのなかで，人間ではないものをも真面目に取り合おうとする試みが近年盛んになっているようである[1)]．本書は，いわゆる「もの」を他の生ける者にまで拡大し，それら非人間と人間とのダイナミクスに光を当てようという試みである[2)]．こうした拡大によって，私が研究している動物も，人類学において考察が可能となることを意味するはずだ．しかし，この人間とは誰を指すのかという問題に目をつぶったまま[3)]人間以外の動物について語ることは，個人的な感覚からは動物に対する敬意を欠いた行為に思える[4)]．

人間を指す言葉にはフマニタス（Humanitas）とアントロポス（Anthropos）の二つがある（Nishitani 2004：佐々木 2008 より）．19 世紀以降，アントロポスはフマニタスという知の主体にとっての客体であった．簡単に言えば，フマニタスとは「見る」者であり，アントロポスはフマニタスに「見られる」者を指す[5)]．本書はそれに抗して，「もの」もまた客体ではなくエージェンシーを備えうることを示そうとしている（序章参照）．したがって，ここで非人間に対置される人間とはフマニタスである．この人間とは，ヒトという分類学上の種とは関係なく，唯一無二の存在である．この背景には，人間＝フマニタスが西洋人の自称，すなわち自己を含むということがある．その意味では，世界各地のあらゆるヒト社会集団において，フマニタスに類する概念があるだろう[6)]．

本書が掲げる人間／非人間という二分法が流動する事態は魅力的である．それは，自己愛的で閉鎖的な人間という自己を，揺り動かす契機となり得ると思えるからだ．だが，注意は必要である．非人間にエージェンシーがある／ないと言う場合，それを判断するのは人間であり，そうでなければ取り上げられることもないからだ．この意味で，人間は常に特権的である．さらに，この二分法が前提になければその流動も存在しないならば，極めて人間中心的な考え方となってしまう．そこで，ここではいっそ非人間がいかに他なるものと関わるのか，人間／非人間，フマニタス／アントロポスといったカテゴリーから一度自由になって，彼らの視点に寄り添う努力をしてみよう．

2. 見られている:ブーイーとファウツとスタッフと

「見る」側に自分を位置づける人間は，自身もまた「見られている」ことを忘れがちなのかもしれない．人間社会に生きるフマニタスでもアントロポスでもない者にとって，ヒトはどのような存在として現れるのだろうか．

かつて，類人猿の言語能力を問う研究が盛んだった時代がある．その一環で，手話を覚えたブーイーというチンパンジー（以下，チンプ）がいた（詳細は，ファウツ・ミルズ 2000）[7]．手話で会話をするようになったブーイーは，1982 年にニューヨーク大学の実験所に移された．他のチンプやヒトと自由にコミュニケーションを取っていたそれまでの暮らしとは打って変わり，ブーイーはここでは仲間もいない狭くて頑丈な檻の中で，ヒトのための医学実験への貢献を余儀なくされていた．1995 年，長い時を共に過ごし会話を楽しんだ，ブーイーの手話の師であり友人でもあった心理学者の R. ファウツは，アメリカのテレビ番組の企画に請われて，複雑な心境を抱えつつも一大決心をしてブーイーに会いに行く．

狭い檻の中で 13 年間幽閉されていたブーイーがまだ自分のことを覚えているか，ファウツにはわからなかった．他のスタッフ同様に，白衣と頭巾を身につけたファウツが「アッ・アッ・アッ・……」と，チンプ特有の挨拶をしながら檻に近づくと，ブーイーは大きな笑みを浮かべ，ファウツは彼が自分を覚えていると確信する．以下は手話による彼らの会話である

（F：ファウツ，B：ブーイー；ファウツ．ミルズ 2000／pp. 386–388）．

F：ハーイ・ブーイー．あなた・おぼえていて？
B：ブーイー，ブーイー，わたし・ブーイー
F：イエス，あなた・・ブーイー，あなた・ブーイー
B：くれてやって・わたし・たべもの，ロジャー

ようやく「話の通じる」相手と会話できて，ブーイーは嬉しかったに違いない．昔のように持ち歩いていたレーズンをファウツから貰ったブーイーは，檻越しにファウツを毛づくろいした．しばらくの会話と遊び[8]の後，別れの時が来た．

F：わたし・しなくちゃだめ・いって・いますぐ，ブーイー
［ブーイーはくずおれたが，なお言わねばならなかった］
F：わたし・しなくちゃだめ・はなれていって，ブーイー
B：（檻の奥に移動）

ブーイーは施設スタッフにも繰り返し手話を発していたのだろう．だが，チンプがコミュニケーションを欲していると想像する者はいなかったようだ．ブーイーは死ぬまでのあと 30 年は，この惨めな生活を続けるはずだった．しかし，二人の映像は全米に多大な影響をもたらした．ブーイーを引退させる資金が集まり，さらに恩赦を要求する一般大衆によって，ブーイーを含む 8 頭のチンプが 5 か月後に解放された．居心地の良い新しい住処で，ファウツは再度ブーイーを訪問するが，この別れの時にブーイーは取り乱すことはなかったという．

3. 他なるものと関わるという経験

生きものは，自分とそれ以外，同種か否か（あるいは自分と似た者か否か）を区別する．でなければ生きてゆけない．食べる物も様々に区分している[9]．「同種」でも，繁殖相手なのかどうか，集団生活者の場合は顔見知りなのかどうか，といった様々な区分も行う．ヒトに対しても例外ではない．私は，学部時代に宮城県金華山島で初めてニホンザルの野外調査を行った．私が全員[10]の顔と名前を覚えるよりも先に，彼らは私を覚えたようだ．

断続的に現れる私の存在は，ヘマをしない限りは彼らの行動を大きく変えないようになっていた．何度かの経験から，群れのサルは観光客と私に対して異なる態度を取っていることがわかってきた．ある日，山頂に近づいた所で，サルたちが緩やかに歩を止めた．周囲を確認しようと斜面の下を覗くと，そこには神社からの山道があり，人の声が聞こえてきた．一人で神社から登って来たようだ．こっそり様子を窺っていると[11]，その観光客は姿をさらしていた一匹のサルに向かって手を振りながら話しかけていた．少し緊張しているように見えたサルたちは，しばしの静寂の後，踵を返して元来た道を静かに戻り始めた．

彼らは観光客を見かけるとしばしば静かに避けるように移動したが，私自身も調査に入り始めた頃は同じ対応されていたのだろう．邪魔をしないように繰り返し出会い続けることで，徐々に私の存在を許容あるいは諦めるようになったと思われる．つまり，サルはヒトを類として区別するのではなく，（とりあえず）避ける相手とそうでない相手を経験的に区別していく．私がもし彼らに酷いことをすれば，一端できあがった良好（？）な関係はすぐに変容してしまうだろう．私の動向は観察され続けているのである．私も，彼らを追っている間は，同様にヒトを避ける傾向にある．それは，仕事の邪魔をされたくないとか，自分をサルだと思っているとかいう理由ではない．通常会うはずのない場所で出会う者は，それが例えヒト（同類）であっても不安や恐れを感じるからだ．既知の研究者に会うことも稀にあったが，その場合は（サル同様）特に警戒することはなかった．

チンプについては，河合香吏編集の『他者』（河合 2016）に，他者をめぐる論考が拙著を含め複数掲載されており，そこでの事例や論点は人間／非人間という二分法を考える上でも重要であろう．というより，この二分法をめぐる諸問題はまさに他者の問題である．これらの論考を見てもわかる通り，チンプは森の中の様々な生きものと関わっている．その関わりは，先のニホンザルにとってのヒトと同様に，固定的なものではない（中村 2016，伊藤 2016，本書第 12 章中村論文）．それは，その対象の「何か」がまったく見えない場合にも当てはまる．さっぱりわからない事態というのは怖い．だが，彼らは単に避けたり攻撃したりするだけでなく，見・聞こうとしたり，声をぶつけてみたり，匂いでみたりと，あの手この手を繰り出す．

集団内の顔見知りのメンバーは，関係性が明確なのでもっと単純に済むと思われるかもしれない．しかし，ここでもまた個々の関わりでは，相手が次にどうするかは見通せるわけもないので，実際どう関わるかは毎回悩ましいものとなる（図 1）[12]．ヒトも例外ではない．私がアフリカのマハレの森で観察しているチンプの集団はヒトによく慣れている．観光客も頻繁にやってくる．金華山の例とは違い，研究者とそうでないヒトの区別はあまり感じられない．基本的にヒトの存在は無視されるが，興味津々で観察されることもある．大変居心地の悪いものである（図 1）．私はチンプを観察するときは，視線を頻繁に外すようにしているが，それで彼らの居心地の悪さが軽減されるのか，そもそも気にしていないのかは定かではない．

図 1 ●チンプは集団を作って暮らしている．産まれてくるアカンボウや他の集団から移籍してくるメスなど，毎日起こることではないが，そうした新顔と長く集団にいたメンバーとは，日々新たな関係を形作っていく．顔見知りになったからといって，関係が固定化するわけでもない．日々の成長，老い，あるいはメスでは周期的なホルモン変動や，出産･育児といった大きな身体的･社会的変動も加わり，個体も変わり続けていく．そうした変化は，社会関係にも影響するし，その逆の影響もある．離合集散するチンプにとって，自分も含めそうして変わり続ける他の個体と，偶然出会ってどう相手と関わるかは単純ではない．写真のチンプのオトナメスのように（マハレにて撮影），次に相手がどうするのか伺うようにじっと相手の動向を見守る光景はよく目にする．この写真では私がその対象になっている．こちらが見透かされているような，そんな居心地の悪さがあるのだが，どのように感じられるだろか？ カメラを気にしているだけ，と思われるかもしれないが，カメラなしでもこうして観察していたつもりで観察されていた，ということはよくある．フィールドノートにデータを記載していたそれまでの行為を躊躇させるには十分な眼力である．

ただ，カメラを向けると嫌がる個体がそれなりにいるので，やはりあまり心地良いものではないのだろう．実験的に確認することは可能だろうが，それで関係性が壊れてしまってはもともこもないので，もちろんやるつもりはない．

チンプが積極的にヒトに関わってくる場合もある[13)]．マハレでの初めての調査期間に，追跡個体を見失ってどうしたものかと考えあぐねて路脇に座っていると，トシボーというオトナオスが路を歩いてきた．彼が私の前を（左から右へ）通過するものと思い，私は投げ出していた足を縮めて少し藪の方にずれた．しかし，彼は私の左隣でごろりと仰向けになってしまった．どういうつもりなのかもわからないし，自分と同じかそれ以上の体重

図２●「窮鼠猫を噛む」という言葉があるが，チンプとヒトの場合，猫がチンプでネズミがヒトではなかろうか．フィールドで，「実際戦ったら勝てる気がする」と豪語する研究者もいたが，私は正直勝てる気が全くしない．写真はマハレのオトナオスのチンパンジーである．西アフリカのチンプに比べると少し小さいらしいが，この腕の太さを見て頂きたい．彼が立ち上がったとしても私よりは背は低いが，体重は同じくらいかそれ以上，身体能力は正確には比較できないが，力にせよ俊敏さにせよ比べるのも失礼，というところである．さらに，ペットや家畜のように，気の遠くなるような年月をかけてヒトに飼いならされてきた動物ではない．遠方から観察する分にはいいが，あまり近接しているといまだに正直怖い．

で，しかも圧倒的身体能力を持つ大きなオスがこんなに近接しているのは正直怖い（図2）[14]．前方には研究者を含む数名の日本人がいたが，私の恐怖は伝わらなかった．急に動かなければ大丈夫だろうと耐えていると，トシボーの右手がそろりと登山靴の上にあがってきた．靴の紐を少しいじり，ゆっくりと足首，臑と這い上がってゆき，そして膝の裏をくすぐり始めた．明らかにくすぐっており，実際非常にくすぐったかった．怖いと思いつつもあまりのくすぐったさに笑い転げそうになるのを必死で我慢していたが，やはり（トシボーの方はわからないが）ヒトには何も伝わらなかった．

4. 区別と関係――世界は二分されてはいない

私にとって，植物も虫も，生きものはすべからく，「単なる客体」ではない．これは，私にとっては理屈抜きの感覚であるが，一般的というわけでもない．そこで，サルやチンプがどのように，「単なる客体」としてではなく世界と関わっているのか紹介を試みた．彼らにとって（私たちにとっても），2種類（人間／非人間―自己／他者）の存在しかない世界はない．様々な区別はあるが，その区別によって固定的な関係があるわけでもない．具体的な関わりのなかで，つまり双方の行動によって，関係は作られ，持続したり変容したりする．この「双方」の一方の中には好むと好まざるとに関わらずヒトも（フマニタスも）含まれる（対象にされる）．

生物学では今でも生きものを機械のように扱う慣習がある[15]．客観性の担保が目的なのだろうが，機械の実態（あるいは理解）が大きく変容するなかで，「機械のように扱えば客観的」という常識はいずれ常識ではなくなるのかもしれない．こうした「常識」の変化は，たとえば霊長類学の中にもある．初期の日本霊長類学者たちは，個々のサルを識別し名前をつけて詳細な観察を行った．だが，これは世界の非常識だった．個体識別はなされていたが，人為的マークで弁別し，名前ではなく番号が付されていた．サルを顔で識別し命名する日本人の研究手法は，その成果ともども非科学的なものと見なされた．現在この手法は，まるで昔からあったかのように，世界共通となっている．それでもなお，私が思う識別と同じかどうかは議論の余地があるかもしれない．個々の個体をよく知ろうというのではなく，集団内の勾配を印づけるだけの単なる手順として個体識別を理解している人もいるのかもしれない．サルを識別する能力には個人差もある．それでも見慣れれば，簡単に区別がつくようになる[16)]．さらに慣れると，自分が目指す群れかどうか，個々の個体を確認しなくとも判別がつくようになる．何を手がかりにしているのか自分でもよくわからないが，たとえば，伊沢はそれを「群れの肌触り」と表現している（伊沢 1982）．

本エッセイは，「もののひと化」という部に収められているが，編者の意図はともかくも，この表現は「もの」と「ひと」の区分を前提にせざるを得ない．だが，もののひと化（あるいはその逆も）とは，誰の視点をひとと見なすかに依存する．たとえば，ブーイーやアントロポスにとっては，実験所の人間やフマニタスがもののように見えるが，実験所の人間やフマニタスにとってはその逆が所与であろう．どちらの視点をひととするかの裁定者になるよりも，ここに紹介したブーイー，ファウツ，金華山のサルたちやマハレのチンプのように，固定的関係の外へと冒険を試みる方が楽しそうである．

他なるものと関わることは，他なるものだからこそ面白い．それは，その相手がヒトであれ何であれ，まずは，対等な相手として具体的に関わる所からしか始まらない．だが，これは理屈ではないし，他人に強要する（できる）ようなことでもない．西洋的知を身につけたアントロポスがフマニタス界へ「侵入」し，人間の二分法を浸食し始めると，それに対する反動も共起する（酒井・西谷 2004）．特権的な立場というのは，なかなか離れ難いものではあるのだろう．だが，少しずつ人間の内実は変わってきたのだし（女や子供も人間に含まれるようになった?!），いずれこの言葉が葬り去られることになるのかもしれない．

注

1）本書第 4 章奥野論文も参照．
2）本書序章参照．
3）複数の「自然＝文化」を解明する人類学者の視座がどこにあるのか，という本書第 3 章久保論文の問題提起も参照されたい．
4）人間が誰を指しているのかという問題に，ひょっとするとヒトならざるものの研究者の方が過敏なのかもしれない（本書第 12 章中村論文も参照）．ここで敬意を欠いている，と言っているのは，自身を予め人間ならざるものではない者（＝人間）という安全地帯においた所から見・語るという意味においてである（これとは対照的な態度が，たとえば伊沢 1982）．では，人間ならざるものを人間のように扱えば敬意を払ったことになるのかと言えば，これもまた大変偉そうな態度である．

5）アントロポロジー（人類学）は，もともとフマニタスによるアントロポスの研究によって生み出される知を意味している（酒井・西谷 2004）．

6）自称だからこそ，人間＝フマニタスの範囲は拡大も縮小も恣意的に行われうる．時に悪意を持って他者を人間から排除しようとする思考が日常世界の中で働くことを，わたしたちは経験的に知っている．一方で，ヒトならざる他者に対峙する研究者，あるいは人類学が研究対象とする人びとにとって，自分や相手が人間か否かと問うている余裕はないように思う．少なくとも研究者にとっては，相手にいかに受け入れてもらえるかということ以上に重要なことはない．

7）ここではブーイーに絞って簡単に紹介したが，この本には，人間／非人間という二分法に関わる実に多様な出来事が記されている．

8）チンプは野生下においても，いくつになっても子供のように遊ぶ，恐らく唯一の生きものだろう．

9）たとえば，マハレのチンプは数百種類の食べ物を，そうではないものと区別する（Itoh & Nakamura 2015）．

10）島中のサル（当時は 5 群とこれらの群れに属さない多数のハナレオスたちがいいた）ではなく，動物の調査も山歩きも何もかも初心者だった私は，最も人慣れし，島の中で比較的歩きやすい場所を遊動域にしていた群れの世話になった．

11）後から考えれば隠れる必要もないはずなのだが，この時はとっさに周りの（サルたちの）状況に合わせるように身体が動いてしまった．

12）詳しくは伊藤（2016）を参照．場合によっては，ある種の恐慌状態を来すこともある（西江 2016）．

13）ただし，彼らはペットではないし，双方に病気感染のリスクもあるので，避けるべき事態であることはお断りしておく．

14）チンプが怖いというイメージは一般にはなく，むしろかわいい動物と認識されているとコメントを頂いた．私の野生動物についての常識が非常識だったのだと少々驚いてしまった（少し怖がり過ぎだという可能性は否めないが）．もちろん，チンプが安心してのんびりくつろいでいる時は，こちらもほのぼのしながら見ているし，確かに，産まれて間もないよたよた動くチンプのアカンボウは大変かわいらしい．しかし，野生動物というのは，それがなんであれ，怖がったり怒ったりすれば，相当怖い生きものになれるし，自分のどのような動きがその引き金になるか，その全てを把握することは困難である（個体差もある）．

15）むしろその方がメジャーである．ヒトならざるものを単なる客体として扱わない，このコラムや本書第 12 章中村論文は，かなりマイナーな，しかし細く長く続いてきた日本の研究手法かつ他者への態度（中村 2009，2015）であることは断っておく（黒田 1986 も参照）．

16）日本人やアジア人の顔は，欧米やアフリカ諸国の人びとにとってほとんど同じに見えるらしいが，そういう人びとでも，見慣れれば普通に区別がつくようになるのと同じであろう．また，サルの個体識別が単なる手法に留まらない点については黒田（1986）を参照．

参照文献

Itoh, N. & Nakamura, M.（2015）Diet and feeding behavior. In : Nakamura, M., K. Hosaka, Itoh, N. & Zamma K.（eds.）, *Mahale Chimpanzees : 50 Years of Re-*

search. Cambridge Univ. Press. pp. 227–245.
ファウツ，R.・ミルズ，S. T.（高崎浩幸・和美訳）（2000）『限りなく人類に近い隣人が教えてくれたこと』角川書店.
伊沢紘生（1982）『ニホンザルの生態：豪雪の白山に野生を問う』どうぶつ社.
伊藤詞子（2016）「出会われる『他者：人類社会の進化』：チンパンジーはいかに〈わからなさ〉と向き合うのか」河合香吏編『他者』京都大学学術出版会，149–176頁.
河合香吏（2016）『他者：人類社会の進化』京都大学学術出版会.
黒田末寿（1986）「全体から部分へ」浅田彰・黒田末寿・佐和隆光・長野敬・山口昌哉『科学的方法とは何か』中央公論社，49–72頁.
佐々木中（2008）『夜戦と永遠』以文社.
酒井直樹・西谷修（2004）『増補〈世界史〉の解体：翻訳・主体・歴史』以文社.
西江仁徳（2016）「続・アルファオスとは『誰のこと』か？：チンパンジー社会における『他者』のあらわれ」河合香吏編『他者』京都大学学術出版会，125–148頁.
中村美知夫（2009）『チンパンジー：ことばのない彼らが語ること』中公新書.
――――（2015）『「サル学」の系譜：人とチンパンジーの50年』中公叢書.
――――（2016）「動物は『他者』か，あるいは動物に『他者』はいるのか？」河合香吏編『他者：人類社会の進化』京都大学学術出版会．44–64頁.

第III部……ひとのもの化

第 7 章

西井涼子

「もの人間」のエスノグラフィ

――ラスタからダッワ実践者へ

KEY WORDS

もの人間, ラスタ, ダッワ, 髪, 声, 水

1 「もの人間」という事態

私たちの日常は,「もの」に取り囲まれている. 普段私たちは, 主体的に「もの」を操作し, 自らの意思でさまざまなことを行っていると思っている. しかし, じつは多くの場面で, 私たちは, 知らず知らずのうちに「もの」に支配されている. 典型的な例は, アルコー中毒やニコチン中毒であろうが, これほど極端でなくとも, 欲しくてたまらない車や服, アクセサリーといった「もの」との関わりで行動を決めていることはよくあるであろう. 逆に, 近年「断捨離」やミニマリスムといった,「もの」との関係を問い直し, 新しい自分を発見しようといった意識的に「もの」から離れようとするライフスタイルも目に付くようになってきた. しかし,「もの」に執着するのか,「もの」から離れようとするのかに関わらず, また意識的, 無意識的であるかどうかに関わらず, 私たちは日常において常に「もの」と関わって生きている.

本章でいう「もの」とは, 概念を含んだ物質をさす. ここでは「もの」が人間とは別個のものとしてあらかじめあるものとして捉えるのではなく, 人間のとの関わりにおいて出来事のなかで析出してくるものを対象とする. それは, ハナレらのいう, あらかじめあるものとして分析する 'thing-as-analytic' と対比される「発見的

であるもの（thing-as-heuristic）」として考えることができるであろう（Henare, Holbraad & Wastell 2007：5）．本章が対象とするのは，人間と「もの」がともに織りなす出来事である．それは，人間と「もの」とが共鳴する事態であるといえるが，より具体的にいうと人の身体のもの性が，「もの」と共鳴することで，「もの」と人をわけることができない出来事が生じること，すなわち「もの人間」[1]という事態に焦点化する[2]．

本章では，パーイという多様な人々が共在する場において，ラスタからイスラーム復興運動であるダッワ[3]の実践者になった男女の変容のプロセスを，彼らが経験した出来事のなかで析出してきた「もの」との関わりを通して描くことを試みる．本章の目的は，こうした記述を通して，「もの」と人が絡まって生成する出来事のアクチュアリティを浮かびあがらせることである．そうした事態は，じつは我々の日常生活のなかでいくらでも起こっているということから，「もの」とともにある日常を新たな視座から見なおすことを可能とするであろう．

2　ファイサーンとポーンの住むパーイという町

多様な人々が共住するパーイの町

2015年7月，私はパーイという北タイの山あいにある小さな町に調査にむかった．そこに住むムスリム住民はみなダッワに従事し，独特のイスラーム教育を行っているときいたためだ．パーイは，チェンマイから北へ，車で約3時間ほど曲がりくねった山道を抜けた先にある，少し開けた盆地に位置する．古くは多様なエスニック・グループが集う山地民の交易の場であったが，1950年代に華人系を中心としたムスリムの家族が移住してきて，現在は数十世帯のムスリム住民のほとんどがダッワ活動に従事している．また，パーイは欧米からのバックパッカーの観光客の他，近年パーイを舞台としたテレビドラマの影響で急激に増えた中国人観光客も引き付けている．街中では，全身を黒いベールで覆ったダッワの女性がスクーターで行きかうなか，手足や背中を露わにしたヒッピー風の西欧人の男女や，交通ルールを無視して二人乗りのバイクで無謀な運転をする中国人観光客とすれ違う．「真っ黒に全身を覆ってる人や，ヒッピーで髪を長くてドレッド・ロックスにしている人，中国人観光客など，みんな一緒にいることができる．みんな幸せだ．なんの問題もない」と，パーイの町を評するのはパーイ在住の画家，スワットである．

パーイはまた，芸術家を惹きつける何かがあるのだろうか．多くの芸術家が工房を構えている．スワットは，私の調査助手のヤイの30年来の友人だが，ラスタのように長髪で数筋のもつれ髪の房（ドレッド・ロックス）をもち，バンダナで頭を覆っている．スワットが，元ラスタであり，現在は熱心なダッワ実践者であるファイサンとその妻ポーンを紹介してくれた．

ファイサンとポーン

ファイサン（48歳，2015年調査時）は，バンコクでムスリムとして生まれた．父はバンコク東北部のムスリムの多い地区であるノンチョークでイマム（イスラームの宗教指導者）をしている．高等専門学校でセラミックを学び，皮製品のデザイナーとして大阪デザインというバンコクにある日本の会社で2年間働いた．その後，自分で革製品の会社をおこし8年間，その後その会社を閉じてバンコクのチャトゥチャック広場で食堂を8年間経営した．卒業してすぐに結婚した前の妻も仏教徒で，男の子を二人もうけた．その妻とは20年ほど一緒にいたが，6年前に別れた．その後，元妻は仏教徒にもどり，子供たちはムスリムであるファイサンの両親と住み，ムスリムのままである．

ポーン（39歳）は，バンコク出身で，仏教徒として生まれ，高校を出た後は看護助手をしたり，工場で働いたりしていた．仏教徒の男性との間に3人の男の子をもうけたが，結婚はしていない．ただ一緒にいただけだという．長男が21歳でバイクの事故で死んだのはつい最近のことであるが，3男は3歳の時に亡くなっている．その相手とは11年前に離別している．

3　ラスタの世界

ラスタになる

〈旅〉

ファイサンは，人生の意味を探し求めて遍歴を重ねてきた．ラスタのドレッド・ロックスのスタイルにする前にも10年間髪は伸ばしていた．ラスタの思想に感化されてドレッド・ロックスにしてからは7年間，合計17年の間長髪にしていた．

二人が知り合ったのは，後輩がポーンの携帯電話をかりてファイサンにかけ，留守だったのでファイサンがあとでポーンの携帯電話にかけなおしてきたことがきっかけである．ポーンは，初めはファイサンがムスリムだとは知らなかったが，電話を借りたポーンの後輩がムスリムだったから，そうかなとは思ったという．

知り合って何か月かして二人で50ccのバイクに乗って旅に出て，南から北までタイ全土を回った．ファイサンは言う．「僕自身の夢があった．旅に出たかった．」二人は旅に出ると決めると，朝がきたら荷物をまとめてでかけた．身に着けてもっていけるものと，売ることができるものをもって．バンコクから南へむけて1000キロ以上，プーケット，ハジャイ，サムイ島に，バイクでいった．二人は友人のつてで，コンサート会場で，白いTシャツを自分たちで染めて売った．はじめての仕事だった．それで，自分らが作ったTシャツは売れるとわかり，今度は事前に準備しはじめた．白いシャツを買って2・3日前までに染めて，会場で干し，そこでファイサンは1枚ずつ手で描き売った．普通は550バーツで売ったが，これまでの最高は1枚1500バーツで売れた．その時は，まだ描き終わってなかったのに，西洋人がこれを買いたいと言ってきて，夜中までかかって描き，1000バーツという言い値を，満足したからと1500バーツくれた．

〈ラスタとしての生き方〉

ファイサンは，ラスタについて，「僕の知る限りラスタは，信条（latthi）の一つで，信じること，新たな道だ」と言う．人生を自然（thammachat）とともに生きる．誰も裏切らない，誰も利用しない．一番大事なのは自然とともにあることだという．

ラスタファーライはジャマイカ黒人のあいだではじまった宗教運動の総称である．神本は「ドレッド・ロックスと呼ばれる髪型をまとうことや，マリファナを喫煙すること，菜食中心の食生活を実践することなどは，彼らを黒人らしく，アフリカ人らしくするための行為や実践である」という（神本 2017：9–10）[4]．

タイではボブ・マーリイなどのレゲエ音楽を通してラスタのスタイルを生き方として受容し，実践している人々がいる．ファイサンも自らのすすむべき道として，こうした生き方に従ったのであろう．

ファイサンは，「髪型は他から自らを区別する徴となる，自由，自然，音楽，ビールといったことが中心となるラスタの生活だ」という．

〈髪は一緒にいない〉

しかし，ラスタの生活はそれほど理想的であったわけではない．ファイサンは，仲間の恋人に平気で手を出すような行為には批判的である．彼はある西洋人のラスタについて次のように述べる．

「白人はさらにひどい．友達の恋人と平気で寝る．彼はラスタの髪型をしていたが，ラスタの髪型をもうできなくなった．ある時，その事件（友人の恋人と寝たこと）

がおき，その後彼の髪の毛がどんどん抜けて，なくなった．彼は正しくないことをしたせいでこうなったのか．髪の毛は彼とは一緒にいたくなくなったのだ．（髪は）全部抜けてしまった．」

〈再び旅へ〉

こうしたことがあって，ファイサンは南タイのサムイ島のラスタ仲間から離れ，ふたたび旅に出た．35〜36歳の頃のことだ．

その後も定職にはついてなかった．電話がかかってきて仕事があるから手伝ってと言われれば，仕事をした．2〜3日手伝って5000〜6000バーツもらう．広告を作るための道具を借り上げたり，「サンシルク」のシャンプーの仕事では，スタジオに滝のセットを作り上げた．友達が多く，何か必要だったら電話をして，相談する．「わかった10分で折り返す」と，素早く対応する．それまでの芸術系の仕事の経験を生かして，20人ほどのネットワークがあり，さらにそれぞれがまたネットワークをもっているからこうしたことが可能となる．

そうこうして2年間，朝働きにいって夕方帰る生活を続けた．そのうち，こんな生活をしたかったのではないと思うようになった．髪型はラスタのままでいた．

〈ドレッド・ロックスの髪は水が通らない〉

ドレッド・ロックスは頭に水をかけるだけで，シャンプーを使わない．化学薬品を使わない．海の水で洗うだけ．こぶみかん（マクルート）[5)]など，自然のものはつける．彼がドレッド・ロックスの髪型をして2年たったころ，ポーンもその髪型にしたいと言いだした．ファイサンは2か月洗髪しないで我慢ができたら，という条件をだした．もしそれができたらやればいいと，どのくらい決心が固いかを試した．

髪の毛を切るまでファイサンは12年，ポーンはその2年後から10年間ドレッド・ロックスの髪型にしていた．ファイサンは途中一度3年間くらい髪の毛を切ったことがある．人のもつれ髪の房を自分のものにつないで長くしていたが，それは自分のものではないのでだめだと思い，他人の髪をつないだ髪の房を切り捨てた．「自分の人生をとり戻したかった」という．一度髪の毛を切ると，今度生えてきたときには，自然にもつれ髪の房をつくるようになったという．

〈別れと再会〉

その後旅先から中部タイに戻り，二人でチョンブリに住んで9か月後，ファイサンが急にいなくなった．ポーンは，「彼自身の人生の問題があると言って出て行ったきり，電話もない．なんの連絡もなくて，1か月たった」という．理由は，ポーンにもわからなかった．ファイサンは「いろんな問題から解き放たれたかった．自分を空にしなくてはならなかった．パーイにきて，すべてを捨てて，新たに人生を始めようと思った」という．パーイには，以前コンサートの仕事があったときに，一度来ただけだったが，「僕はここととつながりがあったんだろう」と言う．

ファイサンは以前，ポーンに，もし別れて会わなくなったら，パーイで出会おうと話していた．もし会えなくなったらパーイを探せと．1か月音信不通の後，ポーンの携帯電話に，「What's your name? Now are you OK? How do you work something？」と英語で伝言が入るようになった．誰からの電話かわからず，かけなおすと相手は受けても何もいわず2・3分して切った．そうしたら，翌朝も伝言がくる．3・4日に一度きた．誰だかわからない．ポーンは後輩と話しているうちに，日記をつけていたことを思い出して開いてみた．そこには，ファイサンがパーイに行くと言ったことが書いてあった．そして翌朝早く家を出てバンコクに行き，そこからバンスーに，そしてチェンマイにつき，チェンマイから乗り合いバスにのってパーイまできた．バンコクからはるばる1000キロの道のりだ．パーイに知り合いがいるのを思い出して連絡をとると，自分の家に泊まってもいいというので，その知り合いを訪ねた．そこで，ファイサンを見つけた．しかし，ポーンを見ると彼は歩いて行ってしまった．そしてまた携帯電話に伝言がきた．君はなんて名前か，と．どこにいるのかと．それで電話をかけなおしたが，また話さない．なんで話さないのかと，そのときポーンは怒って，「オーケー，話さないのならそれでいい．私はポーンという名前，パーイにいる．恋人を尋ねてきた．会ったけど，彼は話さない」と言うと，「新しく人生をはじめるか」と伝言の声が私に尋ねた．それで「yes」と言うと，彼は歩いてやってきた．そして二人で泣いた．

4　ラスタからダッワへの移行

二つの契機

ダッワへとファイサンを引き入れた立役者の一人，アミーンがパーイにファイサンを訪ねてくるようになった．彼は，ファイサンが20年以上前に皮製品の会社を起こしたときに弟子として会社で働いており，いまだにファイサンを先生（アチャーン）とよぶ．アミーンは，20年ぶりに会ったファイサンがイスラームを捨てた生き方をしていることを知りとても悲しんだ．彼はダッワの熱心な活動家だった．なんとかファイサンをまともなムスリムとしての道に引き戻したいと，バンコクから訪ねてくるようになった．

アミーンは二つのことをやるように，すると人生が変わると言った．一つは髪の毛を切ること，二つ目が，結婚すること．それは宗教（サーサナー satsana）に正しくしたがって結婚することを指す．そして，「自分の人生を神にゆだねなさい．そうすると変わる．今は試練を与えられている」とファイサンに話した．その頃，ファイサンは自分のことしか考えてなかった．あの回心につながる事件（後述）がある2・3年前のことだという．

アミーンが髪の毛を切るように言った理由を尋ねると，「それは一つには不潔だから．清潔にするように．髪の毛の中には水が入らないから十分に清潔にすることができない」と答えた．ダッワにおいては，自由で自然のままに生きるラスタへの共感を表わすドレッド・ロックスへの評価は180度異なる．神に対峙して礼拝する前に水で身体を清めることを義務とするムスリムにとって，水が通らないもつれ髪は不潔なものとみなされるのである．

ダッワに出る[6)]

ラスタからダッワ実践者になるきっかけとなった事件より前に，ファイサンのダッワへの傾倒は始まっていたと考えられる．いつもファイサンを訪ねてきて，食べ物をもってきてくれたり，扇風機をくれたりした人がいる．洪水にあったときには，真っ先に駆けつけてくれたという．ファイサンがダッワに出たのもその人についていったのが最初だ．はじめてダッワに出たときのことをファイサンは次のように語った．

> ある日，彼が食料をもって家に訪ねてきて，「僕は3日間いない」といった．僕が「どこにいくのか」ときくと，彼は「メーホンソン（タイ北部のミャンマーと国境を接する町）にいく」という．「何をしにいくのか」ときくと，「ダッワに行く」という．そのとき，「僕も一緒に行く」と彼にいった．ちょうど金曜日だった．そして着替えを準備して翌朝出発した．僕の髪はまだラスタのままでもじゃもじゃだった．その髪を編み上げて帽子の中に入れ，布で巻いた．そして彼と一緒に出かけた．服はダッワに出る人がよく着用するイスラーム服ではなくふつうの服装だった．ダッワとは何かも知らなかった．（ダッワに出てる間）食事をし，礼拝をし，そしてイスラームの勉強をした．だいたい午前は2時間半勉強した．10時から12時半，こんなふうに4・5人でモスクの中に座って，クルアーンをよむ．覚えて唱えなければならない．全部で10章．ファティハの章

（P157 後述）だ．4，5，6 章と，一人ずつ暗唱していく．

みなクルアーンは全く開かない（暗唱している）．一人が読むと次の人が続けて読む．僕は奇妙な気がした．クルアーンを読む自分の声をもう何十年もきいたことがなかった．20 年，30 年かもしれない．読んではとまり，また読んではとまった．自分に何が起きているのか．僕が感受したことは，「神が自分に何か伝えようとしている」ということだ．そのように感じた．そして帰ってきた．帰るとまた普段の生活に戻った．3 日間ダッワに出たが，帰ってくると，もとのとおりの日常にもどった．

ダッワに出た後，礼拝に行き始めた．毎回ではないが，3 日間のダッワには毎月行った．人生が変わり始めたと感じたが，そのうち家のことで忙しく 12 月，1 月，2 月の 3 か月は行かなかった．異変は正月にまず起こった．

酒が水に　2013 年正月

その異変について，フィアサンは次のように語った．

また昔のように酒を飲み始めた．新年のとき，一人の後輩が遊びにきて，僕に酒をついで差し出した．僕は飲んだ．そしてコップを置いて「何を飲ませたんだ」と尋ねた．彼は，「酒ですよ，バン（ムスリム男性の呼称）」と答えた．「違う．違う．」僕は驚いた．なんで酒がこんなに味がしないのか．まるでただの水を飲んでるようだった．酒の味が全くしない．僕はコップを置いて部屋に入って寝た．これが僕の人生に起こったことだ．そして，2 月についにあの事件が起きた．

悪霊払い事件　2013 年 2 月末

ポーンとファイサンは，　ゲストハウスを韓国人の友人と 3 人で経営していたが，8 万バーツの借金を残してその友人が逃げ，借金の返済に追われていた．そこに奇妙な一行がやってきた．5 部屋予約し，何日も泊まるという．彼らはある儀式をするためにきたのだ．その主催者をポーンはずっと先生（アチャーン）と呼んでいた．ポーンは言う．

私らは借金を払うためにただ仕事を見つけたかっただけだ．彼らの宗教のことについては関心がなかった．この点だけだ，私らができることは何でもした．……（中略）……彼らが儀礼をする準備を手伝うと報酬がもらえる．バナナの幹をきったり，サトウキビを準備したり，車を運転したり，食事を作ったり．食事をとるのも遅いから，作って置いておいた．彼らが何を入れたかわかるか．豚を一片入れた．それで終わりだ．私らは礼拝を毎日している．（ポーンはまだ正式にムスリムになってはなかったが，フィアサンに従って礼拝をしていた．）瞑想しているときに，悪くなったもの（khorng sia）にあたってしまう，溶けてしまう．やってきたことがすべてなくなってしまう．彼らが大勢でやってきて，大変だった．

〈ピー（精霊 phi）〉

「彼らは家に3日間おり，最期の日には車を運転して山奥のフア・チャーン（象の頭）滝にいった．午前1時，2時に家を出て，そこで儀礼をした．そして，パーンと音をさせる．その時は，石を家からもっていって，墓場のピー（霊）になげつけているのかと思った」とポーン言う．後で，あの音はきいたことがある．茶色の紙を四角く折ったもので子供の頃よく遊んだカチャップだとわかった．「パーンと大きな音がでる．そうだ，きっとそうだろう」と考えていた．ファイサンもポーンもピーなどは信じないという．二人は彼らに，墓地に連れていかれ，呪術的な儀式に立ち会わされることになった．

ポーンとファイサンはただ，車を運転して彼らを連れて行くだけだと思っていた．まさか自分らがそんなに巻きこまれるとは思ってなかったという．墓地で儀礼をして急いで帰る途中，運転していた男性が滑って転び，肘を脱臼して運転できなくなった．そこでファイサンに運転してくれという．行かないといっても，「1日だけだ．送っていって明日には帰ってくればいい」といったふうにあれこれ話して説得した．とうとうファイサンは彼らの車を運転してドーイサケット（チェンマイ市近郊の町）まで送っていくことになった．

その日は，暗くなってから午後7時くらいに家を出た．（もう一台の車の）後をついて一緒に出発した．しばらくすると，ちょっと途中で儀式をするという．彼らは，車の中でポーンに卵を数えさせ28個あったのものが，25個しかなくなったという．また，車の後ろで大きな音を出して，まるでピーが追いかけてきて卵を食べているかのように思わせた．ポーンは「ピーを恐れたことはなかったけど，その時はもう恐れ始めた．ピーを恐れ始めた．これほど恐れたことはなかった．」と言う．

彼の家に着いてそこで寝て，翌朝，家に帰ると言ったが，新たな儀式を寺ですると言う．ファイサンは「僕となんの関係があるのか．別々の宗教だ．あなたが何をしようと勝手だが，僕らには関係がない．一緒にはやらない」と言った．するとあと一晩だけ助けてくれと言われて，もう一晩いた．そうしたら問題が起こった．その夜，人が歩いて入ってくる音，刀の音，まるでピーと戦っているような状況をつくった．ファイサンとポーンは疲れはて，その疲れがとれないままにうとうとしていると，朝方人がどんどん増えてきた．彼らは土鍋で薬なんかつくったり，治療したり，80 歳ちょっとの，なんとか話せて歩けるような老人が木を集めて何かしている．もうひっちゃかめっちゃかだ．ポーンは，酔った人のように，「ろうそくに酔い，線香に酔い，煙に酔い，意識がもうろうとした」という．

そして，不思議なことがおこる．瓦葺の家の中で，彼らは，一人 10 本ずつろうそくをもたせ全部で 180 本たてさせた．すべて立て終えて，ろうそくを灯していった．他はすべて灯し終わり，残すところポーンのところだけとなった．あと 3・4 本で終わるというときに我知らず声がでた．「アローフアクバル（アッラーは偉大なり）[7]．」そうしたら家中の灯していたろうそくがすべて消えた．さあ，どういうことか．ドアも全部しめていたが，ろうそくが消えて真っ暗になった．儀式をやっていた人が，「（ろうそくの灯を）つけて，つけて，消えてしまった，つけて．急げ．時間が決まっている」とせかした．ろうそくに再び火を灯すと，急いで車に乗れ．車に乗れという．財布も家の中にあったのに，考えることを禁じ，決断することも禁止され，その場をあわてて離れた．携帯電話とガソリンを入れるためにもっていたお金以外何ももっていくことができず，他のものはすべてそこに捨てていった．

〈ポーンへの神の徴（ヒダヤット）〉

彼らは車の中で罵った．儀式をやる人は，「お前はムスリムではない．どうして（神が）助けることができるのか．まだ仏教徒だ．ピーが見えるだろう」といった．ポーンは「見えない．もう家に帰りたい」と答えた．そして朦朧としてうたたねしていたのだろうか．6 日間ほとんど寝てなかった．「アローフアクバル，アローフアクバル」という言葉が耳の中で大きく聞こえた．拡声器から聞こえるように．「アローフアクバル．アローフ」（線をひくようにのばしながら唱える）と長ーく聞こえた，心がちぎれるほど．罪が見えた．1 分にみたなかっただろうが．罪は浮かび上がってきた．誰々に会って，子供の頃から成長して，そして最後の罪が，あの家からでたところ，儀式をして，あれをこれをしてと，そこで「違う」と声がでた．自分でもびっくりして，そしてまた目を閉じると最後にお母さん（親しい人をこう呼ぶが，本当の母親ではない）の顔が見えた．私たちが借金をしていてまだ返し終わっていないその人の顔が．

ポーンは，「クルアーンでは寝ている人は，小さく死ぬのと同じという．起きた時にはまるで新しい人生のようだ」という．まるで気が狂った人のように大泣きした．喜びと悲しみを同時に感じた．泣いてから「神よ，どうぞ助けてください．家に帰りたい」といってまた寝入った．

〈クルアーンと体の清潔さ〉

夜中の午前2時に，起こされたように目がさめた．（チェンマイ近郊の）メーチェン道路のあたりで，真っ暗で何も見えない．道の横は山ばかりのところで，車から降りて泣いていた．ファイサンも運転していた別の車を止めて降りてきてポーンに言った．「最後まで彼らを信じるのか．もしそうなら，ここで別れよう，僕は行かない」と．ファイサンに頼んで彼らの車を運転してもらってたポーンは，「ごめんさない．家に帰りたい，私はもう耐えられない」と言った．

二人は，この一行が盗難車の売買を行う犯罪組織ではないかと疑いはじめていた．ファイサンは，車はみな新しく，ナンバープレートが付け替えられていることに気づいた．こうした組織に関わると途中で殺されても，車を輸送するときに喧嘩をして撃たれたということになると恐れた．両親にも事情はわからない．

ポーンは彼らに「私は，何と言われても一緒に行かない．家に帰りたい」といった．ドーイサケットの警察にいって，あの家に一緒にいってもらうと言うと，彼らはそれほど嫌かと，とうとう下ろしてくれた．彼らが行ってしまうと，二人は真夜中で，車もほとんど通らない道路わきに途方にくれてたたずんだ．たまに走ってくる車は，怖れてスピードをあげて走り去っていく．午前3時，きっとメーチェンの町の人は気がふれた二人が歩き回っていると思うだろうという．あちこち走り回って乗せてくれる車を探した．もう二人は離れないと，手をつないだままでいた．

二人は3日間水浴びをしてなかった．ポーンはファイサンに言った．「バン，だれも私たちを助けることはできない．私たちだけだ．ドゥアー（神への祈願を目的としたクルアーンやハディースからとられた章句）を読んでくれ．ドゥアーはあるか．私らがアッラーを思うことはできるか．」ファイサンは「できない．体がとても汚いから読めない．クルアーンを読むには，体を清潔にしなくてはならない」と答えた．ポーンは「バン，お願いだ，帰ったら最高に清潔にするから．今日は私らに先に望みのものを与えることはできないか」と言った．そして，二人で道端に座ってクルアーンを読んだ．ファティハの章（クルアーンの第1章，日常生活においても祈祷句としての役割と内容をもつ）を．そして，帰ったら体を最高に清潔にすると誓った．何台か車が通りすぎ，ついに，6輪の大型トラックが止まって乗せてくれた．

〈ザムザムの水〉

そこに友達が電話してきた．洪水のときにファイサンの荷物を運ぶのを手伝ってくれた人が，ちょうどチェンマイにきていた．彼はフィサンに「どこにいるのか」ときいた．ファイサンは，誰がチェンマイのムスリムで僕らを助けてくれる人はいないかと尋ねると，チェンマイの友達を訪ねるように言われた．

ファイサンたちは，友人が紹介してくれたチェンマイの人を訪ねた．ファイサンは言う．「その人は僕に水を1杯渡した．こんな透明な水だ．僕に飲むように渡した．まず飲むように，ただし座らないように．立ったままで飲ませた．それからポーンにも同じようにさせた．そしてどのように感じるかと尋ねた．」ファイサンは「清々しい心持がする (chu'n cai)．僕はこれまで生きてきてこんな水を飲んだことはない」と言った．ファイサンが飲んだ水は，サウジアラビアのメッカからもってきたザムザムの水だという．その水は立って飲まなければならない唯一の水だという．他の水はムスリムならば座ったまま飲まなければならない．「(イスラームでは) 立ったままで，飲んだり食べたりすることを禁じている．禁止事項がある．預言者がしたようにする．清々しく，静かな気持ちになった」とファイサンは言った．

5 ダッワ実践者になる

もつれ髪を切る

ようやく二人はパーイに帰ってきた．家は荒れ果てて，落ち葉などでいっぱいになっていた．たった3日間の留守だったのにまるで廃屋のようだった．掃除をしてきれいにした．そしてその日，ファイサンは髪を切った．「そのとき，最高に清潔にしようと思った．だから髪を切った」という．二人で互いに髪を切りあった．

それは，以前に弟子のアミーンがバンコクからファイサンを訪ねてきて，(前述した) 二つのことをしたら人生が変わるといったことを思い出したからだ．彼は，一つは髪を切ること，二つ目は結婚することと言った．ファイサンは言う．「僕は髪の毛を切り，体を清潔に洗って礼拝をした．二人で礼拝をして寝た．翌朝起きて，普通の朝の義務の礼拝をした．そして座って話をしていた．何が僕らの人生に起こったのか．」

ファイサンは言う．「その時，携帯がなり．僕はそれを受けた．彼は『フィアサンか』と尋ねた．僕は驚いた．僕の人生でぼくのことを『ファイサン』と呼ぶのは何人もいない．バンコクから4年前に僕を訪ねてきた，その先輩が電話をしてきた．彼は『ファイサンか』といった．それをきいただけで話せなくなり，携帯を他の人にわたした．ただ，泣いた．涙があふれ出た．人生の一コマ一コマの映像(phap)，電話を受けてから，その映像が見えた．僕の人生で，この世に生を受けてからその日まで．」ポーンはこれを「ヒダヤット (神の徴)」だと言う．

ファイサンは，「これまでの人生で何も後悔しなかった．ダッワにいってクルアーンを読んだ時のことを話したけれど，同じような出来事だ．涙があふれ出て，まるで気が狂った人のように泣いた．泣いて，泣いて，そして電話をとってバンコクの父に電話をした．これまでの46年間，僕は理解してなかった．礼拝をしなくてはならないのはなぜか，僕が実践しなくてはならないのはなぜか．僕の父は，礼拝を捨てるなよ，息子よ，と言い続けた．僕はそれがなんだということがわかってなかった．何を知るべきなのか．今日，僕の人生をだれが導いているのかわかった．僕はこれからの人生はダッワの仕事とともにある，と父に話した．」

ミルクの匂い――ニッカ

二人はまだニッカ（nikka：イスラームの宗教上の婚姻届け）をしてなかった．だから同じところに寝ることはできない．
ファイサンは言う．

> 幕をはって彼女はあちら，僕はこちらに寝た．その夜，僕は午前2時に目がさめた．起きて驚いた．彼女は顔をこちらにむけて寝ていた．驚いたのは，ミルクの匂いがしたことだ．生まれたばかりの赤ん坊が飲むミルクの匂い．生まれたばかりの子供（デック・タロック）はでてくるとミルクの匂いがする．出てきてはじめて呼吸をする．ほとんどぶつからないばかりに顔を近づけて寝ていた．父が，ムスリムに新しくなった人は，赤ん坊と同じだと言っていた．僕はびっくりして寝られなかった．礼拝をして，座って彼女をずっと朝までみていた．

新しい生活の門出にあたり，ニッカをする必要性をミルクの匂いという嗅覚でも感じたファイサンは，ポーンとの結婚を決意する．

もつれ髪の束の保管

それからはポーンは，ダッワの他の女性のように髪の毛を1本も出さないようにヴェールで完全に覆うようになる．女性がモスクにはいくには，頭を覆ってきちんとした服装をしなければならないとポーンは言う[8)]．

彼らは切ったもつれ髪の房を保管している．2015年の調査時に，ビニール袋に入れたものを出してみせてくれた．ファイサンのものは銀色のアルミの盆の上にまるめてのせてあった．もう一つの房の束はビニール袋に入っていた．どちらのものかしばらく夫婦で話していた．どちらも直径2センチくらいの束になってごわごわしていて，ぱさぱさで茶色で馬の毛のようだった．束の中にはヒーズで編み込んだものもあったが，こちらがポーンのものだった．

ファイサンは，なぜ切った髪の毛を保管しているのかと尋ねた私に，「本当だったら，もどして埋めなければならない．土の中にもどす．稲も土にもどり，土から出てくる．同じこと，切った爪なんかも同じ．爪，髪すべ身体から出たものは，土に埋めさせる」と答えた．以前は切った髪は売ろうかと思っていた．しかし，今はもう売ろうとは思わない．それでお金を得ても我々を豊かにするわけでもないと思うようになった．それより，手元においておいた方がいい．10数年自分と一緒にいた．でもそのうち埋めなければならない．でもどこに埋めるのかはまだわからない．どこで人生を終えるのかまだわからないから，という．

ファイサンはかつて，ラスタの髪型をはじめたときに，早く長くしたくて他人の髪の毛の房を買って自分のものにつないでいたことがあったが，その房は1本500バーツもしたのだ．

切った「もつれ髪」は，身体から出たものであるのだから，たんなる「もの」ではなく自己の一部である．しかし一方，すでに切り取った「もの」であるから，自己ではない．身体から出ていたものは，（死んで）神に会うときにぜんぶ呼び戻すという．ゆえに，髪は身体の一部として死ぬ時に埋めなければならない，身体と同じく決して火で焼いてはいけない，と述べる．

もつれ髪の喪失

2016年夏にパーイを再訪したときに，ファイサンに切った髪の毛をもう一度みせてくれるように頼んだ．ポーンはバンコクの実家に帰省していて留守だった．ファイサンが家の奥から探し出してきた髪の毛が入った袋をあけると，ファイサンの髪の毛は昨年のままの状態だったのに，ポーンの髪の毛は解けて，房につけていたビーズもなくなっていた．フィサンも，いったいどうしたことかと戸惑っていた．あれから一度も出してないという．電話でポーンに尋ねてみたが，ポーンも髪の毛はあれから出していないので，わからないという．

しかし，別れ際にはファイサンは，「切った髪をなくならせてしまうということは，きっと（神にとっては）難しいことではない．これよりも不思議なことを多く起こすことができるのだから」と言った．

助手のヤイは，ポーンの髪の毛が解けていたことを，「固くつまっていたものが解けていったということ，行き詰っていた人生が解けていったということ」ではないかと憶測する．ファイサンは元々ムスリムだが，ポーンは仏教徒だ．ヤイはその彼女がラスタになり，そしてダッワになったということと，髪の毛が解けたことを結びつけて解釈したのだ[9]．

6　結論にかえて——もの人間，生成する出来事

「もの人間」という事態の展開

ファイサンとポーンがラスタからダッワ実践者へとなる過程で，どのように出来事が起こっていたのであろうか．ここで出来事というのは，B. ラトゥールのいう「客体も主体も矛盾も止揚も支配も総括も精神も疎外も存在」せず，自分が行うことによって，いつもわずかに不意を突かれる（ラトゥール 2007：368）事態をさす．ここでは，「行為は人々が行うこととことではなく，状況が与える特定の機会のもと，ある出来事において他のものとともに達成される『為す—為される』なのだ（ラトゥール 2007：377）」．

まず，二人の出来事を，【髪】，【水】，【声】という「もの」を縦糸に記述してみよう．

【髪】

〈1〉ファイサンとポーンはバイクにのって旅に出た．そこで，ラスタに出会う．「自由・自然・音楽・ビール」といった生活スタイルに共鳴して，髪を伸ばし，ドレッド・ロックスの髪型にする．

仲間と平気で寝る西洋人ラスタに嫌悪を覚える．そしてその西洋人の髪の毛が抜けてしまったのをみて，髪の毛はそうした人と一緒にはいない，と感じる．

ドレッド・ロックスの髪を早く伸ばしたくて，他人の髪の房を買って自分のものにつなぐ．しかし，「自分の人生を取り戻したくて」髪の毛を一度切る．すると自分の髪が自然にもつれ髪の房となるように生えてきた．

〈2〉ポーンとファイサンは，悪霊払い事件に巻き込まれる．ここでラスタからダッワ実践者の決定的な転換が訪れる．

事件前に，ダッワの友人から人生を変えるには，髪の毛を切ることと結婚することという二つの契機を提示されていた．

〈3〉帰宅して，二人とも 10 年以上伸ばしていたラスタの髪の毛を切る．最高に清潔にするという誓いをはたすために．

〈4〉二人のラスタの時の髪の毛を 2015 年にみせてもらう．そしてその 1 年後の 2016 年，ポーンの髪の毛がほどけてなくなっていた．これに二人は神の意思をみ

る．

【水】

〈1〉フィアサンは3日間のダッワに出たが，また酒を飲み始める．彼は，ムスリムとして生まれたにも関わらず彼のこれまでの人生では，酒を飲むことは日常的なことであった．しかし，ダッワに行き始めて，正月に飲んだ酒が水のように感じられた．彼の人生において，異変が起こりつつあった．

〈2〉ラスタの髪は水を通さないので洗わない．イスラームの礼拝をするには体を清潔にしなくてはならない．礼拝前には水で手足，顔などを水で清める．悪霊払い事件で，彼らは心身ともに憔悴しきって，神に助けを求める．髪の毛も体も何日も洗っていない清潔ではない状態で，彼らはクルアーンを読む．帰ったら最高に清潔にすると誓って．

〈3〉憔悴しきっているところ，ファイサンにダッワの友人から電話がはいる．あるムスリムのところを訪ねるように言われる．そこで，メッカから持ち帰ったザムザムの水を飲ませてもらうことで，清々しく静かな気持ちになる．

【声】

〈プレリュード〉そもそも，ファイサンとポーンが知り合ったのは，電話の声を通じてであった．ファイサンがポーンをおいて家を出ている間，ファイサンは電話で「君はなんて名前か．何をしているのかと」と，自らは名乗ることなく声のみで呼びかけた．ポーンにとって声の主は，見えない存在だった．ファイサンは「自分を空にしなくてはならなった．パーイにきて，すべてを捨てて，新たに人生を始めようと思った」という．

〈1〉フィアサンは，ダッワに誘われ，3日間のダッワに出る．そこで，何十年ぶりかにクルアーンを読む自分の声をきき，奇妙な感覚を覚える．神が何かを伝えようとしていると感じる．

〈2〉そこに折しもファイサンに，4年前に訪ねてきたダッワ実践者から電話がある．ラスタからダッワ実践者として生まれ変わったばかりのファイサンには，その声はあまりに偶然であるように思え驚く．それにより，これまでの人生の映像が過去から現在までファイサンの目の前に展開し，ポーンはこれを「神の徴」という．

ここから「もの」と人間が切り離せない事態＝「もの人間」について，何がいえるのかまとめてみよう．

まず，第一に，【髪】，【水】，【声】からみると，二人は自らが選択して主体的に行為したというよりも,「いつもわずかに不意を突かれ（前述のラトゥール）」ているといえよう．外から,「もの」が介入し，惹きつけ，身体から切り離されたり，身体の内部に浸透したりすることで事態が進んでいく．

「もの」が身体と共鳴する最も鮮明な事例は，身体の一部でもあり，また身体の外部である，つまり身体の境界に位置するものとして，髪の毛を見ることができる[10]．しかし,「もの」と身体の共鳴はこうした境界領域の「もの」とは限らない．ポーンの自分から発した「アローフアクバル」という声，ファイサンのクルアーンを読む自分の声や電話の友人の声，ザムザムの水といった通常身体の一部とはいわない「もの」，身体の一部ではない「もの」も，身体に取り込まれ，身体に浸透することで共鳴する．そこに「もの」と人間の共鳴する出来事,「もの人間」という事態を見ることができる．

「もの人間」はいかなる特徴をもつのか．まずそれは，共鳴して出来事が展開していくときの人間の受動性，出来事の偶然性を特徴としている．ある意味で，ファイサンたちは，自らの意志でラスタからダッワ実践者になったわけではない．彼らは，巻きこまれ，偶然の連続の結果，ラスタからダッワ実践者になるように出来事は展開した．ファイサンやポーンが出会った他者，声，髪の毛，水，さまざまな「もの」が身体に影響を与え，過去を喚起し，生き方を変えていく．「もの」と人間の行為の共鳴により事態が進行する．ファイサン自身の身体も，ある時には自らの意思とは関係なく反応し，行為に影響を与える．「もの」と人間が共鳴することで,「もの」と人間をわけてどちらかに起点をおいて記述することができない事態,「もの人間」という事態である．彼らは，大きな人生の転機において主体的に選択して行為したわけではない．　言葉をかえれば受け身の主体[11]として出来事に巻き込まれ，事態は進行したのである．

第二には,「もの」との関係が変化すると世界が変わるということである．つまり，人生の転機の前後において，二人の日常生活を構成していたものが変化したのである．かつてラスタとして生きている時には，フィアサンにとって，ガンチャやビールはその生活のなかで必須のものであった．もつれ髪を伸ばすこともまたその生き方においては必然であった．しかし，ダッワ実践者として生活することで，こうしたものとの関係はすべて変わる．食べるものも，礼拝を中心とした生活のリズムも，生きる目的も変わる．つまり，生きている世界が変わったといえる．

しかし，新たな世界はもとの世界と別個のものとして切り離されているわけではない．かつてのラスタのときの仲間との交流もある．悪霊払い事件の後の二人の結婚式には，親族やダッワの友人とともに，ラスタの時の友人も多く参加している（図1〜3）．ラスタの友人は，ファイサンたちが切ったドレッド・ロックのヘアーフタ

図１●結婚式——モスクでムスリムの参加者とともに

図２●結婚式に参列したダッワの親子

図３●ラスタの友人たちと

イルを保ったまま，顔をヴェールで覆ったダッワの女性たちとともに記念写真におさまっている．ここでは，さまざまな世界の共立をみることができる．

「もの人間」のエスノグラフィの方法について

事実と信念を分けることを拒否してラトゥールが提示したファクティッシュという概念は，エスノグラフィの方法にとって一つの指針となる[12)]．ここでは「行為は人々が行うことではなく，状況が与える特定の機会のもと，ある出来事において他のものとともに達成される「為す—為される」なのだ（ラトゥール 2007：377）という事態が起点となる．繰り返すが，「ここには客体も主体も矛盾も止揚も支配も総括も精神も疎外も存在していない．あるのは出来事だ．私自身は決して行為しない．自分が行うことによって，いつもわずかに不意を突かれる（ラトゥール 2007：368)」とラトゥールのいう，この「不意をつかれる」ことによってこそ，フィールドワークによるアプローチに独自の意義を見出すことができるのかもしれない．なぜならば，行為者自身が「不意をつかれる」のは，行為が出来事において結果する偶有性をはらんでいるからであり，その偶有性の出来事は「ある時・ある場」を身体として共有することにおいてしか捉えることができないからである[13)]．

ここで，ラトゥールから T. インゴルドへと先導役を受け渡して，民族誌記述の方法について考えてみたい．

インゴルドもまた，本章でいう「もの人間」という事態に着目する．彼は，「ものは関係である」として，物質性と関係性をわけない生の流動性へのアプローチを提示する．彼は，不活性な物質と生命を分けて考える二元論を批判し，「生命があること animacy」はこうした二元論に先立ち根本的に関係性に開かれているとする．インゴルドのテーゼは「物質に従う following the material」であらわされ，大地であれ，空であれ，私たちを取り巻く環境のなかで生命のない固定的なものは何もなく，すべてが流動しているとする（Ingold 2011：70）[14)]．

生命があることの知覚（animic perception）は，①存在は関係的に構成されていること，②運動に優位があること，として強調する（Ingold 2011：69）．そうした存在論を animic ontology として，生命があることを，生成する線のからまり（メッシュワーク）として提示する．インゴルドは，このメッシュワークを，ネットワークと区別して用いる．ネットワークは，モノと関係を分けて，モノがすでにあることを前提として関係を考えると，否定的に捉える．インゴルドは「ものは関係である things are their relations」と主張する．カンギレムの「生きているとは，（周囲に）影響を及ぼす（radiate）ことである．それは，基準点（a centre of reference）から発し，その中心をめぐる場を組織する」という言葉を引用して有機体 organism を説明する（Ingold 2011：70）．

本章の言葉でいうと，インゴルドの流動する生命とは，出来事の生成ともいいかえることができよう．

インゴルドは，この新たなモデルのあり方を，画家や職人などのクリエーターの仕事に見出そうとしているが，民族誌記述においても同様なことがいえるであろう．

では，具体的にはどのように「ものは関係であること」を示す記述，すなわち流動する世界を記述することができるのであろうか．インゴルドは，主体と客体という二分法を排し，「対象化しない」ことによって生の流動を捉える．流動と一体化することであるという．「人間が世界を観察する立場に立つときでさえも，観察者もまた参与者として世界の流動の一部をなすという新たなモデルや記述方法（柳澤 2017：283）」とは，観察者であり参与者である人類学者が現場でとらえた出来事を，既存の解釈枠組みにあてはめて矛盾がないように記述することで静止させることなく，その出来事にたちあった偶有性と受動性をそのままに記述にとりこむことであると考える．その偶有性の気づきが，読み手のなかにさらなる思考の運動をもたらし，世界を変容させていくきっかけとなる可能性をもつであろう[15]．

エピローグ

2015 年 7 月 31 日のフィールドノートから．

> スワット（画家）が，「これは愛情と信仰心があい携わって起こったことだ．彼は僧と同じように表情が静謐になった．信仰の力だ．大きな幸せではなく，朝起きて花をみて，コーヒーをのんでゆっくりする，そういう小さな幸せ．慈悲というのは，他の人も幸せになることを欲することだ．ヌとヌムの話（芸術家のムスリム女性と仏教徒男性のカップルで親には内緒で同棲中，同じくスワットの紹介でインタビューを行った）はまだ終わってない，ポーンとファイサンの話は行きつくとこまでいったけど」という．なるほど，芸術家の感性が，素直に物事の本質をついてると思った．

このとき，私はスワットが生の流れのなかで素直にものごとに接近している態度に共感していたのだと感じる．

ファイサンとポーンは私たちも彼らの世界を構成するパズルの一片だという．2015 年に初めて会った日に，ポーンが，「チェンマイにいつ帰るのか．もしよかったら明日帰る前に家によってくれないか．渡したいものがある，小さなものだけど」と言う．翌日家にいくと，5 センチ四方の小さな茶色の紙袋の口を折って赤い糸で縛ったものをくれた．中にはジグソーパズルの一片が入っていた．紙袋にはマジックで「2014 年 3 月 14 日」と書かれていた．結婚式で配ったものだという．

ファイサンはいう．「決められていることだ．本当だ．こうしてここに座っているのも，スワット兄さんと知り合って何年もたつが，先生（助手のヤイのこと）を今日知った，リョウコ（筆者）を今日知った．今日座って話をするのも決められていたことだ.」ファイサンは続けて，「自分自身はここにいる，そして周りにいる人はジグソーパズルの一片だ．われわれの人生を十全なものにしてくれる．私らはジグソーパズルの最後の1片を探している．それは何か．イスラームだ．」と言った．

しかし，彼らのパズルは完成することはないだろう．生きている限り関係性は変化し，新たなピースが増えていくことだろう．ファイサンにとっては，偶有性も必然性としていくのが神であり，矛盾を含んだまますべてを包含して進行していくのが人生である．そこに関わって記述するのも，またそれを読むのも，その気づきを機動力として，何らかの生の運動に関わっていくことになるのであろう．

図4●結婚式に配った記念品——パズルの一片が入った小さな封筒が木に結びつけられている

注

1）近年の存在論的人類学から捉え返す2007年に出版されたハナレらの『ものを通して考える』において，序論で床呂が述べるように，「もの」概念から新たな現実を捉える試みをしている．ここで重要なのは，新たな概念の創出なのだが，それは新たな対象物を創造するということである．ものは，我々が物質的あるいは物理的実在として現れるのと同様に概念であるとする（Henare, Holbraad & Wastell 2007：13）．「もの—概念」（thing-concept）の創造は，インフォーマントと同様の概念を獲得するというわけではなく，インフォーマントの概念と我々の思考を通して行為遂行的に第三の概念を創造することであるとする．ここでは，人類学者とインフォーマントの「もの」との関わりの差異から，新たな概念の創出をみているが，本章の「もの人間」は，人が生きる現実において「もの」と人間が分けられない局面を焦点化するために創った概念である．人類学者とこの概念の関わりについては5節で考察する．

2）それは，ラトゥールのファクティッシュという概念に通じる．ファクティッシュは，事実と信念を分けることに疑義を呈する．人間の働きかけのない事実など人間の外部には存在しないのである（ラトゥール 2007：402–403）．ファクティッシュについては，5節で後述する．

3）タイではダッワ（da'wa）と呼ばれる運動はもっぱら，ジュマー・タブリグ運動をさす．その運動は，1930年代にインドにおいて始まり，1960年代にタイに南アジア系のムスリムを介してひろがった（西井2012参照）．パーイのダッワ運動については“The Da'wa movement in Pai town-how to continue its passion”, in the panel ‘Religious Experience and Religious Conectivity’, 13th International Conference on Thai Studies, Chiang Mai University, Chiang Mai Thailand：15–18 July2017のプロシーディングス参照．

4）キリスト教や西洋的と考える要素に批判的なラスタファーライは，みずからをキリスト教的含意のある宗教（religion）と呼ばず，生き方（way of life, lifestyle）と呼ぶことを好んでいる（神本 2017：3）.

5）こぶみかんは，髪の毛によいとされており，実の部分を利用する．葉は，タイ料理にはかかせないハーブの一種で，トムヤククンをつくる時にも必ず入れる．

6）ダッワでは，月に 3 日，年に 40 日もしくは 4 か月，10 人前後のグループをつくって各地のモスクを訪れ，一つのモスクに 3 日間滞在して，イスラームの学習と，その地域のムスリムを訪問して活動への呼びかけを行う．

7）イスラームで礼拝時には必ず唱える言葉．

8）ダッワでは，女性の髪の毛が見えたら，あの世で髪の毛 1 本が 7 万匹の蛇にかわるという（メーソットでのダッワの調査から．参照（西井 2016））．

9）後にヤイから，ポーンと電話で話し，ポーンがヤイとまったく同様の感想を述べたと報告があった．「ドレッド・ロックスの髪の毛が解けてなくなったということは，きっと神が，これからはこれまでの人生の困難から解き放たれると伝えたのだろう」と語ったという．

10）髪に関する論考としては，人類学においてはオベーセーカラによるスリランカのカラタガマに参集するヒンドゥー苦行者の「もつれ髪」をあげることができる（オベーセカラ 1988）．オベーセーカラの扱う「もつれ髪」は，個人的経験と文化，社会を媒介するシンボルとしての作用に焦点化されている．重要なのは，もつれ髪の個人と社会をつなぐという媒介作用であるが，オベーセカラの場合，個人と文化や社会は別のレベルにまずは設定され，そこをつなぐプロセスを問題としている．

11）ものとの関係において，受動性の気づきは重要である．本書第 1 章の黒田が述べるように，ものの支配を逃れるには，「もの」が呼ぶことに応える受動的主体となることで，ともに自由になる道を探るしかない．黒田は「ものが私を呼ぶことを受け入れる……ものと私が一本の線で結ばれ，私はその線に沿って定位される」ことで「ものとともに自由になる」事例をあげる．

12）ファクティッシュの概念については，奥野克巳氏からご教示いただいた．

13）本章の記述は，モルの記述の方法にも影響を受けている．モルはフーコーを評して，「位置づけられていることについての鋭敏な感覚が，まずもって哲学を価値あるものに，そして永遠に移行し変化し続けるものにしているのである」という．「今・ここ」と，そして我々自身と，結びついたものとして自らを宣伝する様式で哲学に従事することは，普遍的ではありえなし，それを望んでもいない．それは，局地化されているという（モル 2016：252）．エスノグラフィもまた局地化されたものとしてしかありえない．その制約を超えていく可能性をいかに記述をとおして追及するのかが，生へのエスノグラフィ的アプローチの探究となるであろう．

14）こうしたインゴルドの思想を，人間を超えて，生命＝物質一元論であり，唯物論でありかつ徹底した内在主義であると，柳澤は評する（柳澤 2017：282）．

15）これらは，モノとの関わりで人間中心主義を超えた世界のあり方の新たな記述が何を新たに生み出すことができるのかという問いへの答えであり，「人間的世界を超え出た水準で，しかも超越的な俯瞰図にならないやり方で，どんな現実を新しく描けるか」(春日：67) という問いに言い換えることもできよう．(「新たな〈現実〉を描く」春日＋檜垣『現代思想』2016. vol. 44–5）コーンの次の言葉は，その答えの一つであろう．

「生命と思考は，ともに絡まり合うものと想像することができるだろう．パースがいうように，記号過程が誰かに対して何かを表すのだとすれば，それは生命のように成長する．そのプロセスにおいて，自己とは記号から記号への中継点である．自己が記号を受け取り，他なる自己に対して，新たに何かを表すというプロセスの中に，思考，すなわち生なる思考がある．このように捉えることは，人間だけでなく，あらゆる有機体を含めて，世界を別の見方において捉えることに結びつく（コーン 2016：219）．」

コーンは，生命と思考が絡まりあう生なる思考に着目するが，本章のラトゥールからインゴルドへとつなぐ生命の捉え方は，思考もまた一つの「もの」であると見て，生き方，行為を関係に組み込んで新たな世界の生成を見る．

参照文献

ダグラス，M.（1972）『汚穢と禁忌』思潮社．

Henare, A., Holbraad, M. & Wastell, S.（2007）Introduction: thinking through things, In: A. Henare, M. Holbraad & S. Wastell（eds.）*Thinking through Things: Theorizing Artefacts Ethnographically*. Routledge pp. 1–31.

Ingold, T.（2011）*Being Alive: Essays on Movement, Knowledge and Description*. Routledge.

神本秀爾（2017）『レゲエという実践：ラスタファーライの文化人類学』京都大学学術出版会．

春日直樹・桧垣立哉（2016）「新たな〈現実〉を描く：「静かな革命」以降の人類学と科学・自然・人間」『現代思想』「人類学のゆくえ」vol. 44–5：162–176.

コーン，E.（2016）『森は考える：人間的なるものを超えた人類学』亜紀書房．

ラトゥール，B.（2007）『科学論の実在：パンドラの希望』産業図書．

モル，A.（2016）『多としての身体：医療実践における存在論』水声社．

西井凉子（2011）「時間の人類学：社会空間論の展開」西井凉子（編）『時間の人類学：情動・自然・社会空間』世界思想社．

———（2012）「動員のプロセスとしてのコミュニティ，あるいは「生成する」コミュニティ：南タイのイスラーム復興運動」平井京之介（編）『実践としてのコミュニティ：移動・国家・運動』京都大学学術出版会，273–309 頁．

———（2016）「『顔』と他者：顔を覆うヴェールの下のムスリム女性たち」河合香吏（編）『他者：人類社会の進化』京都大学学術出版会，275–294 頁．

オベーセーカラ，G.（1988）『メドゥーサの髪：エクスタシーと文化の創造』言叢社．

奥野克巳（2016）「『森は考える』を考える：アヴィラの森の諸自己の生態学」『現代思想』「人類学のゆくえ」vol. 44–5：214–225.

柳澤田実（2017）「どのように線を描けばよいのか：ティム・インゴルドの場合」『思想思想』45（4）：280–293.

第 8 章

丹羽朋子

中国黄土高原に潜勢する〈人ならぬ-もの〉の力

KEY WORDS

中国黄土高原，儀礼行為，イメージ＝力，
変異する出来事としての「もの」，陰陽の境界域，
剪紙が描く生の力線

1　〈人ならぬ-もの〉とはなにか

中国西北部，黄河の上中流域に果てしなく広がる，乾いた黄色い大地．筆者の調査する陝北（陝西省北部）地域はここ黄土高原に位置し，中華人民共和国建国前夜の人民解放戦線の拠点地，延安を擁する革命の聖地としても知られる[1)]．この地に生きる漢民族，通称〈陝北人〉にとって，人以上に人を制してきたのは，天地に潜勢する〈人ならぬ-もの〉の力であった[2)]．本章は，陝北農村部の病送りや葬礼等の祭祀儀礼，さらに神や人の姿を象る剪紙（切り紙）における，これら不可視の力の現れ方の諸相を描き出し，多様な力線が絡み合い，世界の構造が絶えず改編されていくなかで，人と〈人ならぬ-もの〉が相互に生成していく様を考察していく．

〈人ならぬ-もの〉とはなにを指すのか．中国では古来より，世界は〈天〉〈地〉〈人〉から成ると考えられてきた．このような中国的コスモロジーにおいて，〈天地〉とは，人を「上下から包んで支えている自然そのもの」だと言える（廣瀬 2015：13）．漢民族は一般に，人は死ぬとその霊魂が〈陽気〉から〈陰気〉へと変化して〈鬼〉（死霊）となり，人の住む〈陽間〉（この世，原義は陽の当たる空間）から地下の〈陰間〉（あの世，陰の空間）へと移って，陽間と同様の物質的生活を営むと考える．〈天〉には〈神〉，〈地〉（地下）には〈鬼〉，その間の地上には〈人〉が棲み分ける．このような世界における〈人ならぬ−もの〉とは第一に，〈天地人〉のうち〈人〉ではない，〈天地〉に属するものを意味する（前掲書：15）．

また，本書の序章が示すように，西洋近代的な「もの」観では，人間／非人間，主体／客体，心／物等の二項対立が自明視されるが，伝統中国では人を含む万物は，陰／陽2種の〈気（チィ）〉から成ると考えられてきた．陰陽の〈気〉はそれぞれ，地／天，太陰（月）／太陽（日），静／動，冷／熱，暗／明，死／生，女／男等の対の属性を有し，天地の間で循環と交替を繰り返す．これらの対は，陰（かげ）と陽（ひなた）のごとく互いを含みこみ，一方が特異点に達すると他方の極に向けて不断に変化する不可分の対であり，生々流転する世界の像を形作る原理とされる．これが昼夜の交替や四季の循環のような，常に新しく変化し続ける自然の流れから出てくる力——〈道〉とよばれる中国の中心概念——とも結びつき，身体を自然の一部とみなす中医学においては，陰陽の〈気〉の消長や転化といった調整が，人体・健康観の基礎をなしてきた[3)]．

このような中国的コスモスを構成する諸要素は従来，古典思想ほか多領域の研究でいわば所与の概念として扱われてきたが，本章の眼目はその解釈の精査にはない．焦点となるのは，〈天地人〉や〈陰陽〉といったコスモロジーの，陝北人にとっての現れ方，天地に潜勢する諸力がいかにして，人々に感性的な仕方で働きかけ，身体的な経験を通じてイメージ化されるかという問題である．以上のような観点から，本章が扱う〈人ならぬ−もの〉とは必然的に，神鬼や〈気〉のみならず，それら不可視の存在の力動を人に感知させる「もの」，ひいては人・神・物として主格化される手前で，人々の前に徴候的に現れては消える「イメージ＝力」をも含むものとなる．後節の事例分析では具体的なイメージ化の次元を捉えるべく，同一的で確固とした実体と，「変異する出来事」という，「もの」を捉える二つの視角の導入を試みる．そのような意味で，本論は中国的コスモロジー研究の枠を拡張しつつ，脱人間中心主義的な「人−もの」関係を捉える新たな視座を拓くための，一つの実験を企図するものである．

中国史上，〈人ならぬ−もの〉の現われを誰よりも畏れたのは，ほかならぬ毛沢東ではなかったか．1930〜40年代，陝北を含む革命の拠点地では，対日本軍の戦闘と並行して〈文化戦線〉と呼ばれる農民たちに対する教化が図られ，〈迷信〉排斥を目的として〈巫師〉（シャーマン）による治療儀礼や，各種祭祀用品の流通が禁じられた．当時の新聞には，一旦鎮火した神鬼への信心が，正月市で祖先祭祀の供物とともに竈神を描いた〈年画〉を買った人々の間で再燃したこと，またこれを受けて革命を志す美術工作者たちが，神像から勤労農民に図像を替えた年画を制作・販売し，儀礼行為のプロパガンダへの流用を試みたこと等が記されている（孫・高 2012）．

毛率いる中国共産党は新中国建国後も試行錯誤を続け，1960～70年代の文化大革命（以下，文革）に至っては祖先祭祀をも禁じ，紅衛兵ら若者たちを扇動して各種の廟を破壊させ，違反者は公開処罰するという強硬策に打って出た．たとえば筆者が調査した延川県の村では，文革期に竈神の画の販売者が3年間投獄されたという．当時，自らも紅衛兵となった男性によれば，ある家で諸神の画がみつかろうものなら親族であっても告発し，村の〈大会〉（罪状を告発する集会）で裁いた．「神格化された毛沢東にとって，自分を記念する以外の神を祀ることはあってはならなかった．年越しには，毛沢東の大きな画を壁に貼った．〈送竈君（ソンザオジュン）〉（年の瀬に竈神を天に送る儀礼）も，〈白虎（バイフゥ）〉（製粉用の石臼〈磨（モー）〉に座する神）や〈青龍（チンロン）〉（脱穀用の石臼〈碾子（ニエンズ）〉に座する神）への〈磕頭（カトゥ）〉（一般に，跪いて3回額を地につける拝礼を指す．以下，「叩頭」と表記）すら許されなかった[4]．だが長年の信心を簡単に捨てられるわけがなく，闇夜に煙草の火ほど小さな灯の下で，こっそりと竈神を送った」と語る．文革では，まずは目に見える「もの」，そして儀礼を，人々の眼前で徹底的に壊して傅（かしづ）く対象を置き換えることで，人と〈人ならぬ-もの〉が行き交う〈天地人〉の間の交通路を断ち，コスモロジーの根本改造が図られた．だが費やされた甚大な時間と惨事に比して，この企てが必ずしも成功しなかったことは，1980年代の改革開放以降に高まった「宗族再生」の機運を，以前に増して隆盛する各種祭祀が後押しする様を伝える，各地の民族誌的記述からも見てとれる（e.g. 潘 2002；瀬川・川口編 2016）．

現在では，文革の真の狙いは儀礼の実施母体となる宗族組織の解体にあったといわれているが，これはおそらく，必要な説明の一部にすぎない[5]．「もの」の破壊とともに何が消え，何が残ったのか．文革の動乱をもってしても切断し得なかった人々と神鬼を結ぶ関係とはいかなるものなのか．このような問いを念頭に置き，以降の各節では，陝北における天地＝自然に潜勢する〈人ならぬ-もの〉の力と人々との関係を，〈神鬼〉〈孝〉〈生生不息（シャンシャンブシィ）〉（生々流転）をめぐる力線として描き出す．その準備として次節では，それ自体は不可視である〈人ならぬ-もの〉の力を捉えるための視角について考えていきたい．

2 黄土高原の〈天地〉に生動する非人格的な力の捉え方

陝北の農民たちは古来より，起伏の激しい黄土の山谷を穿って掘り造る穴居

図 1 ●黄土高原の山肌に横穴式の窰洞が並ぶ陝北の村

〈窰洞(ヤオトン)〉に暮らし，〈山(シャン)〉と呼ばれる急斜面や狭い台地状の大地で，土まみれの農業労働（上山労働(シャンシャンラオドン)）に勤しんできた（図 1）．留意すべきは，陝北農民たちのこのような生活経験においては，中国コスモロジー的な〈天地〉の間に存在する〈人〉としての生と，黄土高原の大地のただなかで暮らしを営む身体としての生が折り重なっているということである．本節ではこの多重的な生について，当地の人々が生活空間の「内」とする窰洞と，「外」とする〈山〉における，人と〈人ならぬ-もの〉との具体的な関わり合いから描写してみたい．

陝北の村は主に，同姓父系親族が住まう窰洞群から成る自然村に由来し，各村には，天の統括神〈天公(ティエンゴン)〉（玉皇大帝）が遣わした〈土神(トゥシェン)〉（土地神）が村全体の守護にあたるべく，風水の適地に祀られている[6]．各家の門外には個々の家を守る土神，窰洞内には〈門神〉〈竈神〉〈財神〉等が役割に応じた場所に鎮座し，人びとは各神位でしかるべき供儀をもって神々をもてなし，加護を得るべく交渉を行う．かつて〈山〉では，風選(ふうせん)の時期には農夫が風の女神〈風西婆(フォンシーボー)〉を呼ぶ口笛が，旱魃時には村をあげて龍神に雨を乞う歌声がこだましたという[7]．

人や神のみならず，死者もまた〈山〉に住まう．陝北人は陽間での生を〈正常〉

に終えると，〈山〉の地下に掘り造られた窰洞型の〈陰宅〉（墳墓）に移り住むとされる――これを「死」の語の忌避から〈上山（シャンシャン）〉という．陰宅の場所は風水師により，各死者に合わせた〈時機〉や〈地勢〉（大地の〈気〉の動き）を観て選定され，死者は自らにとっての適地で，陽間の子孫から物資の支給を受けつつ，陰間での生を営むと考えられる．このことから人々は，病や災厄が起きると鬼や神の悪行を疑い，折々に巫師や風水師に助言を求めて対処儀礼を執り行う．

このような神鬼が入り混じるシャーマニズム的な実践と，大地や身体に流れる〈気〉の流れを看る風水術等が並立する現象は中国各地で散見され，文化人類学的研究においても様々な考察が行われてきた．瀬川昌久は華南地域の族譜および，墓地風水に関する人々の言説の詳細な分析を通じて，漢族の祖先祭祀は，子は父親からのみ〈気〉を受け継ぎ，「〈気〉は骨によって形象化され，超世代的に永続する」という，父系出自の永続性と整合した「民俗的生殖（出自）モデル」に基づくと論じた（瀬川 1996：193–199）．また渡邊欣雄は，A. P. ウルフ（Wolf 1974）が提起した天地の〈神〉〈祖先〉〈鬼〉を，それぞれ官僚・宗族員・外人（アウトサイダー）という人間界の社会構造の鏡像とみなす解釈を「静態的モデル」と批判し，「術としての宗教」という独自の分析視角から，祖先祭祀やシャーマニズム，風水術など多様な宗教的実践を包括する考察を試みている．その前提となるのは，「天人合一」に向けての「中和」――天地と人の間の均衡と調和による世界の一体化――を下位次元に含む，「陰陽合一」の実現をめざすという考え方である．これによれば，巫師にとっては〈神鬼〉，卜卦師にとっては〈命星〉（人の生まれ年や月を支配し，運命や精神を司る星），風水師にとっては環境の〈気〉といった，人や物が有する波動状のサブスタンスに対して，同質の波長をもつサブスタンスを有する人や物との同調（感応）が生じる．これによって多様な対象をもつかに見える諸実践はすべて，客体の条件としての「所応」と，人や物の側の「感応」という調和関係を実現するための「術」として説明し得るとされる（渡邊 2017：181–191）．

以上に挙げたような中国的コスモスの生成・維持モデルは，論理的説明の枠組としては重要であり，陝北においても特に巫師や風水師等の職能者による解釈には，神鬼や〈気〉等を実体的に捉えて主格・客格化する語りが多い．その一方で，実際に儀礼に参列する陝北人たちの言説は曖昧かつ矛盾した説明を主とし，また各種儀礼に参与した筆者自身の経験に照らしても，既往研究の理論的枠組のみに説明を帰すことには，T. インゴルドが「知識が外側で再構築される」「事後に打ち立てられた体系」と論じたような違和感を禁じえない（Ingold 2013：5）．

既往研究の提示モデルと陝北の事例との齟齬の要因の一つには，各調査地の地理的生活環境に依る分析視角の相違もあると考えられる．これまで中国の親族や民俗宗教等に関する研究の多くが南方地域を対象とし，宗族が集住する敷地内にあり位牌が位階順に並べられた祖堂・祠堂での祭祀と，遺骨のある墳墓への参拝という，祖先祭祀の二重性・相補性を報告してきた．そこでは現地の人びとの言説に従い，正統性をもち継続的に祀られる〈祖先〉と，祀る子孫のいない〈非正常〉な霊である〈鬼〉とが切り分けて論じられる傾向がある（e.g. フリードマン 1995；何 2013）．他方，隣村に行くのも谷越えが必要であるような散在型集落からなる陝北では，宗族間の競争や宗族の輪郭の確定の必要度が相対的に低く，概して祖先祭祀も南方に比して系譜主義的色彩が濃くない．少なくとも延川県の農村部では，官吏を輩出した等の有力な家や宗族の例外を除いて，祠堂も位牌にまつわる儀礼に出会うことも寡少であり，近年ようやく〈県城〉（行政県の中心市街）に住む富裕層を抱える宗族のなかに，新たな族譜制作や祠堂建設の動きがみられる程度である[8]．それに代わって陝北農村では墓参をことのほか重視するが，墓前での供儀の対象は子孫に記憶される前三世代以内の男女の祖先に限られる．元来，陝北の墓の土盛りの上には〈柏樹〉（コノテガシワ）が目印に植えられるのみであり，墓標のない古い墓は代を遡るごとにその位置さえ忘れられていく[9]．

墓参の折，子孫たちは村内に点在する身近な祖先の墓を巡った最後に，見晴らしの良い大地を選んで，古の祖先と〈野鬼〉（餓鬼）とにまとめて供物を献げる．食物の供物は砕いて地面にばら撒き，〈白酒〉をまわしかけて黄土の大地に染み込ませ，〈紙銭（しせん／ジィチエン）〉を燃して煙や灰と化す．〈山〉に爆竹の音を轟かせて叩頭する一連の流れは祖先の墓前のそれと同様であり，〈祖先〉と〈鬼〉の明確な区分は見られない．〈陰宅〉たる墳墓が灌木や風積土に覆い隠され，子孫の記憶からも消え去るにつれて，祖先たちは個人名すらも徐々に失って，鬼という〈地〉に潜勢する集合的な力に化すかのように見える[10]．

第二に，陝北人が住まう窰洞は，内なる生活空間である一方で，黄土高原の地中に掘り造られるという物理的構造から，天地の境域にあるという感覚を人々の身心にもたらす．土の穴居である窰洞は自ら呼吸するように外気と竈の〈暖気〉を出し入れして温度調節する家であり，たとえば住人たちは，毎年農暦十月一日になると，窰洞の竈の〈煙気〉が自ずから煙道を上り，地上に突き出た煙突口から出ると語る．この大気（これも〈気〉と呼ばれる）が「変異する出来事」を兆しとして，季節は冬となり，大地の〈気〉の陽から陰への変調が感受される．この日，人々は〈山〉の墳墓に参拝し，祖先が用いる冬物衣料や寝具として〈寒衣（ハンイ）〉（紙製のミニチュアの防寒着や布団，靴）と紙銭を墓前で燃やして陰間へと移送し，一家の安寧を請う．これは，陰間の死者は，陽間の子孫からの供給物資の不足や墓の風水地理などに不満が生じると，悪鬼となって窰洞の土壁から現れ，〈邪気〉をもって生者に災厄をもたらすと考えることによる.

流行病の発生時，あるいは窰洞の木戸が風がないのにカタカタ鳴る時や，新入りの嫁の料理がまずい時，家の女性たちは手近な紙を〈娃娃〉(ワーワ)（幼子）の人形(ひとがた)に切って窰洞の壁や戸，鍋等に貼り，邪気を退けようとする（図2）[11]．陝北において娃娃は，人の霊魂としては不全な，神鬼に近い存在とみなされる．この切り紙には大地に両足を踏ん張り，天を両手で支える娃娃の「かたち」が用いられるが，半ば〈人ならぬ–もの〉である娃娃の力によって，同じく境界を行き来する鬼等の悪しき力を封じ込めるのである[12]．

図２●窰洞の戸に貼られた，悪鬼の侵入を防ぐ娃娃の切り紙

陝北人にとって，窰洞や〈山〉といった，天地＝自然にせり出した黄土高原の生活空間は，陰陽両間の境が曖昧なままに，人や大気から，それらを含み込んだ不可視の神鬼に至るまで，ありとあらゆる力が生動する力場と化す．このような経験の全体性において，人と〈人ならぬ–もの〉の力との関係性を探るためには，それが神・鬼・祖先等として人格化・記号化される局面とともに，そこに回収されない力動をも捉える視角が必要となる．それにあたり本章では，箭内匡が『イメージの人類学』（2018）において提起する「イメージ＝力」という概念を参照したい．これによれば，「もの」は「イメージ化」すると同時に，なんらかの「作用力」を保持する[13]．たとえば花畑に広がる花の香りは昆虫に，赤ん坊の鳴き声は親に対して，「権力性」とも言える抵抗しがたい力をもって迫りくる．そのような「イメージ」は，「力」と連続的であり，多くの場合は表裏一体だと考えられる．「イメージ＝力」を合わせたこの全体は，「身体が受け止めるものをまるごと含む」という意味で，スピノザ哲学の用語である「感受」（アフェクティオ）とも言い換えられる（箭内 2018：136–143）．

また箭内は，「自然のイメージ的な現れ」という観点から黎明期の人類学者たちの著作を読み直し，1909年刊行の『通過儀礼』でファン・フェネップが講じた「自然に漠然と潜在する力を畏れる」宗教的思考としての「ディナミスム」――特定の霊的存在等の人格的力に向かう「アニミズム」と対比される――に着目している．陝北の事例にとってこの論が示唆的なのは，非人格的な「自然」の力(デュナミス)が，（「あれは，神である」というギリシア語の「テオス」（神）の本来的な用法に似て）「叙述語的」だという指摘である（前掲書：143–147）．以降で示すように，陝北においても，人々にとっての神鬼の力はなによりもまず，原因不明の病や自然災害，家畜や人の異常死などの，人の抗しがたい災いにおいて，いわば叙述語的に現実化される[14]．次節では，特定の人格的力に原因が帰される手前で，儀礼空間に現れては消え，変化する「もの」のイメージ＝力を通じて，不可視の力がいかに感知されるのかを，諸儀礼の具体的な描写から考えてみたい．

3 徴候的な力に触れる——災いへの対処儀礼

陝北人たちは，個人に心身の不調があれば自宅や廟等での治療儀礼を，集団的災厄には村の土神の神位の移設儀礼〈安土神（アントゥシェン）〉や，河や道の神への供儀等を行う[15]．これら災いへの対処儀礼の名称には，〈安（アン）〉（適切な場所に配置する）あるいは〈招（ジャオ）〉（招く）や〈送（ソン）〉（送り出す）等の移動を表す動詞と，その対象となる力の存在の組み合わせが多く用いられる．端的に言えば，人々は儀礼においてそのような力を動かしたり適切な場所に留めたりすることにより，力と自らとの効果的な分離や接合を試みる．興味深いのは，こうした儀礼空間における〈人ならぬ–もの〉の力は概して，触知的な仕方で現れるということである．以下，三つの治療儀礼の事例から，諸力の具体的な現れ方をみていこう．

［事例 1：送鬼（ソングイ）］

H 村のある家に泊まった際，筆者は，就寝前に湿疹が出たという孫娘に対して，老女が行う簡便な治療儀礼〈送鬼〉を見た．孫娘の枕元に水を張った碗を置き，老女はそのなかに 3 本の箸を入れてかきまぜながら，〈非正常〉な死に方をしたり子孫に祀られない野鬼，土神や祖先の名などを順々に唱えあげていく．老女によれば，病人の身に神鬼がいると 3 本の箸がぴたりとひっつき，碗の中ですっくと立つという．さらに箸を患部の上でぐるぐる回すと腕に重さを感じ，そこに神鬼がいるのがわかる．多くの場合は小麦粉やキビ粉を碗に入れて湯を注いで供すると，箸が軽くなって倒れ，神鬼は去ると語られた[16]．

〈送鬼〉（鬼の送り出し）は，陰陽の境を突き抜けて〈人ならぬ–もの〉の力が現れるとき，それが身体が感受する物理的な重力や圧力として現れることを示す例である．他方，次のように，生者である〈人〉がもつ霊魂＝力を触知化するような儀礼もみられる．

［事例 2：招魂（ジャオフン）］

西洋医療では治癒しない心身の不調等への対処として，最も頻繁に行われる

〈招魂〉は，なんらかの力（力の主が明らかにされる必要はない）によって，病人から切り離された霊魂を呼び戻す儀礼である．手順はまず，家族や巫師が，五色の紙に娃娃の「かたち」を切って木棒の先につけた道具〈丹青（タンチン）〉を作る．それで病人の患部をなでて邪気を紙の娃娃に移し，戸外の辻まで運んで焼却することで，別所へと移送する[17]．その後，一人の家族（病人が子どもの場合はその母）が「○○（病人の名）回来（フイライ）（戻ってこい）！」と繰り返し叫び，両手に箒と籠を持ってさも何かあるものをかき入れるかのような身振りをしながら，戸外と窰洞の中を巡回する．その声に対して，屋内で待つ他の家族が「回来了（フイライラ）（戻ってきた）！」と大声で呼応する．延々と続くこの声の応酬をもって，周囲を彷徨っている病人の霊魂が呼び戻されると，身体の調子の回復が実現するといわれる．

招魂の儀礼ではとりわけ声が重視され，陝北の巫師は「子を呼ぶ母親の声は千里に届く」と語る．いうなれば，身振りとともに「声振り」（大森 1981：85）——生動する声のもつイメージ＝力——によって，不可視の力に対する必死の接触，触知が試みられるのである[18]．さらに，より症状の重い病に対する〈過関（グオグアン）〉では，陰陽の境の接合・離接とそこにおける力の移動を，より直接的な身体や「もの」の移動によってイメージ化するような儀礼行為が展開される．

［事例 3：過関］

B 村の廟会では，知的障害のある兄弟の子どもの〈毛病（マオビン）〉（この場合は慢性的な症状を指す）を治療するため，廟で〈過関〉（関越え）の儀礼が行われた．廟の中庭の土の地面に，人の一生に 32 箇所あるという関に見立てた三つの木製の輪が設置され，儀礼の準備が整えられる．まず始めに，巫師が三連の輪の間を弓矢で射抜くことで，陰間への「戸」が開かれた．その後，天から遣わされた鳳凰に見立てた雄鶏と包丁，箸や碗に入った水（〈長命水〉と呼ばれる）等の祭祀品と，2m ほどの腰縄を巻きつけられた病児が，順に三つの輪をくぐらされる（図 3）．一連の輪くぐりが前後の方向に各 3 回繰り返され，最後の輪を抜けた直後，子の腰縄が厄とともに大きな秣（まぐさ）切りの刀歯で押し切られると，陰陽両間の交通路が断たれる．うち一人の少年

図 3●〈過関〉儀礼で三つの輪をくぐらされる病の子ども

は自力では立てない状態にあったが，周囲の大人たちに支えられ強引に立たされることで，縄の切り離しの際に，その霊魂が陰間に持ち去られなかったことが明示された．続いて母，少年を抱えた祖父の順に，廟の正面に配された二つの香炉の間を 8 の字に 3 回まわった後，（事例 2 と同様の）招魂が行われた．

このような巫師が関わる治療儀礼では共通して，神楽鈴（かぐらすず）に似た道具が小刻みに振られ，土壁に反響するシャンシャンと鳴り続ける鈴の音で空間が満たされるなか，人々は耳のみならず全身の肌で音の震動という「もの」に触れる[19]．ここにおいて参加者たちは，普段は人が住む陽間から，陰陽の境界空間＝多様な力が生動する力場への地平の切り替えを経験する．特筆すべきは，このような儀礼空間では，娃娃の切り紙の瞬く間の焼失や箸の重さ等の変化，幾重にも響き渡る声や音，輪くぐりの身体的動作の反復等がもたらす儀礼空間での陰陽の変調など，「もの」が「変異する出来事」を通じて，〈人ならぬ–もの〉の触知的なイメージ＝力が徴候的に現れるということである．言うまでもなくそのような力は，同一的で実体的な客体として「もの」をみる視角からは捉え難い．

「徴候」とは，精神科医の中井久夫によれば，「何か全貌がわからないが無視しえない重大な何かを暗示する」ことであり，一般に「不安」に際した人々にとって，世界は「徴候で埋め尽くされ，あるいは世界そのものが徴候化する」．徴候優位に「体験線」が切り替わると，「微かな変化」や「仔細な新奇さ」が大きい意味をもつように「私／世界が変化する」と，中井は論じる．また徴候が未来に関係するのに対して，「過去の何かを引き出す手がかり」（たとえば，プルーストのマドレーヌ）は「索引」と呼ばれる（中井 2004：26–34）．陝北のケースにあてはめて言えば，原因不明の災厄という「不安」に直面した人々は，その対処儀礼において，まさに全身を鋭敏に差し出して「徴候」的な変異を感じ取り，これまでに経験した生活空間における〈気〉の変調や，過去の儀礼における触知的イメージ等を，「索引」として重ね合わせる．このようにして，輪郭線も未決定なままに，畏れるべき漠然とした力としての〈人ならぬ–もの〉と人々との接触が図られるのである．

4　鬼への変化（へんげ）と孝子への変身——陝北の葬送儀礼

前節では，陝北の神鬼がある一面では，特定の人格に帰される手前で，「もの」の移動や空間の変異等を通じて，「ディナミスム」的力のごとくその存在を仄めかされることを論じた．これをふまえて本節では，陝北の葬送儀礼を，死者と残された生者それぞれの変身という両側面から，人々の感性的経験のあり様に着目しつつ考察していく．

中国の他地域と同様に陝北の葬礼においても，死者の子孫たちは，自らの身体を弔事・喪を示す白装束で包み込む．中国では，婚礼や長寿等の慶事は〈紅事(ホンシィ)〉，葬礼は〈白事(バイシィ)〉と称され，紅白の色は陰陽合一の儀礼のイメージ＝力として一対をなす．婚礼は端的には，陽気に長ずる男と陰気に長ずる女が結び合って子が生まれ，父系親族関係が継承されることを祈念する儀礼である．したがって紅事と対になる時，白事もまた同様の生殖に基づくシステムの変奏とみることができる．他方で，神への供物が黄色で示される際には，白は野鬼を含む鬼全般への供物の色となり，見えない両者の力がそこに在することを知らしめる作用をもつ．

2日間におよぶ白事は，死者の自宅窰洞と村内，〈山〉に掘られた墳墓を行き来しながら進行する．初日にはまず，親族による遺体の入棺が行われ，家の前庭にテント式の祭壇〈霊台(リンタイ)〉が設置される．ここに位牌と遺影，各種食物の供物と合わせて，死者が陰間暮らしで使う様々な日用品を模した紙製供物〈紙火(ジィフオ)〉が並べられる[20]．外からの参列者たちは色とりどりの紙製の花輪を持参し，香典の受付で〈挽聯(ワンリエン)〉（死者を偲ぶ対句とこれを献げた生者の名を記した白い短冊状の紙）を代筆してもらう．前庭にずらりと掲げられた挽聯が風にはためく光景は，その子孫の友人知人からの悲しみや悼みがいかに多く寄せられているかを人々に知らしめる．その後，主たる儀礼行為として，昼夜3回繰り返される葬列と，その合間に行われる子孫らによる叩頭と焼香，最終日の土葬と紙火の焼却，参列者による儀礼食の共食等が行われる．このような過程を経て，昨日まで人であった死者は陰間の鬼／祖先という〈人ならぬ-もの〉に，陽間に残った子孫たちは後述する〈孝子(シャオズ)〉の身体へと変化をとげていく．

鬼への変化

白事のなかでもとりわけ葬列は，現れては消える音・色・煙・光等の「変異する出来事」を通じて，非人格的な鬼の力がイメージ化される儀礼行為である．まずは爆竹の爆裂音によって，故人の陽宅（自宅窰洞）から陰宅（墳墓）に続く山路が，死者の魂の通り路として拓かれる．これに続く楽隊の音が現出させた〈路〉＝時空間を，子孫たちが並んで進みゆく．何にもまして日常の窰洞空間を白事の儀礼空間へと変容させる作用をもつのは，けたたましくかき鳴らされる葬礼曲の調べ，その哀愁を帯びたチャルメラの音色や銅羅が打ち刻む激しいリズムである．また葬列の道中では，神や野鬼の邪魔が入らぬよう，〈買路銭(マイルーチエン)〉と呼ばれる，銅銭に見立てて

図４●光によって現れる夜の葬列〈撒路灯〉の〈路〉

中央に丸穴を切った黄紙（神用）と白紙（鬼用）を撒き散す．宙に舞い地面に落ちた無数の切片群の色が〈路〉を占めることで，銭に群がる神鬼の現われが仄めかされる．

初日昼の葬列〈迎幛（インジャン）〉では，故人の霊を陰間へと誘う（いざなう）張り子の鶴〈迎魂鶴（インフンガー）〉を先頭に，子孫たちが位牌や遺影，紙火等を抱え，途中の辻々で土神に供儀をしながら村を一周する．陽が落ちると翌朝の出棺にそなえて，死者の魂に行く〈路〉を示す葬列〈撒路灯（サールーダン）〉が行われる．〈路〉の両側に棉花油を垂らして灯りをともし，白い紙を巻いた木棒〈哭喪棒（クーサンバン）〉を手にした子孫たちが列をなす（図４）．昨今は撒路灯に合わせ，主催者の経済力に応じて大小の花火を打ち上げることも多く，闇夜の天地に浮かび上がる光の〈路〉と，山々に木霊する爆裂音が，陰陽の境界空間を現出させる．

２日目の出棺の葬列〈出霊（チューリン）〉では，爆竹とチャルメラの轟音に導かれ，木棺および全ての紙火や供物類を抱えた子孫たちが並んで，墳墓に向かう山路を上る．墳墓に着くと地位や身分にかかわらず，全ての参列者がシャベルを持って土埃にまみれながら土葬を手伝い，巨大な石板で出入り口を封じた後，墓前で締めの〈焼紙（シャオジィ）〉（紙銭を燃やし献げる）が行われる．そしてついに，土盛りの上に供えられた全ての紙火類に火が点けられ，これらが燃え盛る火柱や煙と化して離散・消失することで，陰間への供物の移送の完了が示される．ひとたび陰陽の境界域に入ったこれらの「もの」は生者の生活空間への侵入を忌避され，供物類は燃え滓も燃えないペットボトル等も含めて持ち帰られず，全てが墳墓の周囲に放置される．子孫たちは墓前で白装束を脱ぎ捨て，故人の窰洞に普段着で戻って儀礼食を共にした後，それぞれの家路につく．ここにおいて陰陽両間は再び切り離され，死者は地中の陰宅に留まって陰間の鬼となり，天地に潜勢する大いなる力と化すのである．

孝子への変身

他方，子孫としての人の側に視点を移すと，白事の別面が見えてくる．帝政後期（1750～1920）から現代までの中国国家による「葬礼の標準化」を分析したJ. ワトソン（1994）は，中国各地の葬礼が画一的な実施手順をとるのは，それが親子や夫婦といった，生前（陽間）と死後（陰間）を通じた「生者と死者の継続する関係の具体的表現」であるからだと論じる．陝北の葬礼においても，ワトソンが示した「標準とされた儀礼」の手順がほぼ踏襲され，執拗なまでの「生者と死者のやり取り」が繰り返される．儀礼の準備から運営，埋葬までは，子世代の責務とされ，孫以降の全ての世代を含む子孫——祖先に対する良き子孫を意味する〈孝子〉と呼ばれる——がホストとなり，もっとも丁重に扱われる〈娘家（ニャンジァ）〉（妻方親族）をはじめとする客人を迎え入れる．孝子が身にまとう白装束〈披麻戴孝（ピーマーダイシャオ）〉は服喪の証とされ，頭に被る白布は〈輩份（ベイフェン）〉（世代の大小）と性別で結び方が異なるほか，子から孫へと世代を降るにつれて，胸につける〈紅布〉の面積が大きくなる．曾孫に至っては慶事を表す紅色の服を全身にまとい，その身体をもって一族の繁栄を顕示する．

図５●白装束を着て世代順に並んで供儀を行う〈孝子〉たち

孝子は，昼・夕・翌朝に，霊台に向けて焼紙と叩頭を繰り返す（図5）．この供儀において孝子たちは，喪服の形状や色の違いを目印として，輩份の序列を忠実に遵守することが求められる．白装束の孝子が霊堂の前で，適切な順に整列する光景は，子孫繁栄を孝子自身と他の参列者に印象づける，強烈なイメージ＝力である[21]．また，埋葬に向けた葬列においては，紙火類を抱えた孝子に続き，5m もの細長い麻の白布を頭上に掲げた列が作られる．女性親族たちが習わし通りに故人の名を泣き叫ぶ声が響き渡る一本の〈路〉を，祖先（遺影や位牌，遺体を入れた木棺）に連なり，親族一同が服喪を表す一筋の白線と化して上りゆく．この最後の葬列は，死者から祖先へ，子孫から孝子へのそれぞれの変身を実体的にイメージ化する最たる儀礼行為だと言える（図6）．

孝子にとっての白事は，帰宅後も続く．筆者が参列したある葬礼では，土葬の後に白装束を脱いだと同時に，孝子，特に長男は文字通り「孝」と書かれたバッチを普段着用する衣服の裏側等に取り付け，葬礼後 1 年間は身につけたまま服喪に徹すると語られた．さらに弔事のあった家の外門には，1 年目に白紙の挽聯，2,3 年目には地域によって緑や黄色等の〈春聯（チュンリエン）〉が貼り付けられる．通常の春聯とは毎年の春節（旧正月）時に紅紙に招福の対詩を書いて門に貼る正月飾りであるが，喪に服す家はこれを白から始めて徐々にその色調を変化させ，再び紅色が掲げられる時，3 年に及ぶ喪が明けるのを実感するのだという．

図６●出棺の葬列で白い布を掲げて墳墓までの〈路〉をゆく参列者たち

辞書によれば〈孝子〉とは，「孝行息子」や「親の喪に服している子」を指すが，この両者はいわば同義である．これは，道徳規範としての〈孝〉が，親を尊敬して孝養を尽くし，病を見舞い，身を立てること，親に直言・諫言すること，大往生を遂げさせること等の内容を包含する複合概念であることによる．〈孝〉は儒教の思想体系の起点となり，政治と緊密に結合して国家統一の基礎となった理念であり，その実践においては自己の身体は親の「遺体」とみなされるがゆえに毀傷せず保全すること，同時に親のためには自己の身体を毀傷するという犠牲をはらうことを教えられるなど，身体性が決定的に重要であることが指摘される（前川 2007）[22]．実際，陝北の葬礼においては，喪主である長男が娘家の親族に対して，いかに手を尽くして故人の最後を看取ったかを語る儀礼的な口上や，参列者が供する挽聯や紙の花輪の数，葬列の長さ等が子孫たちの立身出世の証左とされるなど，〈孝〉の実践とも呼べる場面が散見される．子孫たちはまた，世代や性別で異なる色や形の喪服や喪章，世代順の拝礼といった，実体的な「もの」によって整序される各種儀礼の反復的経験のなかで，否応なく自己の身体を孝子のそれへと変身させるのである．

〈孝〉はまた，それが一人の身体の孝子への変身であると同時に，その個人を親／子，祖先／子孫等の明確に切り分けられた主体と化し，それら諸点の連結線によって，生殖に基づくシステムを形作る．〈孝〉の力線上では，祖先（過去）と子孫（現在，未来）は，主体としての〈人〉が生きる現在へと集約され，〈天地〉の時空間は〈人〉の地平へと取り込まれる．中国の歴史においては，このような連結線により整序される人々の生が，帝国の利に資する儒教的官僚機構の内に囲い込まれ，そこに支配と服従の権力関係が固定化されてきた（中島 2011）[23]．毛沢東の文革はある一面では，整序する連結線を束ねたこの権力関係システムの点の置き換えとみることもできる[24]．

本節における白事の儀礼空間に関する記述では，このような実体的な「もの」や点と化す〈孝子〉の力動と，「変異する出来事」のうちに徴候的に現れる〈人ならぬ-もの〉の力動を，便宜的に分けて論じてきた．だが，実際には両者は相対立するものではない．紙火を墓前に供えて煙と化す，爆竹やチャルメラの爆音が作る〈路〉で，子孫たちの葬列が一筋の白線と化すといった一連の儀礼行為では，鬼と孝子それぞれへの変身を表すイメージ＝力が，相互浸透しつつ重なり合う．同じく「孝子になる」こともまた，死者が全面的に祖先になることを意味しない．陝北の白事や災いの対処儀礼からは，鬼は人格的主体たる祖先になるというよりも，「全貌のわからない力」のままに天地に潜勢し，主体・客体化される点をすり抜け蠢くもう一つの力線として，人々の前に現れる様がみてとれる．

本論においてとりわけ重要なのは，〈人ならぬ–もの〉がそうしたイメージ=力として現れる余地がこの地に今も残されていることである．なぜならば，次節でみる生々流転する世界を描く剪紙の「かたち」は，このような天地に生動する非人格的力を，畏れと共鳴をもって取り込む経験と接合することによって生み出されると考えられるからである．

5 生生不息（シャンシャンブシィ）の剪紙——老女たちが描く生々流転する世界

第2節では，邪気除けのために窰洞の壁や戸に娃娃の切り紙を貼ることにふれたが，陝北の女性たちはこのほか，主に春節や婚礼等の慶事の飾りとして，紅紙に身近な，あるいは伝説上の動植物や人物を象った剪紙を作る[25]．特に老女が作る剪紙のなかには奇怪にも見える図柄が多く登場するが，それらの「かたち」においては，事物の〈本質〉を捉える「活きた」表現がめざされることが注目される（丹羽 2013）．そこでは単なる現実の〈写生〉，いわば自然の模倣（ミメーシス）ではなく，（干支の）馬が駆け抜ける疾風に化す地面の草葉のそよぎ，人の子の下半身が長く伸びて反り上がり，昇り龍の頭胴へと化す躍動といった力動をいかに表現するかが重視され，様々な「線描」が試みられる．

これに似た線の表現は，G. ドゥルーズとF. ガタリが『千のプラトー』において称賛した，中国の文人画家の詩書画にも見出される．彼らによって「自然の本質をなす線や運動だけを取り上げて，これを抽出」する極限まで切り詰められた「抽象線」（ドゥルーズ・ガタリ 2004：323）と称されたこの線を，インゴルドは連結線や事物の外形の輪郭をなぞる有機的な線と区別し，「ほとんど動詞のように扱うことのできる」線と論じた．インゴルドは，魚が泳ぐ動きを線で捉えようとするカンディンスキーの言にならい，「魚と線はともに内なる力によって生き生きとし（animated），その力は線的な運動の質に現れる」と述べる（Ingold 2013：135）．剪紙の「かたち」とは一面では，このような抽象線により，人間・非人間を問わず事物の力動を表現する媒体だといえる．

さらに，一部の老女たちが切り出す「かたち」は，インゴルドのいう（固定的ではないにしても）実体のある事物の運動の次元を超え出て，〈人ならぬ–もの〉の力線が絡み合う世界の現れそのものの描出へと向かう．例として陝北随一の剪紙の名手である高鳳蓮（ガオ・フォンリエン）（1936年生まれ）が，自宅窰洞の神位に貼った財神の「かたち」を見てみよう（図7）．高さん曰く，「財神の髭は，2匹の〈龍頭牛尾〉だ．両腕は2匹の足をもたない〈天龍〉（天を飛ぶ龍），官帽には足のある2匹の（地を歩く）龍．

官帽の左右に吊り下がる虎は，財神を助けて威信を保つ（〈扶助(フゥジュウ)〉と〈虎助(フゥジュウ)〉の音と意味を掛けている）」．黄土高原の農民たちは，牛を人々を助けるべく天公から地上に遣わされた神とみて敬意を払う．よって，頭部に龍頭，尾部に牛頭を備えた龍頭牛尾は，天地の神の力動を具現化する「かたち」で描かれねばならない．左右の下端の鳥らしき形は一対の鴛鴦(おしどり)であり，両脇の財をもたらす童子の身体は，兎等の多産の動物の雄雌の対（男女＝陰陽合一）の組み合わせからなる．

図７●文中の財神の剪紙と同図案を用いた高鳳蓮作の布堆画（パッチワーク画）

このような高さんの剪紙は，陝北では，〈死板(スーバン)〉（平板）な事物の形状ではなく，〈力量(リーリャン)〉と〈気勢(チィシー)〉を描くものと評される（劉 2002：48–49）．彼らの言う〈気勢〉とは，哲学者のF. ジュリアン（2004）が，中国のあらゆる領域（風水術，兵法の陣形，政治や歴史の推移，書画や詩作の表現等）に横断的に見出した〈勢(シー)〉という概念に通底する．〈勢〉とは「形状のなかに働く潜勢力」を意味し，上から下に転がる石や形を変えながら流れる水を典型とする，機能的な両極性の布置が交替しながら進展する趨勢と説明される．ジュリアンはまた，中国の書において「『形』をその勢いにおいて掴むというのは，形象をただの『形』ではなく，進行するプロセスとしてみるという意味である」と論じる．書の一文字一文字は「動きに変わる形と，形に変わる動き」であるという指摘はまさに，高さんの剪紙にもあてはまる．

「土神の曲がった髭は，知恵のある老翁のうつむいて曲がった身体だ」．高さんは，自身が切り出した土神の剪紙，その髭のゆるやかな曲線に杖をつく老人の陰影が重ねられた「かたち」について筆者に問われ，こう答えた．また黄河沿いの暮らしを描く大作では，きまって月と太陽が同一画面の左右に配置され——高さん曰く，これも陰陽合一である——，人や動植物が入れ子やキメラ状に絡み合い，天と地の間で神々や伝説上の生き物らとともに縦横無尽に躍動する，黄土高原に生きる彼女自身の経験的世界が活写される．

このような剪紙の「かたち」は作り手女性たちによって，〈生生不息(シャンシャンブシィ)〉という語で言い表される．〈生生不息〉とは日本語でいう「生々流転」，万物が絶えず生まれては変化して移り変わることを意味する．彼女たちの剪紙が「陰陽合一」と語られ，多産や子の成長・出世などの切なる願いが込められているからといって，その「かたち」を（一般的な伝統図案の解釈に準じて）単なる男女の睦み合いや子孫繁栄の意に囲い込むべきではない．なぜなら子孫繁栄とは，「生者と死者の（供物の）やりとり」にも端的に見られる，生殖に基づき各々の主体を点でつないで整序する線だからである．本章のはじめに，中国における陰陽の〈気〉とは，特異点に達すると他方の極に向けて不断に変化する対であり，生々流転する世界の像を形作る原理だと述べたが，高鳳蓮をはじめとする老女たちが描こうとするのはむしろ，このような非人格的・非主格的な諸力の動き，〈気勢〉だといえる．剪紙はそのような意味で，不断に「かたち」を変えてやまない世界を構成する力線の，叙述語的な現れであると考えられる．

6 まとめに代えて

本章では，陝北における各種の儀礼や剪紙の考察を通じて，〈人ならぬ-もの〉の力と人が，多様なイメージ化を通じて相互生成する仕方を論じてきた．陝北の老女たちの剪紙に表される，生々流転し続けるこの世界においては，人々は，「もの」の重さや移動，光・煙・音・色の現われ等の「変異する出来事」を通じて，陰と陽の時空間の変調や，人（神・物）格化する手前にある畏れるべき不可視の力の動きを，徴候的に感受する．他方，葬礼等の儀礼空間において，人は装具類や姿勢，行列といった実体ある「もの」と化し，自己の身体を孝子へと変身させる．それと同時に鬼もまた祖先となり，両者はともに連結する線上の一点と化して，〈孝〉のシステムへと束ねられる．

渡邊はその著書の中で漢民族の民俗宗教を概観し，鬼の「本然たる状態」は「変化（へんげ）」にあり，〈天地人〉のコスモロジーは「カオスの性質を携えて世界に漂う鬼」が，秩序あるコスモスの世界に編入されることで成立すると述べ，この世界の「秩序」は「祭祀いかんによる動態である」と論じた．この論の重心は，〈地〉に棲む死者の霊魂を〈祖先〉と〈鬼〉に切り分け，父系男性子孫が適切に祀り続けることで死者が〈祖先〉であり続けることに，〈天地人〉の棲み分けがかかっているとする点にある（渡邊 1991：189–190, 336–344，傍点は筆者）．これに対して本章ではむしろ，鬼の「変化（へんげ）」そのもの，鬼を秩序や構造に編入する力動とそれに抗するようなディナミスム的な力の現れを，人々の感性的経験の次元から捉えることを試みた．

以上の議論をまとめれば，黄土高原における〈人ならぬ-もの〉は，ときに〈孝〉

をはじめとする〈人〉の時空間に取り込まれ，ときに人間も非人間も生々流転する〈天地人〉からなる世界の地平に留まりながら，両者の間で揺れ動き，変化する力線として現れる，イメージ＝力だと言える．これを踏まえて冒頭の問いに戻れば，毛沢東が畏れ破壊しようとしたのは，「変化」を「本然たる状態」とする鬼が〈天地人〉の境域を蠢く世界，儀礼を通じて身体に刻まれた諸力の線が絡み合う，人々の多重的な生のあり様だったと言えるのではないか．

ところが昨今の著しい社会環境の変化に伴って，黄土高原の天地に生動する〈人ならぬ−もの〉の力は急速にその基盤を失いつつある．農村部へのコンクリート道路の敷設が急ピッチで進み，気候変動による雨量増加の影響で窰洞から地上の平屋への住み替えが後を絶たない状況にあって，黄土の大地のただなかで暮らしを営んできた人々の身体もまた，世代とともに変容を余儀なくされている．都市化が進む陝北各県の県城では，公共道路の妨害等を理由に旧来の葬列を禁じる動きがある一方で，紙火の供儀の豪奢化には拍車がかかっていると聞く．また近年，陝北の市街地に近い農村で巫師による招魂儀礼を調査したKa-ming Wu（2015）は，これを都市化等の社会変化に対する農民の抵抗実践として分析している．そして〈生生不息〉の世界を描く剪紙の「かたち」もまた，諸力が生動する陰陽の境を日常的に行き来していた老女たちが〈上山〉し鬼と化すにつれて，移ろいゆく運命にある[26]．

このような時代の趨勢を受けて，文革での「もの」の破壊をしても残り続けた，人と〈人ならぬ−もの〉の関係をつなぐ力線は脆く切断されるのか．あるいは別様の新たな力線に置き換えられるのか．天地人を行き交う力線によって描かれてきた，黄土高原に生きる人々の世界のありようは今，新たな局面を迎えている．

謝辞

本研究は，JSPS 科研費 08J10461，松下幸之助記念財団研究助成を受けた．また，中国陝北地域の調査協力者の皆様，執筆にあたり貴重なご助言をくださった本書の編者ならびに本共同研究のメンバー各位，本章の執筆時点で公刊前のご著書の原稿利用をご快諾くださった箭内匡氏に，心より感謝いたします．

注

1）本章の事例の記述は，2008〜2013 年に陝西省延川県と延長県の農村部で実施したフィールドワークにおいて，筆者が参加した葬礼や病送りの儀礼等の記録に基づく．

2）本章では，中国語の原語は基本的に初出時のみヤマカッコで括り，必要に応じてカタカナで標準中国語発音のルビをふる．ただし，強調や，同一漢字を用いる日本語の用語と区別する等の理由から，既出であっても中国語の用語にヤマカッコを用いる場合がある．

3）陝北人は，風邪で悪寒がする等の際には概して薬に頼らず，顔の額から体内の湿気・冷気・熱気等を吸引する〈抜罐〉（吸玉療法）を行い，身体全体の〈気〉〈血〉〈水〉の循環を促して陰陽バランスを整え，体調をコントロールする．

4）〈磕頭〉（叩頭）は，人が神や祖先に対して，また子から親，かつては臣下から君主に対して，忠誠と尊敬の念を表す拝礼姿勢である．西澤治彦（2016）は古代から現代に至る中国の坐法の変遷を辿り，皇帝制度を廃した中華民国が跪拝を放棄して以降，跪の姿勢が謝罪に特化されるようになり，文革期の反革命分子にこの姿勢が強いられたと論じている．

5）1987～1988年に中国東北地方でフィールドワークを行った聶莉莉（1992）は，調査村の「農家の家に保存されていたはずの族譜・家譜，祖先の位牌など」がほぼ全て文革期に焼失していたと記す．また潘宏立（2002）によれば，強力な宗族組織が存在した福建省南部地域においても，この時期，農業の集団化や宗族の共有財産の没収，祠堂の病院等への転用や祖先祭祀の中止により，宗族組織の解体圧力が強まったという．

6）陝北農村の行政村は隣接する2～3の自然村の集合を主とし，また自然村の名には「馮家山」「劉家溝」など，居住する主たる親族集団の姓と地形を示す語を合わせたものが多くみられる．

7）風選とは，種子を入れた箕を少し傾け，実入りの悪く軽い種子だけを風で飛ばすことによって，よい種子を残す選別作業を指す．雨乞い儀礼は筆者の調査時には行われていなかったが，井口淳子の論考（2000）には，1990年代後半に近隣の米脂県で行われた同儀礼の観察記録が詳述されている．

8）何彬（2013）は中国各地で20世紀前半に刊行された47の地方誌の定期祭祀に関する記載を比較し，陝北を含む華北地域では旧暦三月の清明節と七月の中元節に同じく墓参が行われるのに対して，東南地域では中元節は各家や祠堂に祖先を招いて祀る儀礼が中心であると論じている．

9）何による中国東南の墓と葬儀に関する民族誌（2013）は，「観念上」は「霊体一致」（霊魂は遺骨に残り続ける）とされ，「永遠に」墓参りを行うべきと言われる一方で，福州などの山の多い土地では「上祭三代」（自身の父・祖父・曽祖父の墓参り）または「上祭五代」でいいとされていると記す．また父親や祖父等といった「鮮明な個人的身分とイメージ」をもたれる「近い祖先」が，20年後には集合的で「曖昧な祖先たち」とされて，祠堂に置かれた各個人の位牌が「一枚の総位牌」に代えられること，その一方で親族制度上に「輩份（世代）」という「身分の印」がある限り，完全な個人の個性は失われないとされること等，興味深い指摘がみられる．

10）陝北の古老の話では，死者の名の刻印は地表の墓標ではなく，地下の墓穴の中で必要とされる．墓穴には木棺とともに，墓の主の名や人となりが筆書きされた磚——死者の〈档案〉（人事記録）のようなもの——を埋めて，地下に移った死者が悪鬼等に邪魔されることなく墓の土地を占有できるようにすると語られた．

11）2002～2003年に中国内外で発生し，多くの死者を出したSARS（重症急性呼吸器症候群）の流行時にも，窰洞の壁に娃娃の切り紙が貼られたという．またこれが鍋等に貼られる際には，嫁の家事の不得手を敢えて本人ではなく〈人ならぬ-もの〉の悪事とすることで，家族関係を円滑にする意図も垣間見える．

12）陝北では 12 歳以下の子どもは〈全魂〉の〈人〉ではないとみなされ，かつては親は銀製の鍵や大蒜を子の首からぶら下げて魂が抜けるのを防いだ．亡くなると遺体は〈山〉に置かれ，墳墓には埋葬されなかったという．12 歳を超えて〈人〉になると，祖先に対する服喪が認められる．

13）箭内（2018）は，「イメージ」という語を，ベルクソンの概念を下敷きに，人のみならず無生物をも含むあらゆる「X に対しての表れ」と定義している．「イメージ化」とは，多種多様なイメージが，「脱＋再イメージ化」を通じて，「様々な形に転生しつつ現れる」プロセスの全体を意味すると論じられる．

14）本書第 6 章で内堀基光は，「石がカミになる」現象を例にとり，論理上の主語や客語としてなんらかの実体が求められる「民間習俗の解説」と，宗教以前の出会いの経験において「カミ」が述語的に感得される感覚経験との断絶とその乗り越えをめぐり議論を展開している．

15）〈安土神〉は，異常な集団的災厄（流行病や若者の連続死，家畜の大量死等）が生じると風水師を呼び，土神の老齢化，あるいは窰洞建設中の負傷等による力の減退を診断理由として，新たな土神への据え替えを行うものである．この儀礼では風水の適地において，より力のある土神の祀り直しが行われる．また洪水等の災害をもたらす河の神の力は水の流れを移動しながら増減し，転生していくものとみなされる．

16）実際の唱え文句は次のようであった．「世を去った鬼，溺死した鬼，首を吊った鬼，出血死した鬼，土神や山の神，供儀されない鬼，神鬼に誤ってぶつかり死んだ鬼……（その後，祖先の個人名等が続く）．神ならば神の路へお戻りを．鬼ならば墓にお戻りを．よそ宅の鬼でも，うちの鬼でも悪さはよしとくれ．大人も子供も病人は難儀だ．度量が大きい神ならば小人を脅かすことなかれ」．この時の儀礼では，「まるで人が倒されないように懸命に踏ん張っているかのように」箸がなかなか倒れず，亡くなった彼女の父親の祖父の名を呼ぶと箸を持つ手が急に重くなったことから，原因となる力の主が同定された．またこの老女は，死んだ実母の墓参りが午後に遅れたときに孫娘に発疹があったのは，鬼になったその母（老女にとっての娘）の仕業だと推測した．

17）丹青に使われる五色は，五行思想における四方と中央の方角に在する神々を表す色とされ，安土神など各種儀礼でもこの色のセットの紙符が用いられる．

18）哲学者の大森荘蔵は，声とは手足の接触にも劣らぬ圧力や引力で人を押し引きし，手足の届かぬはるか彼方にまで届いて人に触れるものであり，人は身振りならぬ「声振り」をもって，「人に触れてその人に思いのままの事物や風物を立ち表すことができる」と論じる（大森 1981：85）．

19）音や匂いや味を含む，五感によって感知される存在によって構成される生活世界＝環境と人の関係を捉える方法論については，本書第 11 章の河合による論考も参照．

20）昨今は陰間暮らしをより便利で豊かにしようと，車や洗濯機，四合院式の別荘等，それまでの陽間暮らしにはなかった日用品を模した紙火が好まれる．紙銭や紙火等に関する先行研究には，その可触性あるモノとしての様態や儀礼における各種の品々の使い分けから中国人の他界観や霊魂観を論じるもの（瀬川 1986；Laing & Liu2004），紙火で作られるアイテムの変化や制作の産業化の調査から，経済発展における物質文化の影響を読み解くもの（Scott2007）等があり，総じてそこに表象される内容や象徴的意味が考察の中心とされてきた．

21）陝北の米脂県における葬礼を参与観察した栗原伸治（2000）は，祭壇に向けた叩頭が行われる際の整列について，その孫の世代の列を例に取り上げ，霊台（にいる死者）から見て左から次男，長男，三男，末娘の夫という並びに，左側の3人と右側の1人の間には血縁関係の有無による分節に対する左上位の秩序が，左側の3兄弟の間には中央，左，右という順の秩序があると分析する．

22）聶は中国東北地方の宗族に関する民族誌のなかで，儒教的な〈孝〉の理念が農民の観念に転化したルートとして，通俗的なパンフレットや〈説書（シュオシュウ）〉などの口承文芸を通して「二十四孝」の物語が人々に共有されたり，農村の私塾で儒教の経典が暗唱されたことを挙げており，これらは陝北にも通じる（聶1992：106）．現在も中国各地では地方政府等によって，自己の生活や仕事を犠牲にして老父母の世話や介護に献身する息子やその嫁を，〈十大孝子〉等と称し選評する活動が盛んであり，陝北の農村部でもしばしば，自薦他薦による孝子の表彰集会が行われている．

23）この生殖に基づくシステムを構成する連結線については，ドゥルーズとガタリが『千のプラトー』（2004）で提起した「点に従属する線」の議論および，中島隆博が同書に書かれた「帝国としての中国の線」を取り上げ，「国家と家族に向けて欲望を整序」するよう方向づけられた，多様なものを整序し，政治的・倫理的な帝国を構築する線と論じた記述に想を得ている（中島2011：174–175）．

24）金野純（2008）によれば，文革を含む毛沢東時代のプロパガンダ活動では，毛沢東は単なる政治家としてではなく，「パターナリズム（父親的温情主義）的な象徴」として描かれたという．

25）前著『ものの人類学』の拙稿（丹羽2011）では，正月飾りや婚礼の装飾として用いられる剪紙という「もの」の使用と制作の局面を取り上げ，それが記号化と物質化のあいだを行き来しながら生成・消滅・再生を繰り返す過程について論じた．また高鳳蓮による，下描きなしに鋏でかたちを作り出す制作技術についても同稿を参照されたい．

26）拙稿（丹羽2013，2015）では，陝北における剪紙の〈民間芸術〉化や無形文化遺産化に関する議論のなかで，文革時の紅衛兵世代以降の作り手と，それ以前の老女たちの作る「かたち」の違いや変容について，指導者や作り手の制作過程や語り等から考察を試みた．現在では，2017年に〈上山〉した高鳳蓮をはじめ，文革以前からの作り手世代は，死去および目や手の衰え等を理由に，ほぼ剪紙制作から離れる状況にある．

参照文献

ドゥルーズ，G.・ガタリ，F.（宇野邦一ほか訳）（1994）『千のプラトー：資本主義と分裂症』河出書房新社．

潘　宏立（2002）『現代東南中国の漢族社会』風響社．

フリードマン，M.（田村克己訳）（1995）『中国の宗族と社会』弘文堂．

廣瀬玲子（2015）「総説」廣瀬玲子・本間次彦・土屋昌明編『人ならぬもの：鬼・禽獣・石』

法政大学出版局，1–14 頁．
井口淳子（2000）「雨乞い：村の再生をかけた祈りとうた」深尾葉子・井口淳子・栗原伸治『黄土高原の村：音・空間・社会』古今書院，89–106 頁．
Ingold, Tim（2013）*Making: Anthropology, Archaeology, Art and Architecture*, Routledge.
ジュリアン，F.（中島隆博訳）（2004）『勢　効力の歴史—中国文化横断』知泉書房．
何彬（2013）『中国東南地域の民俗誌的研究：漢族の葬儀・死後祭祀と墓地』日本僑報社．
金野純（2008）『中国社会と大衆動員』御茶の水書房．
栗原伸治（2000）「住空間の秩序」深尾葉子・井口淳子・栗原伸治『黄土高原の村：音・空間・社会』古今書院，123–156 頁．
Laing, Ellen Johnston & Liu, Helen Hui-Ling（2004）*Up in Flames: The Ephemeral Art of pasted Paper Sclupture in Taiwan*, Stanford University Press.
前川亨（2007）「身体感覚としての孝：二十四孝と宝巻にみる孝の実践形態」土屋昌明編『東アジア社会における儒教の変容』専修大学出版局，133–216 頁．
中井久夫（2004）『徴候・記憶・外傷』みすず書房．
中島隆博（2011）「他のものになることの倫理：ジル・ドゥルーズと中国」『共生のプラクティス』東京大学出版会，160–181 頁．
聶莉莉（1992）『劉堡：中国東北地方の宗族とその変容』東京大学出版会．
西澤治彦（2016）「跪拝の誕生とその変遷」伊東貴之編『「心身／身心」と環境の哲学：東アジアの伝統思想を媒介に考える』汲古書院，285–304 頁．
丹羽朋子（2011）「かたち・言葉・物質性の間：陝北の剪紙が現れるとき」床呂郁哉・河合香吏編『ものの人類学』京都大学学術出版会，25–46 頁．
――――（2013）「馮老師の描画レッスン：ある中国人画家の「表現」的人類学」『超域文化科学紀要』18：103–122.
――――（2015）「〈窓花〉から〈剪紙〉へ：中国・陝北農村における女性の主体化の系譜学に向けて」『アジア・アフリカ言語文化研究』90：5–27.
大森荘蔵（1981）『流れとよどみ：哲学断章』産業図書．
Scott, Janet Lee（2007）*For Gods, Ghosts, and Ancestors: The Chinese Tradition of Paper Offerings*, University of Washington Press.
瀬川昌久（1986）「紙銭・紙衣・符：紙製祭祀用品を通じて見た香港中国人の宗教生活」『物質文化』46：17–34.
――――（1996）『族譜：華南漢族の宗族・風水・移住』風響社．
瀬川昌久・川口幸大編（2016）『〈宗族〉と中国社会：その変貌と人類学的研究の現在』風響社．
孫暁忠・高明編（2012）『延安郷村建設資料 3』上海大学出版社．
箭内匡（2018）『イメージの人類学』せりか書房．
渡邊欣雄（1991）『漢民族の宗教：社会人類学的研究』第一書房．
――――（2017）『術としての生活と宗教：漢民族の文化システム』森話社．
ワトソン，L. ジェイムズ（1994）「中国の葬儀の構造：基本の型，儀礼の手順，実施の優位」ワトソン，G. L.・ロウスキ，E. 編（西脇常記ほか訳）『中国の死の儀礼』平凡社，17–32 頁．

Wolf, Arthur P.（1974）“Gods,Ghosts,and Ancestors.” Arthur P. Wolf（ed.）*Religion and Ritual in Chinese Society*, Stanford University Press, pp. 131−182.

Wu, Ka-ming（2015）*Reinventing Chinese Tradition : The Cultural Politics of Late Socialism*, University of Illinois Press.

第 9 章

田中雅一

〈ひとでなし〉と〈ものでなし〉の世界を生きる

──回教徒とフェティシストをめぐって

KEY WORDS

アウシュヴィッツ, ホロコースト, フェティシズム,
商品カタログ, ゾンビ

1　人とものとの否定的な関係

文化人類学の視点と対象は近年大きく変貌しつつある．人間社会が主たる研究対象であることに変わりはないが，生物やものの世界，すなわち人間以外の世界と人間との関係を，人間中心の視点をずらす形で議論しようという傾向が強くなっている．しかし，それによってヨーロッパ社会が獲得した人間中心の視点（ヒューマニズム）の精神を拒否し，中世的な神や呪力中心の観点や神秘主義に戻るべきではあるまい．この点を念頭に，本章では人のもの化を典型とする人とものとの否定的な関係について考察したい[1)]．具体的には，まずアウシュヴィッツを典型とするナチスの強制収容所に出現したムーゼルマン（Muselmann），いわゆる「回教徒」について考察を行うことで，極限状況における人間の（不）可能態を明らかにしたい．つぎに複数技術の発展がものに与える影響の一つとして「もの性（materiality）」が剥奪される状況を指摘し，それがわたしたち自身の変貌をもたらし，フェティシストたちの増殖を可能にしていることを明らかにする．そして，人間の「非-人間化」とものの「非-もの化」，さらにそれが生み出す人間の変貌が交錯するもつれ（エンタングルメント）を現代社会の特徴と捉えることで，異文化のエキゾティックな事例による欧米的な人間中心主義批判にとどまらず，現代社会の批判的営為としての

もの研究の現代的意義を論じたい.

2　アウシュヴィッツの回教徒〈ひとでなし〉の出現

ホロコーストとアウシュヴィッツ

ホロコースト（The Holocaust）とは第二次世界大戦中，ナチスドイツの占領地域で生じたユダヤ民族の虐殺を意味する．もともとはユダヤ教の「燔祭」（passover：犠牲獣を丸焼きにして神に供える儀式）を意味するギリシア語で，のちに大虐殺などに使用されることになる[2)]．この言葉が定着するのは，1978年に同名のテレビ番組がアメリカで放映されてからである．

1933年にナチスが政権を獲得すると，ドイツ国内にいるユダヤ人への迫害を開始する．ユダヤ人たちはまず，自由な移動を制限され，都市部に設けられたゲットー（ghetto）と呼ばれる区画に追い込まれ，さらにそこから強制収容所に送られていった．狭いゲットーの人口密度は高く，食料も不足し衛生状態も悪かった．このため，ゲットーにおいても多くのユダヤ人が病気や飢餓のせいで亡くなっている．

収容所では，毒ガス（チクロン β）や一酸化炭素，排気ガスで組織的にユダヤ人たちが殺害されていった．ホロコーストの犠牲者はおよそ600万人と言われる．犠牲となったのは，ユダヤ人だけでなく，シンティ・ロマ（Sinti & Roma：ジプシー），同性愛者，精神障害者なども含まれる．もっとも有名な収容所であったアウシュヴィッツ（Auschwitz：ポーランド語 Oświęcim オシフィエンチム）ではおよそ100万人のユダヤ人のほかに，シンティ・ロマ，ソ連軍の捕虜，非ユダヤ系ポーランド人の政治犯たち10万人が殺されている（図1）．

中心地からおよそ5キロ西に位置するアウシュヴィッツ第一収容所が1940年6月に，さらに3キロ離れて絶滅収容所（Vernichtungslager）ビルケナウ（Birkenau：ポーランド語 Brzezinka ブジェジンカ，アウシュヴィッツ第二収容所）が1941年10月に開設された．その後，第三収容所としてブナ・モノヴィッツ収容所が建設された．これは巨大な工場群の労働者を収容するものだが，現存しない（図2，図3）．

ヨーロッパのユダヤ人たちは，一つの貨車に数百人が押し込まれ，長時間かけて絶滅収容所へと移送された．絶滅収容所の荷役ホーム（ランペ）に着くと，貨車の入り口が開けられ，移送中に死んだユダヤ人の遺体を運びおろし，さらに自力で歩けない者が殺害され，歩けても労働に適さないとみなされた老人，女性，子供たち，病弱な者はそのままガス室へと誘導され，遺体は隣接する焼却炉に運ばれ焼かれた．

図 1 ●アウシュヴィッツの所在地

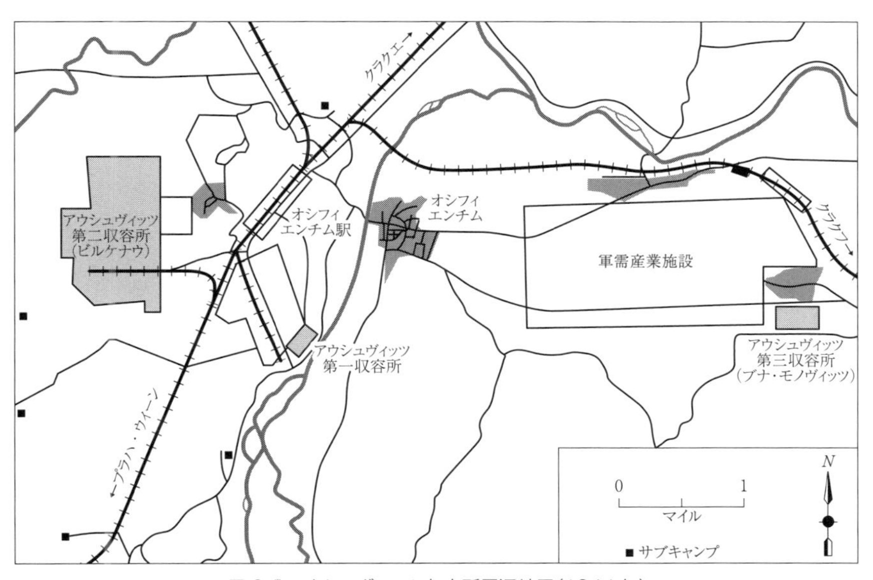

図 2 ●アウシュヴィッツ収容所周辺地図(1944 年)

図3●ビルケナウ絶滅収容所 （筆者撮影 2015年）

アウシュヴィッツでは，貨車から降ろされて直接ガス室に送られたユダヤ人は4人に3人の割合だった．労働に適すると選別された人々の多くもガス殺から免れなかった．彼らは死を「分割払い」（クノップ 2004：268）しただけだった．

アウシュヴィッツでは番号の刺青（タトゥー）が実施され，収容者については詳細な目録が作成された（後述）．所有物は剥奪され，死後には金歯が抜き取られた．女性の場合髪を剃られ，軍事利用されている[3)]．

回教徒――歴史/物語も顔もない人々

生存を許された収容者は飢えや伝染病によって体が弱り，後に「回教徒」と呼ばれる存在になる．回教徒とは，収容所などで衰弱し殺戮を待つだけの存在になった人々で，その名の由来は祈りを捧げる時のイスラーム教徒に似ているからである[4)]．1943年にブナ・モノヴィッツに送られてきたイタリア人，プリモ・レーヴィによると，「何週間かしたら近くの収容所で一握りの灰になってしまい，記録簿に印つきの登録番号しか残らない」（レーヴィ 1980：105–106）存在のことである．もう少し彼の言葉に耳を傾けることにしたい．

打ち負かされるのは一番簡単なことだ．与えられる命令はすべて実行し，配給だけ食べ，収容所の規則，労働規律を守るだけでいい．経験の示すところでは，こうすると，良い場合でも 3 ヶ月以上はもたない．ガス室行きの回教徒はみな同じ歴史を持っている．いや，もっと正確に言えば，歴史がないのだ[5]．川が海に注ぐように，彼らは坂を下まで自然にころげ落ちる．収容所に入って来ると，生まれつき無能なためか，運が悪かったか，あるいは何かつまらない事故のためか，彼らは適応できる前に打ち負かされてしまう．彼らは即座に叩きのめされてしまうので，ドイツ語を学んだり，規則や禁制の地獄のようなもつれあいに糸口を見つけたりすることもできないうちに，すでに体は崩壊し，何をもってしても選別や衰弱死から救い出せなくなっている．彼らの生は短いが，その数は限りない．彼らこそが溺れたもの，回教徒（ムーゼルマン）であり，収容所の中核だ．名もない，非人間のかたまりで，次々に更新されるが，中身はいつも同じで，ただ黙々と行進し，働く．心の中の聖なる閃きはもう消えていて，本当に苦しむには心がからっぽすぎる．彼らを生者と呼ぶのはためらわれる．彼らの死を死と呼ぶのもためらわれる．死を理解するにはあまりにも疲れきっていて，死を目の前にしても恐れることがないからだ．（強調傍点は田中による．（レーヴィ 1980：106–107））

レーヴィはこのように述べた後，「顔のない彼が私の記憶に満ちあふれている」（レーヴィ 1980：107）と記す．歴史（物語）もなく，顔もなく，生きているのか死んでいるのかさえわからない存在が回教徒なのである．彼らは，生ける屍であり，ミイラ人間であり，歩く死体である（アガンベン 2001：69）．それだけではない，誰も彼らを見ようとしない(アガンベン 2001：64–65)．死体は見慣れていても，回教徒は新たに出現した生者／死者なのである．収容施設において回教徒は例外的な存在ではなかった．多くが回教徒となってガス室に送られたからである．これに対し，生き延びることができたのは手に職を持っている者，医者のように専門知識のある者，時に狡猾に立ち振る舞い，収容所の権力者から一目置かれる者などであった．しかし，彼らとて 1945 年になって解放されるまで生き延びたのはほんの一握りであった．

アガンベンは，その書物『アウシュヴィッツの残りのもの』（1998 年）で同じ箇所をレーヴィの書物から引用しながら，回教徒について考察を加えている．そこで彼が主張するのは，アウシュヴィッツを典型とする収容所が生と死の二項対立からなるというのではないということの発見であった．

死の収容所であるよりもまえに，アウシュヴィッツは，生と死を越えたところでユダヤ人が回教徒に変容し，人間が非–人間に変容するという，これまで考えられたこともない実験場である．回教徒が何者であるのか，あるいは何物であるのかをまず理解するまでは，……（中略）……わたしたちはアウシュヴィッツがなんであるのかを理解することはないだろう．（アガンベン 2001：67）

図4●アウシュヴィッツ強制収容所の監視塔と防空壕（筆者撮影2015年）

では，アウシュヴィッツとは何か．それは，「死の生産」あるいは「死体の製造」を通じて，人間の（固有の）死を認めない場所，死の尊厳さえ否定される場所である．アウシュヴィッツとは，「あらゆる尊厳の倫理の終焉と破壊，そして規範への適合の終焉と破壊」を告げる場所であり，「なにものも必要とせず，なにものも適合しない」（アガンベン 2001：90）．

回教徒とは，生と死の神聖不可侵性という人間性を失った存在，「執拗に人間としてあらわれる非–人間なのであり，非–人間的なものと区別することのできない人間的なもの」なのである（アガンベン 2001：108）

アガンベンは，『ホモ・サケル：主権的権力と剥き出しの生』（1995年）で，ローマ時代の法体系を扱い，そこに親殺しなどの罪を犯した「ホモ・サケル」すなわち聖なる人間と呼ばれる存在に注目する．ホモ・サケルは既存の法的秩序の外にいて（排除され），これを殺害しても罪を問われることはない．アガンベンはホモ・サケルの生を「剥き出しの生（ゾーエー）」と呼び，「社会的生（ビオス）」と対比し，例外的状態とみなす．アガンベンは断定しているわけではないが（柿本 2005：480），この現代的形態を回教徒と考えてはどうだろうか．回教徒は，ナチスによる強制収容所という死の生産工場[6]で生まれた非–人間であり，すでに死んでいるが生きている（非–）人間のあり方をわたしたちに突きつけている．しかし，回教徒は，わたしたちの生に無縁の存在ではない．それはわたしたち一人一人が向き合う必要のある剥き出しの生のあり方——本章の言葉で言えば「ひとでなし」の状態——なのである[7]．収容所における人間統治の方法が，戦後さまざまな形で国家システムに採用されていった．つまり，回教徒は一見何不自由なく見えるわたしたちの日常生活に潜む（非–）人間の可能態を示唆していると考えられるのだ．わたしたち自身が顔のない，歴史（物語）も持たない人々として生産かつ統治されているのである．

刺青によるアーカイヴ化[8)]

生存を許された収容者が，生きながらにして死を経験するのは，しかしながら，餓えや伝染病によって体が弱り，後に「回教徒」と呼ばれる存在になるはるか前，すなわち番号を腕に彫られたときであったということにも触れておく必要がある．この刺青はアウシュヴィッツにおいてのみ実施された．

二つ事例を紹介しておく．最初の証言は男性，二つ目の証言は女性である．

> 腕を伸ばすと，彼らは番号を刺青しました．……B-4990，番号が刺青されると，親衛隊員が私のところにきて言いました．「この番号がどういうことかわかるな？」私は答えました．「いいえ」「じゃあ，教えてやろう．おまえはもう，人間じゃないんだよ」（強調傍点は田中による，ベーレンバウム 1996：308-309）

> 人々は家畜のようにアウシュヴィッツへ運ばれた．今また，家畜のように番号をつけられた．「このときから，わたしたちは人間でなくなりました」．（強調傍点は田中による，クノップ 2004：272）

刺青とともに収容者の個人カルテも作成されている．現在アウシュヴィッツ博物館には 5309 枚のカルテが保管されている．そこには，名前，家族・近親者名，学歴，生誕日，住所，身体的特徴，犯罪歴などの詳細が記されている．

このようにアウシュヴィッツでは収容者の身体に番号が刻印され，詳細な個人カルテが作成された．番号が左前腕に彫られ，番号で呼ばれることになったとき，上記の二人は「人間でなくなった」．ひとでなしが生まれたのである．ユダヤ人の父を持つ，フランスのアーティスト，クリスチャン・ボルタンスキーは，「人間の犯し得る最大の犯罪は殺すことではなくて，主体を物体に変えてしまうことだ」（ボルタンスキーの発言）と述べているが（ボルタンスキー＆グルニエ 2010：181），まさに生きながらにして物体にする事態が，アウシュヴィッツで遺憾なく発揮されたのである．人間でなくなった収容者たちは，労働機械であり，さらにはいつ殺してもおかしくない存在となり，その身体は死後もさまざまな形で利用されることになるのである．番号は，収容者の死を先取りしていたと言えよう[9)]．この点についてアルフェンは次のように述べている．

> アウシュヴィッツ-ビルケナウに到着すると，収容者たちは腕に番号を彫られる，こうしてアーカイヴの物体へと変貌するのだ．彼らはもはや名前のある個人ではなく，番号がつけられたものである．公文書館や博物館のものと同じように，刻印を通じてものは

分類可能で，検索可能な要素となってコレクションを構成するのである．収容所に入ると，人々はまた，集団へと分けられる．……（中略）……固定した一連のカテゴリーに基づく選択と分類は，アーカイヴ活動や目録作成の基本なのである．（Alphen 2015：13, 2014：209）

身体に番号を刻印し，最小限必要なカルテを準備し保存するという過程を通じて人間は人間ではなくなる．人々は，番号となり，その番号に対応するカルテに記載された属性のみの存在となるのである．アウシュヴィッツにおいて実施されていた収容者のアーカイヴ化も回教徒化も，生権力という観点から見れば連続した統治の過程ということになろう．そして一見前者が一般的で，後者は例外的である，という考えこそ再考しなければならないのである．

3　複製技術とフェティシズム——〈ものでなし〉の出現

商品カタログ

つぎに，人からものへと考察の対象を移すことにしよう．人間を取り巻くものの多くは，人間が作り出した人工品か，加工されていない場合は人間生活に有用なものとして資源化されたものである．現代社会において，私たちが出会うものの多くが商品として販売されている．わたしたちは消費者としてこれを購入する．それを自分で使うか，人に贈るかは自由である．この商品を代表とするものとわたしたちを結びつける関係は，第一義に商品の機能によって規定される．また，より広義には意味によって規定される——このブローチは亡き母が着用していたのとそっくりだったので購入した，など．もちろん，商品でも人工物でもないもの，たまたま拾ってきた石や貝殻が身の回りにあるかもしれない．それでもこれらには，綺麗だとか珍しいとか，思い出の品など，何らかの意味が付与されている．

ものと人との機能的あるいは意味論的な関連性が存在するという事実を否定するのは困難に思われる．しかし，写真や映画などの複製技術が発達すると，ものそのものよりもののイメージが大量に氾濫することになり，それがわたしたちとものとの関係にも大きな影響を与えている．

ここで商品の写真が掲載されている商品カタログについて考えてみよう．商品カタログは，南北戦争後の合衆国で通信販売会社とともに誕生する．1872 年にモンゴメリー・ウォード社，1886 年にシアーズ・ローバック社が創設されている．ともにシカゴを拠点に農民たちを顧客に商品を販売した（図5）．もののみがカタログ化されて，わたしたちの目の前に商品として現れると，わたしたちとものとの関係も大きく変貌する．それはもはや身体の延長としての道具の世界を暗示するのではなく，あくまでイメージの集積あるいは羅列でしかない．そこでわたしたちに求められるのは「見る」という知覚・行為である．

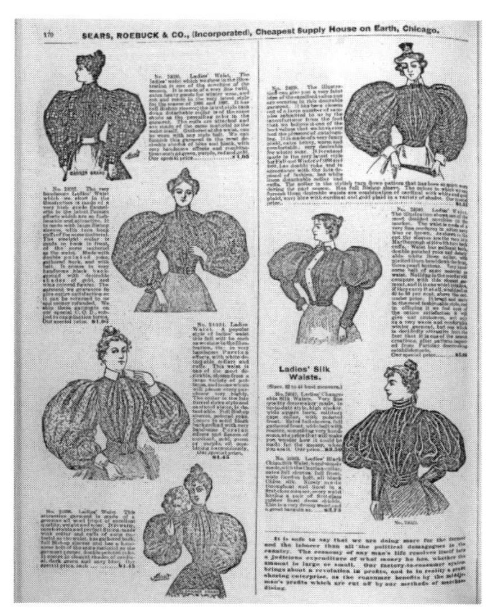
170 SEARS, ROEBUCK & CO., (Incorporated), Cheapest Supply House on Earth, Chicago.

Ladies' Silk Waists.

図５●シアーズ 1896 年カタログよりブラウスのページ

https：//genealogylady.net/2015/05/30/fashion-moments-the-shirtwaist/sears-catalog-1896/（最終閲覧日 2017 年 10 月 3 日）

店頭で実際に品物を手に取ってみることと，カタログで大量の商品写真を見ることとでは，身体感覚が大きく異なる．カタログ化は，商品の厚み（物質性）を抹消するだけでなく，わたしたちの身体をも視覚中心の存在へと変貌させることになる．こうして，写真の向こう（ものの物質性）とこちら（消費者）の両側で物質と身体の喪失が生じる．カタログのページをめくる消費者の視線は，ものの外側あるいは奥に向かうことはない．それは商品から商品へと移動しながらも，あくまで表面に留まることになる．商品カタログの商品は脱物質化されるのである．

ものと世界との関係は，なによりもものの道具的な性格によって決定していた．身につけている時（たとえばアクセサリー），タンスの抽き出しにきれいにたたまれてならんでいる時（たとえば下着），あるいは食事で使用される時（たとえば食器），ものは「世界」になじんでいると言える．しかし，類似の，複数のものが格子状に並べられる時，あるいはスマートフォンの画面に次々と流れるように商品が浮かび上がる時，それは，わたしたちがなじんできたものとは異なる存在へと変貌する．本来ものを規定している道具性と密接に関係する文脈が剥奪されるのである．ものは世界から疎外され，「居場所」を喪う．

物質性や文脈の否定によって商品は，それが本来規定していた道具性や意味連関をも否定される．こうして商品は，「剥き出しの生」（アガンベン 2007）ならぬ「剥き出しのもの（のイメージ）」として，すなわち「ものでなし」としてわたしたちの眼前に現れる．このものでなしは，現在のインターネットでの通信販売のあり方を考えると無数に存在することになる.

もちろん，これはあくまでイメージの世界であって，実際に使用するものは十分に道具性や意味を保持しているのではないか，という疑問も生じるかもしれない．わたしはそのような可能性を否定するわけではない．商品カタログで選んでも，届いたものがかけがえのないものへと変貌することを否定できないからだ．しかし，消費社会と高度な複製技術との連携は，これまで想定できなかったものの世界，すなわち「ものでなしの世界」を出現させていると言えないだろうか．このものでなしの世界は表象の世界にとどまらない．この点を明らかにするために，次節ではフェティシズムについて説明したい.

フェティシズムとは?

一般にフェティシズムは，三つの領域で使用されてきた[10)]．それらは，宗教領域における宗教フェティシズム（ド・ブロス），経済領域における商品フェティシズム（マルクス），性的領域に結びつく性的フェティシズム（フロイト）である．歴史的には，宗教フェティシズムがフェティシズムの起源であり，崇拝対象としてのフェティッシュはしばしば呪物や物神と訳されてきた．商品フェティシズムは，マルクスが『資本論』第一巻（1867年）で，資本主義社会における商品とそれを生産する労働者との価値の転倒を揶揄した概念である．また，性的フェティシズムは，ビネ（「愛におけるフェティシズム」1887年），クラフト＝エビング（『性的精神病質』第四版，1889年），そしてフロイト（『性理論三篇』1905年）によって注目される，身体部位や下着などへの性的嗜好である.

3種類のフェティシズムに共通に認められるのは，「真実」が否定あるいは隠蔽されて，代わりにあるモノがそうした真実や価値そのものとみなされているということである．つまり，フェティシズムとは「真理」の誤認とそのような真実に対する無批判的な態度を，フェティッシュは真理の代理物を意味する.

15世紀後半，フェティッシュはポルトガル商人と西アフリカの地域社会・文化との交流（交易）を通じて生まれた（ピーツ 2002)．商人たちは現地の崇拝物をフェティソと呼んだが，その意味するところはポルトガル語で魔術であった．その語源はラテン語の人工物を表し，ファルス（陽根），フェイク（偽物）とも類似する．その崇拝物とは，「歯，爪，木片，貝殻をはじめ，剣，鏡，玉，臼，首飾り」などであった（丸山 1988).

1602年に公刊されたピーター・デ・マーレの紀行文『西アフリカ・ギニア黄金王国あるいは黄金海岸の記述と歴史的説明』は，つぎのように記述している.

> 彼らは，小さな子どもが一ヶ月になったとき，身体に木の皮でできた網のようなものを着せる．そしてその網にたくさんのフェティソを付け，子どもの手，足，首にはビーズの紐を，髪の毛には小さな貝殻を付ける．そして，この網を身に付けているかぎり，子どもは悪魔に捕われたり，連れ去られたりすることはないと考えた．……（中略）……このように，彼らは多くのフェティソを持っていて，それぞれに固有の名前と効能があると考えている．（De Marees 1987：25）（訳は（村上 2009：46）に従う）

フェティッシュはポルトガルに代わって覇権を握ったオランダで蒐集が流行し，その後フランス語にとりこまれていく．1760 年に公刊されたド・ブロスの『フェティッシュ諸神の崇拝』においては，フェティッシュを崇拝する宗教がフェティシズムとされ，これは学術的用語として確立することになった（杉本 2010）．

ド・ブロスにとって，フェティシズムとは「真の神」以外のものを神的な存在とみなす宗教実践であった．そして，それはきわめて不合理なものであり，精神状態が（ヨーロッパ人にとっての）幼年の段階にあるアフリカ人にふさわしい実践だ，ということになる．

新たな商品フェティシズムの出現

今日商品フェティシズムと呼ばれる現象は，最初にマルクスが『資本論』第一巻第一章「商品」の第四節「商品のフェティッシュ的性格とその秘密」で指摘したものである．それは，本来人間の労働の産物であり，労働によって価値づけられ，したがって人間によって制御されるはずの「人間の手の生産物」あるいは「労働生産物」が，資本主義世界において商品として生産されるやいなや，こうした関係が逆転し，商品が「それ自身の生命を与えられて，相互に関係し，また人間とも関係する自立的なすがたをそなえているかのように見える」現象である（マルクス 2005：110–112）．この商品フェティシズムは，労働者が疎外されている資本主義社会のあり方を示唆し，紙幣において完成する．

民衆は，本来尊重すべきはずの労働力の代わりにその生産物にすぎない商品を崇めているというわけである．マルクスの議論を受ける形で，やすいは以下のように貨幣フェティシズムについて説明している．

> 貨幣の代用に出された紙幣になると，価値はまったくないのに，それが交換される貨幣の価値によって交換力が保証されているのです．そうすると単なる紙切れが，つまり物が価値であって，社会的支配力をもつという物神性の発展がみられます．それが不換紙幣になりますと，システム全体から交換力を保証されたなんの労働対価としての価値の

> 裏付けもない紙切れが物神となって君臨する物神性の極致になります．商品にしても貨幣にしてもほんらい労働の対価物であるところに価値の根拠があったはずですが，物を媒介した関係に置き換えられた結果，物がそれだけで価値をもつように扱われ，多くの富を積み上げたり，貨幣を積み上げたり，資本を牛耳ったりすることが自己目的化して商品・貨幣・資本の物神化が発展するのです．（やすい 1998：155）

ただし，現代社会における商品フェティシズムは，マルクスの言う労働価値との関係で理解するより，商品に対する欲望との観点から理解するほうが適切と思われる（Gamman & Makinen 1994）．この場合の欲望がフェティシズムなのである．

したがって，ここで問われなければならないのは，宗教でも経済でもなく，心理学的な意味で使用されているフェティシズムということになる．その際，重要なのが，ビネやエビングによる研究を引き継ぐ形で，フロイトが『性理論三篇』（1905年）で区別した「中間状態のフェティシズム」と「完全なフェティシズム」である．前者は，たとえば特定の色の髪をもつ女性にしか性的魅力を感じなかったり，愛している女性の下着などに関心があったりする場合である．それは「正常な愛」のヴァリエーションにすぎず，性器による結合を否定しない．これに対し，後者，すなわち病的な現象としてのフェティシズムは，その対象が「特定の人物から離れ，一般的な性目標となる」（フロイト 1997：59）．そして，それは性的結合をむしろ忌避する．病的な現象としてすぐに思い浮かぶのは，靴や下着泥棒である．これらは，フェティシズムを原因とする犯罪行為の典型であり，古典的事例と言える[11]．

わたしが注目したいのは，完全なフェティシズムにおいては，ものを取り巻く意味や歴史（由来）が，もはや重要ではないということである．このようなもの自体へのフェティッシュな欲望は，商品カタログにおいて典型的に現れるものの世界と親和的と言えないだろうか．商品カタログに見入る消費者全員がフェティシストというわけではない．しかし，商品カタログそのものというより，商品カタログを生み出す複数技術の発展がフェティッシュな欲望を満足させるような状況を生み出すと同時に，フェティッシュな欲望そのものをも生み出していると思われる[12]．フェティシストの世界を構成するさまざまなものにはもはや物語性も歴史も欠落し，「顔」さえないのである．それらはいつでも代替可能な存在としてわたしを取り囲んでいるが，そのわたし自身もまた代替可能な主体へといつのまにか変貌していると言えないだろうか．そして，この主体を回教徒と同じく「ひとでなし」と呼ぶのは言いすぎであろうか．

4 ゾンビ・回教徒・フェティシスト

圧倒的な暴力的統治の下で生ける屍となり，残された者に人間の（不）可能性を鋭く問いただしてきた回教徒という「ひとでなし」．複製技術の発展とともに様々な形で生まれている「ものでなし」．これらの間には何らかの関連が存在するのだろうか．たしかに，回教徒を生み出した強制収容所と商品カタログを生み出す後期資本主義の世界との間には何の共通点も認められないように見える．しかし，これら商品を生産する工場と死を生産する強制収容所の間ではどうか．労働者が商品を生み出すなかで自身も商品化されていく過程は，回教徒になる過程に類似している．しかし，これはマルクスが想定していた古典的な商品フェティシズムの過程である．本章で注目したのは，生産過程ではなく消費であった．回教徒の身体は，ガス室に送られた後部分的に利用され商品化される．この意味で回教徒は商品世界と連結している．あるいは強制収容所の収容者と同じく，現代の商品管理もアーカイヴ（データベース）化されていると言える．しかし，もっと重要なことは，さまざまな商品フェティッシュを購入しようと商品カタログをネットで見入ったり，ショッピングモールでときにウインドウ・ショッピングを娯しみ，ときに大量の商品を購入したりする消費者／フェティシストたちにこそ注目すべきであることだ．彼らこそものでなしの世界の住民なのだ[13]．したがってここですべきなのは，彼らと回教徒との間に共通点があるのだろうか，と問うことである．フェティッシュに囲まれて多幸感に溢れるフェティシストと飢餓に苦しむ回教徒との間に共通点などないように思われるが，はたしてそうなのか．

残念ながら，この質問に十分に答えられるとは思わないが，あえて述べるとするなら回教徒と現代の消費者／フェティシストを結びつけるのが，「ゾンビ」の存在である．回教徒をゾンビになぞらえる先例はすくなからず存在する[14]．死体が復活して食屍鬼となり人々を恐怖に陥れるというストーリーはよく知られているが，ゾンビは，ハイチのシンクレティックな宗教における死者復活の信仰と，フランス人の開拓農園で休むことなく働き続ける奴隷たち，フランス植民地下で生じた農民反乱の被害者たちが復活して抵抗を続けるというある種の集合的な幻想が混じり合って生まれた．だが，ハイチ生まれのゾンビ伝説が欧米に渡り，さらに映画化されることで，近代社会に特有の要素が加わる．これが郊外の巨大ショッピングモールという舞台である．「ゾンビ宣言」の著者たち（Lauro & Embry 2008）によると，ゾンビとは剥き出しの生を体現するとともに消費社会が生み出した消費者についての根源的な批判であるという[15]．フェティッシュと化した商品の前で深々と首を垂れる消費者／フェティシストたちは，まさに現代のゾンビ／回教徒と言えるのではないだろうか．そして，フェティシスト，ゾンビ，回教徒を他者化せず，自身との関係で連結する想像力こそ，わたしたちが現代社会を批判的に考察する重要な起点となるのである．

注

1）肯定的な関係については，本書第8章丹羽論文や第7章西井論文を参照．
2）ホロコーストについては（芝 2008）が詳しい．
3）靴下のほか，爆弾の点火装置，ロープ，細縄，マットレスの詰め物などに使われた（ベーレンバウム 1996：310）．アウシュヴィッツ博物館では毛髪でできた絨毯が展示されている．
4）「顔を垂れ，肩をすぼめ，顔にも目にも思考の影さえ読み取れない，やせこけた男」（レーヴィ 1980：107）．レーヴィやアガンベン批判を含む回教徒については柿本（2005）が詳しい．
5）アガンベンによる同箇所の訳では物語となっている（2001：54–55）．本章では併記することにしたい．
6）ある生存者は「実際のところ，焼却所は工場のようでした」と述べている（クノップ 2004：271）．
7）本書第5章湖中論文に東アフリカ難民たちと所有物との関係について言及し，後者が身体と一体となっていると論じている．それは，彼らにとって社会的生を構成する重要な要素であり，それを手放すような状況が生まれるとき彼らは剥き出しの生へと変貌すると考えることができよう．
8）本節は田中（2017a）においても論じている．
9）他に Petelycky（1999：17）などにも類似の記述がある．
10）フェティシズムについて詳しくは，田中（2009，2014）を参照．本節の一部もこれらに依拠している．
11）フロイトは，その後「フェティシズム」という論文でより複雑なフェティシズム論を展開しているが，これについては田中（2009）で論じているので，ここでは省略している．
12）本章では詳述できないが，厳密には複製技術の発展と結びついた，現代社会に顕著なフェティシズムとフロイトが想定している完全なフェティシズムとは区別すべきであろう．この点については田中（2014，2017c）を参照．
13）欲望はひとがものに依存／従属している状況でもある．ホッダー（Hodder 2012）に従えば，こうした関係こそエンタングルメント（entanglement）と呼ぶにふさわしい．この点については，本書序章も参照．
14）例として，（アスター 2011；Borowicz 2015；Muntean 2011；Petelycky 1999：27；Smith 2016）を参照．
15）他に（小泉 2013；新田 2004；Green, George & Wilkinson 2016；Schott 2011）を参照．ただし，初期のゾンビ映画『ホワイト・ゾンビ』（ヴィクター・ハベルリン監督，1932年）でゾンビは疲れを知らない工場労働者として描かれている．ハイチの農民から労働者，そして消費者，とゾンビの歴史自体人類社会の歴史を反映していると言える．

参考文献

アガンベン，G.（高桑和巳訳）（2007）『ホモ・サケル：主権権力と剥き出しの生』以文社.

————（広石正和訳）（2001）『アウシュヴィッツの残りのもの：アルシーブと証人』上村忠男，月曜社.

Alphen, E. van（2014）*Staging the Archive: Art and Photography inTimes of New Media*. Reaktion Books.

————（2015）List mania in Holocaust commemoration. In: Tanja Schult & Daiana I. Popescu（eds.）*Revisiting Holocaust Representation in the Post-Witness Era*. Palgrave MacMillan, pp. 11–27.

アスター，ジェラルド（広瀬順弘訳）（2011）『最後のナチ：メンゲレ』読売新聞社.

ベーレンバウム，M.（石川順子・高橋宏訳）（1996）『ホロコースト全史』創元社.

ボルタンスキー，C. &グルニエ，C.（佐藤京子訳）（2010）『クリスチャン・ボルタンスキーの可能な人生』水声社.

Borowicz, J.（2015）Holocaust zombies: mourning and memory in Polish contemporary culture. In: Tanja Schult & Diana I. Popescu（eds.）*Revisiting Holocaust Representation in the Post-Witness Era*. Palgrave MacMillan, pp. 132–148.

ド・ブロス，C.（杉本隆司訳）（2008）『フェティシュ諸神の崇拝』法政大学出版局.

De Marees, P.（1987）*Description and Historical Account of the Gold Kingdom of Guniea*. translated and edited by A.van Dantzig & A.Jones. Oxford University Press.

フロイト，S.（中山元訳）（1997）『エロス論集』筑摩書房.

Gamman, L., & Merja M.（1994）*Female Fetishism: A New Look*. London: Lawrence & Wishart.

Green, M., Daniel G., & Darryl W.（2016）The walking med: zombies, comics, and medical education. In: Lorenzo Servitje & Sherryl Vint,（eds.）*The Walking Med: Zombies and the Medical Image*. Penn State University Press, pp. 75–104.

Hodder, I.（2012）*Entangled: An Archaeology of the Relationships between Humans and Things*. Wiley-Blackwell.

柿本昭人（2005）『アウシュヴィッツの〈回教徒〉：現代社会とナチズムの反復』春秋社.

クノップ，G.（高木玲・藤山諄一訳）（2014）『ホロコースト全証言：ナチ虐殺戦の全体像』原書房.

小泉義之（2013）「デッドエンド，デッドタイムズ：一九七八年以来の現代思想における」『ユリイカ　特集ゾンビ』45（2）：197–203.

Lauro, S. J., & K. Embry（2008）A zombie manifesto: the nonhuman condition in the era of advanced capitalism. *boundary 2* 35（1）：85–108.

レーヴィ，P.（竹山博英訳）（1980）『アウシュヴィッツは終わらない：あるイタリア人生存者の考察』朝日選書.

マルクス，K.（今村仁司・三島憲一・鈴木直訳）（2005）『マルクス・コレクション4　資本論第一巻　上』筑摩書房.

丸山圭三郎（1988）「文化のフェティシズム」『世界大百科事典』平凡社，pp. 1945–1946.

Muntean, N.（2011）Nuclear death and radical hope in *Dawn of the Dead* and *On the Beach* In：Deborah Christie & Sarah Juliet Lauro（eds.）*Better Off Dead：The Evolution of the Zombie as Post-human*. Fordham University Press, pp. 81–97.

村上辰雄（2009）「宗教としてのフェティシズム／近代「宗教」概念理解への一つのアプローチ」田中雅一編『フェティシズム研究第1巻　フェティシズム論の系譜と展望』京都大学学術出版会，41–63 頁.

新田隆男（2004）「『ゾンビ』を〈消費文化〉のメタファーとして読み解く」鬼塚大輔・新田隆男編『プロが教える現代映画ネビゲーター』フィルムアート社，pp. 28–29.

Petelycky, S.（1999）*Into Auschwitz, for Ukraine*. The Kashtan Press.

ピーツ，W.（2002）「フェティッシュ」秋庭史典訳，ロバート・S・ネルソン&リチャード・シフ編『美術史を語る言葉——22 の理論と実践』ブリュッケ，355–371 頁.

Schott, G.（2011）Digital dead：translating the visceral and satirical elements of George A. Romero's *Dawn of the Dead* to videogames. In：Christopher M. Moreman & Cory James Rushton（eds.）*Zombies Are Us：Essays on the Humanity of the Walking Dead*. McFarland, pp. 141–150.

芝健介（2008）『ホロコースト：ナチスによるユダヤ人大量殺戮の全貌』中公新書.

Smith, D.（2016）The anorexic as zombie witness：illness and recovery in Katie Green's *Lighter Than My Shadow*. In：Lorenzo Servitje & Sherryl Vint,（eds.）*The Walking Med：Zombies and the Medical Image*. Penn State University Press, pp. 190–216.

杉本隆司（2010）「ド・ブロスの宗教起源論と言語起源の問題」『宗教研究』364：51–73.

田中雅一（2009）「フェティシズム研究の課題と展望」田中編『フェティシズム研究1　フェティシズム論の系譜と展望』京都大学学術出版会，3–38 頁.

———（2014）「越境するモノたちへ」田中編『フェティシズム研究2　越境するモノ』京都大学学術出版会，3–38 頁.

———（2017a）「ナンバリングとカウンティング：ポスト＝アウシュヴィッツ時代の人類学にむけて」渡辺公三他編『異貌の同時代：人類・学・の外へ』以文社.

———（2017b）「ランジェリー幻想：官能小説と盗撮，格子写真」田中編『フェティシズム研究3　侵犯する身体』京都大学学術出版会，309–334 頁.

———（2017c）「侵犯する身体と切断するまなざし」田中編『フェティシズム研究3　侵犯する身体』京都大学学術出版会，3–45 頁.

やすいゆたか（1998）「フェティシズム論あれこれ雑感（上）」やすいゆたか・石塚正英『フェティシズム論のブティック』論創社.

Column 3

伏木香織

音となったコトバ

インドネシア, ワヤン・ポテヒの出場詩

KEY WORDS

音, 言葉, 文字, ワヤン, ポテヒ, 布袋戯,
su liam pek, suluk, インドネシア, 東ジャワ

1. *Suluk* または *Su Liam Pek*

インドネシア，東ジャワ州を中心に行われる人形劇ワヤン・ポテヒ（*Wayang Potehi*［I[1)]］）は中国・福建省にルーツをもつ指人形劇である．より一般的には，中国，台湾において布袋戯（ポテヒ［H］（プータイシー［M］））として知られる芸能に近いもので，東南アジア各地にも福建系の人々とともに移動していき，各地でそれぞれに特徴的な形を持つに至っている．インドネシアでは，弾圧により表意文字である漢字を失った人々は「ポテヒ」という福建語に由来する「音」と表音文字で，この人形劇という「もの」――人形や戯棚（舞台）などの物理的存在のみならず，人形劇の上演形態や日常におけるその上演機会，パフォーマンスの必要性などを含む――を伝える．

その中で，非常に特徴的なのが，上演中に用いられる詩と言葉である．元は閩南語（福建語）の芸能であったが，インドネシアの歴史において，中国系の文化や人々が弾圧された時期にその使用言語は変わり，主としてインドネシア語によって上演されるようになった．そもそも歌（唱腔）はあまりつかわない語りもの芸能なのだが，その劇中にはスルッ（*Suluk*［J］）あるいはスー・リャン・ペッ（*Su Liam Pek*［H］，四聯白[2)]）という，各キャラクターの初出時に必ず語られる出場詩がある．節をつけて歌うように語られる詩はしかし，演者には理解できず，丸暗記して用いられる．

演者が丸暗記して歌う出場詩の形は，ジャワやバリのワヤンなどにも見られるカウィ語の詩句に近いかもしれない．しかしながら，それらとポテ

ヒで大きく違うのは，ポテヒのスルッでは，音と意味という言葉の二つの側面のうちの片方，意味とそれを伝える表意文字の多くが，すでに失われてしまったことである．単なる音となったコトバは，綴り方の問題もあって，表意文字が失われた現在，演者たちが自身で辞書等を用いて意味を探ることも，過去の文献に遡って，その意味を探ることも不可能なのである．

言葉が意味とそれを伝え，遡るためのツールである表意文字を失い，コトバとなったとき，コトバとはいったいどのような存在になるのだろうか？　本コラムは，ある人形劇において重要な役割を持つとされてきた出場詩が，単なる音となって実践されている様，その復興を試みるプロセスに立ち会いながら，「もの」の存在について考えるきっかけを記した記録である．

2. 失われたカタチ——意味を運ぶ容器と実践の一部消失

中国・福建省にルーツを持つワヤン・ポテヒは，当然ながら，その当初，表意文字である漢字によって物語や出場詩が記されてきた．しかし 1965 年の 9 月 30 日事件は，ワヤン・ポテヒに決定的なダメージを与えることになった．クーデター未遂事件をきっかけとして，その首謀者とみなされたインドネシア共産党とそれに関与したと疑われた人々が大規模に粛清されたが，華人もまたその対象となった．華人とその文化に関係のあるものは，排除と統制の対象となったのである[3)]．パンチャシラの精神によって否定された信仰の一部放棄，戯神への信仰の放棄が行われたほか，上演にあたって行われてきた儀礼も簡略化され，漢字で書かれた儀式の際に唱えられる神明の加護を願うための詩である讃などが放棄された．さらに漢字で書かれた戯本や関連文献なども，担い手たち自身の手によって，焼却処分されてしまった．漢字の書物は中国共産党との繋がりを疑われ，意味のわからない言葉での上演は内容が反政府的なものでないかどうかが疑われた．事前に社会政治局への上演許可申請が必要で，上演する物語の内容すら，戦いを含む物語はすべて禁止された．

こうした状況のなかで，担い手たちは，なんとかポテヒを残そうとスワンディ綴り（*Soewandi Spelling*）のインドネシア語とスワンディ綴りの影響の強いアルファベットによる独自の綴りを用いたインドネシア福建語によって，漢字の文献をノートに手書きで書き写した．意味を失う危険をあえて犯し表意文字を捨ててまでも，中身，すなわち戯劇の上演とその機会を継承しようとしたのである．すでに20世紀半ばには徐々にインドネシア語での上演に変わりつつあったとはいえ，この事件がきっかけとなって，ワヤン・ポテヒのインドネシア語化は加速することになった．そしてワヤン・ポテヒは，インドネシアにおいて国語であるインドネシア語で上演される，唯一のワヤン（影絵芝居，人形芝居）となった．

3. 意味を失う

同時にこの時期，担い手の現地化が起こった．ひっそりと寺廟内で上演される人形劇に夢中になった周辺に暮らす子供たちを巻き込んで，ポテヒが継承されるようになったのである．舞台裏をのぞく子供達に人形の使い方を見せ，興味をもったところで音楽を学ばせ，音楽家として公演に参加させながら，徐々にダラン（*dalang*［I］，人形遣い）の技術を学ばせ，ダランとするのである．こうして担い手に華人以外の人々，特にジャワ人が入るようになった．

こうしてワヤン・ポテヒに携わるようになったジャワ人は，ジャワのワヤンの特徴的な幾つかをワヤン・ポテヒにも持ち込んだ[4)]．すでにスマランの最後のダラン，ティオ[5)]によって，スルッにジャワの歌のインドネシア語翻訳が持ち込まれていたとはいえ，シャイール（*syair*［I］）やパントゥン（*pantun*［I］）といった詩の形式があらたにワヤン・ポテヒにも持ち込まれるようになった．スルッという言葉自体もジャワのワヤンの用語から来ており，そもそもは特徴的な雰囲気をもたらすために劇中で歌われる歌のことを意味したものであった．

しかし，スルッと呼ばれ，その中に含まれるようになったスー・リャン・ペッは，上演に際して，変形，翻訳されてはならないという規範がある．これは最初にキャラクターが登場したときに，それが誰でどんな性格なのかを明らかにする「福建語」の詩で，福建語で漢字を音にした時，各行の終わりで韻を踏むなど，平仄，押韻に規則をもつ．一般的には五言あるいは七言からなる四行詩であり，それぞれのキャラクターが固有のスルッを持つ．口頭伝承で伝えられ，基本的にそれぞれの劇団で秘匿される傾向が強い[6]．そのため，ジャワ人のダランたちもまた，師のノートから自分のノートへ，スルッをアルファベットで書き写した．その意味については口頭伝承で学んだため，当初は覚えていたというが，現在はほとんど意味がわからなくなってしまったという．

もちろん，明確な意味を継承できたスー・リャン・ペッもある．たとえば儀礼的演目である《ホッ・ロッ・スイ（*Hok Lok Sui*［H］，福禄寿）》の上演の際には，それぞれのキャラクターにスー・リャン・ペッがあるものの，上演の際には省略され，財神であるとされるロッ（*Lok*［H］，禄）のスー・リャン・ペッのみが用いられる．このスー・リャン・ペッは漢字で書いた時に「国正天生順，官清民自安」の詩句にあたることがわかっている．しかしながら，その他のスー・リャン・ペッでは，現状ではまったく漢字の詩句を探し出せないもののほうが多くなってしまっている．

4. 音となったコトバ——見つからなかった「アスリ（*Asli*［I］，オリジナル）」

スルッには，音と行為のみが残った．あるキャラクターの登場に際して，かならず節をつけて語られなければならないが，その意味はわからない．ただひたすらに，ノートにならぶアルファベットの羅列を丸暗記して用いるのである．ノートにはどのキャラクターに対して使うスルッなのかを示すために，キャラクターの性格がタイトルのような形状で記されている．そのため，上演に際しては，複数の人物に対して，同じスルッを用いる場合もある．

こうした状況のなか，一部の担い手たちが台湾で「アスリ（*Asli*［I］，オリジナル）」を探そうとする機会があった．2015年12月に布袋戯の国際フェスティバルに参加するため，台湾に渡る機会があったからである．この試みは期せずして多数の人々を巻きこんだ大きなものとなった．これに参加したのは，マレーシアの劇団のメンバーたち，台湾の外江布袋戯を行う劇団のメンバーたち，国際シンポジウムに参加していた研究者たち（オランダ，アメリカ，シンガポール，マレーシア，日本）であった．マレーシアの劇団のメンバーたちは，アルファベットで書かれた福建語のスルッの一部を，自分たちも知る四聯白の一部として同定することができた．マレーシアの劇団のメンバーのひとりがマレーシア語を話すことができ，マンダリンも福建語も話せず，漢字も読めないインドネシアの劇団員と直接，会話によって意思疎通ができたからである．一方で，福建語を理解できるはずのシンガポールの研究者は，スルッに漢字を想像で当てはめる作業を途中までしたものの，あまりの困難さに諦めてしまった．さらに困難を極めたのは台湾の劇団との対話である．台湾の劇団のメンバーのひとりはジャワ人によって発音されるスルッに対し，「かなりジャワ化している」との感想を漏らしつつ，「四聯白の発音は，私の祖父の時代の発音みたいだ．100 年前の古い泉州のアクセントで…」と呟いた．しかし同時に台湾の劇団のメンバーの多くは，自分たちが知る四聯白がインドネシアのスルッにはごく一部にしか含まれておらず，ほとんど理解できなかったことに頭を抱えたのである．

台湾に滞在中，何日かにわたって試みられたアスリ探しだったが，結局，その滞在中にスルッのアスリにあたる四聯白がそれ以上見つかることはなかった．台湾の劇団のひとりは「私たちの布袋戯は実はすでにそのオリジナルな姿［泉州から来た時の姿］からは遠くなってしまっている．歌仔戯と混じり合って歌を借用しているうえ，いくつかの客家の要素も取り入れてしまっている……［だからインドネシアの劇団が探すオリジナルはないかもしれない］」と私に向かって，こっそりと呟いた．協力した劇団の師父は，オリジナルを探すかわりに，彼らが使っている四聯白を特別に文字と録音で提供するのでこれを使うように，と勧めた．

落胆したのはインドネシアの劇団の団長である．ダランであった祖父，父から受け継いだスルッを，自分の代で取り戻したいと思った[7]のに，結局は見つからず，新たな別のものを受け取ることになったからである．「いつ，どこへいっても，ペンとノートが役に立ったことはなかった」とペンとノートを投げ捨てながら，彼は語った．「求めているのはアスリで，新しいものじゃないんだ」．

一方で実際に上演の際にダランを務めるジャワ人の人形遣いと音楽家たちは，無邪気に「試しに使ってみよう！」と語った．彼らがこの時手にしたのは，意味がわかる言葉である．「なぜその言葉が必要なのか」を理解することができるとき，芝居の内容はより一層，深みを増したものとなるはずである．

しかしながら，2016 年にいくつかのグループの上演に立ち会った際に確認したところ，新しく得たスルッが使われている様子はなく，結局,「いつもどおり」の上演が優先されているようであった．音と行為となったコトバは，人形劇という存在とそれを含む文化的・社会的コンテクスト，パフォーマンスなどを含む複合的な「もの」のあらたな「カタチ」の一部となって，現在も受け継がれている．言葉としての意味を失い，コトバとして別のカタチをなす「もの」へ．スルッは言葉と「もの」の存在について，今も私たちを惑わし，問いかけ続けてくる「もの」であり続けている．

注

1）本コラムで言及する言語は複数あるため，それぞれ原語が何語であるのかを以下の要領で示すこととする．［I］＝インドネシア語，［J］＝ジャワ語，［H］＝福建語．
2）台湾などでは念白ともいい，この詩の形式を四念白と呼ぶこともある．
3）ワヤン・ポテヒの主たる上演場所であった寺廟は表向きには閉鎖され，社会政治局などによって厳密に管理されるようになった．またスラバヤなどの都市部においては，ポテヒの戯棚は寺廟内に移転させられ，一般の人々の目に触れる機会を失った．
4）本コラムで取り上げている言葉のほかにも，道化役の役回りはジャワやバリなどのワヤンの道化たちとほぼ同等の扱いになっている点などに，ジャワのワヤンの強い影響が確認できる．
5）スマランの最後のダラン，ティオ・チョン・ギー（Thio Thiong Gie 張忠義，インドネシア語名 Teguh Chandra Irawan, 1933–2014）は，漢字を自由に読み書きできる，最後のダランでもあった．
6）台湾などにおいても，印刷されて出回ることはほとんどない．研究目的であっても，一部のみしか公開されない．
7）彼の祖父がワヤン・ポテヒをインドネシアに伝えた人物のひとりである．彼自身は成長の過程で，人形遣いとならずに商売の道へ進むように祖父や父から言われたことから，ダランとなる勉強をすることができなかった．しかも自分が学ぶ機会を得る前に祖父，父は死去し，芸の継承は一度断絶してしまっている．ビジネスで成功したのち，ようやくポテヒに取り組むことができるようになり，現在はポテヒをなんとか再興したいと人一倍力を注いでいる．

参照文献

Fushiki K. & Ruizendaal, R. eds.（2015）*Potehi : Glove Puppet Theatre in Southeast Asia and Taiwan*. Taiyuan.

莫光華（1999）『臺灣各類型地方戲曲』南天書房．

Purwoseputoro, A.（2014）*Wayang Potehi of Java*. Afterhours Books : Jakarta, Indonesia.

Stenberg, J.（2015）Wayang pothei : Glove puppets in the expression of Sino-Indonesian Identity. *Journal of Southeast Asian Studies*, 46（3）: 391–416.

蔡宗德［Tsai Tsung-Te］（2015）「印度尼西亞华人布袋戏的历史，演出形态与音乐」

『中央音乐学院学报』2015. 2 期：69–108.
van Groenendael, V. M. C.（1993）Po-té-hi : the Chinese glove-puppet theater in East Java. In : Bernard Arps（ed.）*Performance in Java and Bali : Studies of narrative, theatre, music, and dance*. School of Oriental and African Studies, University of London. pp. 11–33.
蕭翡斐（2010）「印尼泗水的「鳳徳軒」廟宇布袋戲團發展史」『民俗曲藝』170 : 233–281.
王嵩山（1997）『扮仙與作戲』（初版 1988）稲鄉出版社.

第IV部……新たなもの概念

第10章

春日直樹

数からものを考える
――『無限の感知』を参照しつつ

KEY WORDS

数，無限，神話，支払い，リズム

1 なぜ数をもちだすのか

本章の主題は「もののひと化」や「ひとのもの化」ではなく，「ひととものののエンタングルメント」でもない．むしろ，これらの側面にしばしば付帯するものの数的な属性に注目することによって，ものとひとの関係をあたらしい視点で浮かび上がらせることにある．

ものの研究は一般に質的な側面に力点を置くが，なぜ数などもちだすのだろうか？

一つには，ものに質だけでなく量という性格が付帯するためである．大小のような物質的な領域だけでなく，価値的な領域でも「より善く」「より美しく」のように量的な観念が付帯する．これに加えて，ものは何かしらの範疇に属するのが一般であり，つまりは同じ集合を形成する元として，一つ，二つ，……と数えることができる点を挙げねばならない．

もちろん，量と数は違う．その関係については追って論じるが，とりあえずはものの量的かつ／または質的な差異を数によって調整する，という人類史におなじみの現実から目をそむけるわけにいかない．ものは秀逸で稀少なほどに，ほかの同種の財，異種の財と替えがたいのだが，交換や贈与の義務，再生産の命令，劣化や毀損による修復の要請などによって，他財との比較を余儀なくされる．ものの固有性が質的量的な差異をテーマ化して，数の観念の介入を求める，という事態がそこかしこに生じるのである．

数とものの関係を検討するために，本章はジャドラン・ミミカ（J. Mimica）によるパプアニューギニアのアンガ地方イクワィエの民族誌『無限の感知』[1)]（Mimica 1988）を取りあげる．ミミカは数および無限に焦点を当てて，近代西洋の数学的な議論をイクワィエの具体的な経験の水準へと対比させることに成功した．ロイ・ワーグナーをのぞけば，全体的な評価を下す読者に恵まれなかったこの民族誌を参照するとき，ものと数を関係づける重要な知見を得ることができる．なので，しばらくはイクワィエの民族誌とミミカの議論をたどり，数と人々の不可分なつながりについて例示しよう．

2 パプアニューギニア，イクワィエ人の数え方

数をめぐる人類学的な研究は乏しいが，これは対象とする人々の状況の反映である．量の大小の比較に執念を燃やすメラネシアの人々でさえ，数自体に言及することは意外に少ない．数え続けることができても，じきに「たくさん」ですませてしまう[2)]．しかし，数の話題と数え上げの乏しさは，決して数の重要性をしりぞけるものではない．実際に儀礼的で競争的な贈与では，ブタや真珠貝を100以上数えることが珍しくないし，そうした数を頭で記憶し，木目の刻みや紐の結びによって残すことはあちこちで記録されている[3)]．

イクワィエは，大規模な贈与の交換に情熱を燃やす人々ではない．飼育するブタはかぎられ，財宝といえば子安貝くらいだ．この貝は，婚資，土地の借り受け，他財との交換で使用されてきて，200近くまで数える必要も生じたらしい．とはいえ，彼らは例外的に数を多く数える能力をもつし，数え上げが際限なく続くことを強く意識する．なぜそうなのかはこれから明らかにするとして，まずは彼らがどのように数を数えるかに注目しよう．

数え上げは，手・足・身体を使って行う．イクワィエにとって数はどこまでも数えることができる．手足や指を動かし身体を指さす者もいれば，頭の中のイメージだけで数え進める者もいる．数が20を越えると，間違えないように集中力を高めるらしい．400程度で打ち切るが，1000に到達するのは実際に可能だろう，とミミカはみている．

アンガ地方には，アウストロネシア語系の十進法が伝播されたのちも，「1，2」

のみで構成するパプア式の数え上げが組み込まれて残ったようだ．十進法は身体を基礎とするので，1と2と身体を用いた数え方が生まれる[4)]．実際，イクワィエの数には「1」と「2」という語彙しかない．彼らはこの二つを自分の手・足・身体と組みあわせて，数をつくるのである．まず1から5までは，片手の親指から小指を示して「1」「2」「2 1」「2 2」「手」の順に数える．つづいて別の手の親指から小指を，「手1」「手2」「手2 1」「手2 2」「2手」として6から10までをつくる．11から15は，片足を指して「2手 1」から「2手1足」まで続け，別の足に移って「2手1足2 2」という具合に19まで数えて，最後の小指で「1人」（つまり20）とする．

20以上の数はどんなに大きくなろうと，自分の身体だけを使って表現を続ける．たとえば，21は親指を立てたあとで再び親指を立てて「1人と1」と数える．45は親指・人差し指を立ててから，その手の指全部を立てて「2人と手」とする．前半で20×2を表し，後半で5を加えるのである．100になると，片手の指全部を立てて「人 手」と言って5人を示しながら，「彼らの足と手みんな」と続けて20を掛ける意図をあらわす．400まではこのように，まず人数をあらわして20を掛けたのち，下の位の数をあらためて指し示して加える．400の場合は，自分を指して「私のように多くの人」で20人として，「この人の足と手みんな」を加えて20倍にする．

イクワィエは同じ調子で，1000程度まで実際に数えることができる．1000ではまず親指・人差し指を立てて，「私とこの男――話し相手か第三者を指す――のように2人」で20×2としてから，「彼らの足と手みんな」を加えて20倍する．そうして800が出来てから，片手の指を全部立てて2回示しながら「違う男の2手」として10人をあらわし，「彼らの足と手みんな」で20倍して200を作って加える．数が大きくなると混乱しやすいが，彼らはどこまでも続けることができると考えている．n人で20×nを作って，それをさらに20倍する，という操作を繰り返せばよいのだ．n人が20に達すると，「……のように多くの人」の部分を付け加える．これを繰り返せば，20^2，20^3，20^4，……のように際限のないべき乗化が可能になる．

イクワィエの数と身体は，直示的な一対一対応をどこまでも形成するが，身体＝20が内側に向けて増幅していくために，一つの身体だけでイコン的な表象を保持できる．数は指1本から始まり，手1本へ，人1人へと向かうが，次には人1人が指1本となってさらに人1人へ向かって進んでいく．どの水準でも1，2，1，2，……と数えられて総計20になると一つに統合され，それがさらに20集まって1となる．この過程で，指と人は交互に入れ替わりながら部分―全体を構成し続けるのである．

3　数の構造とイクワィエ人の再生産

イクワィエの数の数え方は，彼らの個々人としての存在のあり方と結びついている．イクワィエにとって，自分の父方クラン，母方クランがどれなのか，自分は男として女として何番目の出生順位なのか，は決定的に重要な意味をもつ．彼らの数え上げには指が人になり，人が指になるという同一化が認められるが，この同一化はイクワィエの人としてのあり方を反映する．彼らは母親を同じくするかぎり，性別の出生順で親指から小指までを語尾辞として名づけられる．男性名は父方クランと母方クランの名前を連ねたあとに指の名称で結ばれるし，女性名は父系クラン名だけをもって同じ規則に従う（6番目以降は親指に戻って小指に向かう）．子どもは父親にとって自分の指のようであり，彼は子どもの数を訊かれるたびに指で示す．子どもにとってもキョウダイは，一つ身体の同じ手に順序だって並ぶ指のようである．その指がやがてそれぞれ身体として自分の指（＝子ども）を生むという人間の再生産は，まさに数の構造を顕現する．

人と指との入れ替わりが起こるまで，数は1，2，1，2と続いて1に至ることを繰り返すが，その過程では二つの基本数が男性・女性として合わさり，第三の単位を生むという原理が反復されている．この点はミミカによれば，イクワィエ人が右手を男性，左手を女性と結びつけながら，男性の2番目の指に女性の語尾辞をつけてジェンダーを交替させて最初の女性の指とする，という操作にもっともよく現れている．

けれども人間の再生産のモチーフは，両性具有的な男性が自身を創造し続ける実践としても提示できる．このイメージを濃厚に凝縮するのは，創造神オマリセをめぐる神話とイクワィエの婚姻制度である．かつて天と地や地と水は未分離であり，宇宙を創造したオマリセ自身であった．オマリセは，自分のペニスをへその緒のように口に含んでいた．彼が飲む精液は体中に循環して宇宙全体に行き渡り，それによって体からまた精液が出て彼の口に向かった．彼は手足で体を封じ，ペニスで天・地・水を保持した．オマリセが息をしようと緒を切ったとき，天と地が分かれて世界が誕生した．彼の目は天を昇って太陽と月になり，交互に空に現れて昼と夜を作った．オマリセは精液と血液を吐き出し，この世のすべてを創造している[5)]．

イクワィエのこの神話は，宇宙に内在する形態が男性であり，宇宙が男性の身体に組み込まれていることを表す．宇宙と男性は合一性をもち，原初的な「1であること」からさまざまな分化が起こり，かぎりない生成を繰り返している．天と地，太陽と月，昼と夜のように，同一のものから異なる二つが現れたのと同様に，神話は両性具有的な創造神から男と女が生まれたことを伝える．オマリセは泥から五つの人間を作り，それぞれの口に射精して息子に仕上げたが，最後の子は男性器をつけなかったために妊娠してしまったという．産道のない彼が分娩の苦痛に襲われてヒクイドリへと変身すると，兄たちに矢を打ち込まれてしまう．このヒクイドリこそが最初の女性となり，兄たちは彼女の足の骨から鼻用のピアスを作った，と伝えられている．

オマリセと息子たちの関係を，ミミカはインフォーマントの語りから引き出す．インフォーマントは竹棒を左手の甲に乗せると，この棒を創造神に見立て，5本の指を彼のつくった息子たちとみなして，ゆっくりと棒を回しながら説明しだした．「こうやって彼（竹棒＝オマリセ）は，ネクワ（親指＝第一子）の方を向いた．二人は同じだ．それから彼は，アクリィ（人差し指＝第二子）の方を向いた．二人は同じだ」(Mimica 1988：81)．インフォーマントは5番目の小指までこう繰り返し，5本の指がすべて父親のオマリセと同じで一つになるのだ，と述べた．創造神は自分と同じ泥から同じ姿の男たちを，自分の指として作った．息子たちは父親のクローンである．彼らは父親の身体の一部でありながら，それ自身が身体として自分たちの指を作りだすことになる．

4　神と人間，男と女

オマリセの子孫が増殖する過程は，オマリセと子孫の同一化が反復し複製化する過程でもある．そこでは女性もまた，小指から生まれた存在として生殖に参加し，同一化の一部を構成する．これを可能にするのは，創造神の両性具有性である．

ミミカのインフォーマントは，オマリセの身体が前から見ると男であり，背後から見ると女であると述べただけでなく，オマリセが顔でイピ——最初の女性——が後頭部だとも語った．彼は手のひらを素早く回転させて，創造神は一方から見ると男で他方から見ると女だが，手は身体や頭部と同様に一つしかなくて，つまりオマリセ自身であることを示した．オマリセは自分の創り出す人物——つまり，男と女——であるとともに彼自身であり，ちょうど「ルビンの壺」のように，同じ輪郭線を保持しながら図と地を反転し続ける．オマリセとの同一化によって，子孫たちには性差を越えた両性具有的なイメージが潜在的に付帯することになる．たとえば，男子の名前の語尾辞が女性形になり，女子名の語尾辞が男性形をとるのはその一端だし，男女の親族名称にも同様の性的な交叉がかけられている．

イクワィエでは，オマリセの自己生成を反復するイメージが日常生活や成人式での同性愛的な実践として具象化するが，それにもまさる投影は「父さんの母さん」との優先的な結婚にみいだすことができる．この縁組では，イクワィエ語で「父さんの母さん」に相当する範疇の女性を父方の出自集団から娶ることによって，一つ世代を隔てるかたちで名前の一致が生まれる．先に紹介した男女の命名法に従えば，夫の父親および夫の息子は父方と母方の名前の組み合わせが同じになるので，たがいに同一の名称になる．妻の名前は夫の父方の女性先祖と同じであり，夫の父親は自分の範疇上の母親と結婚した息子を「お父さん」と呼ぶ．つまりこの婚姻をつうじて，男は父親の息子でありながら同時に父親になり，息子の父親でありながら同時に息子になる（娘についても同様である）．

イクワィエの親族形成を，ふたたび1，2，1，2，……の連続として理解してみよう．創造神のオマリセが両性具有的でありながら男であり，彼の作った男から女が現れたように，イクワィエの系譜は「1」としての男性に由来し，「一つであることによる二つ」（Mimica 1988：91）としての異性キョウダイたちが，父親の精液からできた骨を共有して外婚集団を構成する．女性の名称が父方だけで成り立つように，彼女たちはあくまで男性の「1」に由来し，婚姻可能な男性に対して1の変換である「2」となることで，「1」としての男系子孫を作りだす．このように，1と2の合体としての結婚をつうじて1が生まれ，続いて2と合体した1がまた生まれるのである．

「父さんの母さん」との選好的縁組は，1，2，1，2，……の連続をもっとも完璧なかたちで顕現する．それは父親と息子の同一性を保障しながら，特有の父系名称を維持していく．オマリセが子孫を増殖させながら自己との同一化を不断に続ける姿が，この選好婚によって可視的に提示されることはいうまでもない．

5　1，2，1，2，……の反復と無限

ミミカの分析の主意は，西洋の文化的特色を帯びた特殊な知識としての数学を，人類学の探究へと開くことにある．指を用いる数え上げは，私たちにとっては加算の物理的な操作にすぎないが，イクワィエにとっては神話詩学的な濃密な意味の宇宙に結びついている．彼らの加算も累乗も，この観点からのみ理解できる．私たちの場合，数というのは具体的な形象の差異を超えて抽象的な議論を可能にしており，数自体が普遍性を帯びるだけでなく，諸物の普遍的な関係を表現できる観念となっているが，これはたかだか近年の話にすぎない．イクワィエ人の具体の経験の水準に立つとき，数に関する奥深い考察をめぐらすことができる．

ミミカがとくに焦点を当てるのは「無限」である．数学における無限は，19 世紀末にカントールやデデキントによって理論化がなされ，数の連続性や極限の観念の精緻化につながった．ニュートンやライプニッツ以来，直観的に取り扱われてきた微積分学に対しても，厚みのある基礎づけを提供した[6)]．ただし無限の議論は，あくまで抽象的な公理と形式化された論理に支えられている．ミミカは，無限が人間の先験的な次元に普遍的に存在するという前提に立って，その「無限の感知」がイクワィエの生活にいかに現れるのかを検討している．

彼らが数を数えるとき，1 と 2 という基本の数が男性・女性として合わさり第三の単位を生むこと，あるいは両性具有的な男性が子どもをつくることが繰り返されていく．この過程は指と身体，父親と子どもが相互に入れ替わる連続であり，数がどれほど増大しようとオマリセという原初的存在のクローンとして，一つの全体を構成し続ける．数の数え上げはオマリセの子孫たちのかぎりない増殖を意味するが，どんなに増えようとオマリセ自身に等しいし，つねにオマリセの一部分になる．最大数があるとすれば，それは「手足をもつ可能なかぎりの人間に等しい一人」（Mimica 1988：74）を意味し，1 でなければならない．この数はオマリセであると同時に彼の一部であり，彼の創り出す一人一人でもある．

デデキントとカントールによれば，無限の特性は全体集合と部分集合とが同じ性質を有しており，二つの集合の各元が一対一に対応しあうことにある．たとえば，整数全体の「1，2，3，4，5，6，……」が偶数だけの「2，4，6，……」と一対一に対応しているというのだから，この上なく奇妙に思える．だがこれは整数という抽象化された体系で思考するからであり，イクワィエの神話詩学的な現実に照らすかぎりできわめて自然なのである[7)]．イクワィエにとっての無限は，オマリセという最初で最後の人間，しかも生きる一人一人を体現する人間の在り方そのものである．オマリセは宇宙の創造者として世界すべてを自分の身体とし，あらゆるものを際限なく網羅する絶対性において存在する．彼がその宇宙の象徴として人間の身体を産出し続けるところに，イクワィエにとっての無限の観念が成立する．

6 数とものの結びつき

ものを数の観点から考察する，という本題にいよいよ入ろう．イクワィエにとっての数は，オマリセによる宇宙生成に通底する 1 と 2 の反復を内包して成り立つ．この反復は宇宙と人間の在り方そのものだから，数え上げの行為は両者にとってあるべき様態を形成する過程でもある．では，ものを数えることはイクワィエにとってどんな意味があるのか？

数え上げられるものが人間の増殖や生命の流れの不可分な一部であれば，単なる量的な測量対象ではなく，宇宙と人間にとってあるべき様式が確証される場に置かれ続ける実在となるはずだ．ミミカ自身は一箇所でこう述べる．「……イクワィエの宇宙では，すべてのものが同じ存在論的な普遍性――「男」という宇宙の属――に参画しており，この基本的な均質性こそがものの多様性を同じ数として，数的な連続に分節化しながら，束ねることを許す」(Mimica 1988：102 頁)．つまり，ものはどんな範疇に属そうとも，オマリセと子孫による創造物として，1 と 2 の反復を内包する同じ数え上げの対象となるのである．

ここにはイクワィエ固有の事象をつうじて，ものと数え上げに関する重大なテーマが提起されている．イクワィエの数え上げは，確かに特別な神話詩学の裏付けを得ているが，つきつめれば 1 と 2 の反復を手・足・身体という実在に対応させた構造をとる．1 と 2 の反復的な発展は，オマリセと子孫の複製的な増殖に重ねられて，「まさしく同じ」イクワィエとしての連続性と不滅性を保証していくのである．イクワィエが数えるものは，このプロセスに一緒に放り込まれるために，個々の差異を越えて数としての扱いが許されることになる．では，1 と 2 の反復なしで手・足・身体を用いた数え上げ――たとえば 5 進法，10 進法，20 進法――の場合はどうなのか？　そしてイクワィエがものを数として扱うとき，現実になんの問題も生じないのか？

最初の問題に答えるには，手足の指の間の関係に注目する必要がある．各掌，各足のそれぞれの指は，分節性と順序を付与するのにふさわしい対象である．加えて，指 5 本で一組，手足 4 本で一身体というように，集合のサイズが容易に測定できる．この二つの特徴は，「序数」「基数」という数の基本的な属性を満たすことができる．つまりは，序数のように順序や順番をあらわし，基数のように集合の要素の個数を示すのに適している[8)]．数の観念が人間の間で成り立つためには，身体の差異を越えて「まさしく同じ」順序で「まさしく同じ」集合が形成されていかなくてはならない．彼らは手足の指によって同じ順番で同じ規模の集合を作りあげ，さらには身体を四肢とみなして同じ順序づくりと集合の形成を進めることによって，いつどこで誰が数えても同じになる「数」という観念を共有しあう．なので，イクワィエのように数え上げが同じ人間・同じ宇宙を生成し続けない場合でも，数え上げそのものを根拠として正当な数をつねに割り出すことができるのである．

二番目の問題に移ろう．ミミカはイクワィエが過去に交換した子安貝の数量を正確に記憶し，その数量自体への強い執着をみせると記す一方で，質的な差異へのこだわりを指摘する．彼らは与えた貝の具体的な形状や触感を詳細に思い出すことができる，という．ミミカは断言する．「［前略］量的な精確さへの強迫的な関心は，もともとはものを質的にみるという表現であり，ものはこうして数え上げの操作へと直結している」(Mimica 1988：19 頁)．つまり，本論が冒頭で論じたものの質と量という両面性の問題がイクワィエにおいても存在しており，彼らは質へのこだわりと数の特権視によって，ものと数の結びつきをいっそう深くしているわけである．

イクワィエの事例をつうじて確認できるのは，ものの質かつ量という両義性であり，その調停役としての数の適性である．しかも，これは問題の終わりでなく，むしろ始まりだということを教えてくれる．質と量が数によって調停されるとすれば，どんな調停が可能なのか．

7 「項目と数」によるアナロジー

ここで私は，フィリップ・ロスパベが提唱してデイヴィッド・グレーバーが活用した「原始貨幣」の議論を，想起しないわけにいかない（Rospabé 1993；グレーバー 2016）．人類学では子安貝やブタのような婚資は，女性の贈与に見合う支払いとみなされて，近代貨幣と同じ支払い機能を有する原始貨幣として扱われてきた．だがロスパベはこれに異議を唱え，女性の贈与には別の女性の贈与で支払うしかなく，婚資は支払いの不能性を承認する方法にすぎないこと，つまり原始貨幣とは精算できない負債を受け入れるために存在することを明言した．不払いの不満がどちら側（もしくは両方の側）に残るので，それをふたたび数で調整する努力が重ねられていくわけである．

とはいえ，質と量の差異を数で解消する手続きはさまざまな規約として確立されてきたのだから，この手続きがいかに成り立つのかを検討しなければならない．質と量の非対称性を克服する手法として，人類が古来用いてきたアナロジーを取り上げてみたい．非対称性そのものは解消できなくても，一つの非対称な関係を別の非対称な関係へと類比させることはできるからである．

婚資を例にして，イクワィエの間で子安貝 n 個という婚資がさだまり，縁組がとりおこなわれる場面を想定しよう．これに関する記述はミミカにはみつからないので，いわば思考実験の領域へと移る．縁組の遂行をどう認知するのかは，妻方の行為と夫方の行為をいかに関係づけるかにかかわるため，心理学者たちが提示する 3 種類のアナロジーを参照することが有効である．ある対象を別の対象と関連づけるアナロジーの操作は，次の三つの次元に分かれるという[9]．（1）項目の属性の次元，（2）項目間の関係性の次元，（3）項目の属性と関係性を結びつけたシステム的な構造の次元，である．たとえば，二つの対象は明るい色合いという属性の次元(1)で類似するかもしれないし，明るさと平べったさの結合という関係性の次元（2）で類似性をもつのかもしれない．さらには，明るさと平べったさを組み込むシステム的な連関の次元（3）で類似している可能性もある．二つの対象——ここでは，妻方の行為と夫方の行為——が数を含んで類似を形成するためには，（1）の次元では数の間に同数性のような特別に共通の属性が必要だが，（2）の次元では「項目と数」の間での関係に類似性が求められている．（3）の次元になると数を入れ込んだ構造間の類似なので，数の役割が多様化するし端的な要約が困難になる．

以上をふまえて，妻方の行為と夫方の行為のアナロジカルなつながりを検討しよう．妻方からは女性1人，夫方からは子安貝n個が贈られており，数の共通な属性に関しては自然数や整数しかみつからないから（1）を除外しよう．（2）の次元で見ると，女性の1人と子安貝のn個が同じ関係性を有することになり，妻方からの贈与と夫方からの贈与が類比を形成しなければならない．「女性1人を与えること」が「子安貝n個を与えること」のようになるわけである．ここでたとえば，女性1人を生育する過程と子安貝n個を獲得する様相をあらたに加えると，（3）の次元でアナロジーを成り立たせる可能性が開かれる．「項目と数」の文脈を考慮しながら構造的な類似をみいだすという作業だが，こちらはかなり難しい．つまり，「女性1人を与えること」と「子安貝n個を与えること」はそれぞれに文脈から切り離すかたちで類比させるのがよい．ロスパベの主張は，この切り離しが事実上不可能であることの言い換えとして理解できる．

注意すべきは，「女性1人を与えること」と「子安貝n個を与えること」のアナロジーが，どちらをどちらに喩えても成り立つ点である．アナロジーはある対象から別の対象へと一方向にかぎって成り立つが，数の関与する（1）（2）の次元では双方向に稼働する．

つまり，「女性1人を与えること」が「子安貝n個を与えること」のようであり，同時に「子安貝n個を与えること」が「女性1人を与えること」のようである場合にのみ，婚資が成り立ち縁組へと向かう．本来はこれを（3）の次元に入れ込んで，たとえば来歴や特定の場所や人々の諸関係を含めるかたちで構造的なアナロジーを作りたいのだが，これを果たせないままに非対称で双方向のアナロジーが対称性を装うかのように動員されて，さらなるもののやり取りをさらなるアナロジーとして導出するのである．

8　リズムを含めて考える

「項目と数」というかたちのアナロジーは，一つの「ものと数」と別の「ものと数」の間に関係を定立する操作だが，これをもっと広い文脈に置いて特徴づけてみよう．「無限の感知」を成り立たせる 1，2，1，2，……の連続について，ミミカはプラトンや直観主義の数学者ブラウアーを引いて考察を展開している．両人とも 1 と 2 に数としての本質的な地位を与えたが，とくにブラウアーは近代数学が捨象した数の時間性を再提起することに成功した．確かにイクワィエの数をみれば，宇宙の自己生成の原初的なリズムが 1，2，1，2，…のかたちで繰り返されており，数の構造はこの内在的なリズムによって時間化されているのがわかる．1 と 2 は 1，2，3，4，5 という具合に序数を構成する点では非対称だが，互いにあるときは先行し別のときには後行になるという意味では対称をなす．ちょうど時間が過去から現在への非対称性をもちながら，生命の絶えざる流れを男と女，分離と結合による対称的な脈動として作りだすのと同じである．

ここでの数は，「項目と数」によるアナロジーのように，対称性の装いによって同種のアナロジーを連鎖的に形成するわけではない．むしろ，特定な関係の持続に向けてリズムを構成する．この場合は，「1，2」のように限定された数のセットの間で対称的な変換が繰り返される．しかも，数の生みだすリズムは交換だけでなく，ものの制作・分配・消費・破壊の諸実践を導くことがある．たとえば，レヴィ＝ストロースはボアズの研究を引いて，衣装の美を生む「装飾のリズム」が踊りのステップや技術的活動の反復動作と同様に認められる，と主張する（レヴィ＝ストロース 2005：178–179）．

リズムに包摂される対象は，空間や時間の方向性だけでなく，素材，形態，色彩，音調，音色など多岐にわたる．これは「美的活動」に焦点を当てた議論だが，ものをめぐる活動一般へと拡張できるだろう．重要なのは，イクワィエにとっての「1，2」が男と女，父親と子どもという具体のイメージを想起させるように，数は特別な他の何かと結びついていることである．ボアズから引用された例でいえば，おそらくブリティッシュ・コロンビアの先住民に由来する脛当ての縁飾りの，骨とガラス珠が「1，2」に相当する．つまり，リズムは具体のイメージを規則的に反復しながら，一定のものや事象を生成し続けるのである．

「項目と数」によるアナロジーでは，ある「数ともの」と別の「数ともの」との間に非対称で双方向の関係が，対称性を装うかたちで作りだされる．これに比べて数の生みだすリズムでは，「数と数」の関係が「ものともの」の関係へと繰り返し符合させられていく．一方が失敗を義務づけられた逆説のような営みであるのに対して，他方はまさに人間の直観のスムースな活用のように映る．なるほど，対称性をまず数の領域で作動させて，次にものの領域へと投射させるのが効率的だということは，何より科学技術の成果が示すところである．周知のように科学技術では，演算をつうじて集合Aと集合Bの各元に一対一の対応関係が対称的に定立され，それがさらに別の対称性へと節合を繰り返して，必要にして十分な相関が数式の集積として提示されている．そうした「数と数」の関係の体系が，より多くのもの（たとえば，材料 p_i，触媒 q_j，）の多くの次元（たとえば，質量 ∂_i，密度 τ_j，周期 ψ_k，分散 σ_l）での符合を網羅すればするほど，ものの生産と評価は科学性を高めていく．個別のものの〈いま・ここ〉での状態は，数の特定の関係の一構成物にすぎなくなるのである．

9　ものを数で考えること

冒頭で指摘したとおり，ものの研究は総じて質的な側面に力点を置く．けれども，質の観念自体に量的な性格が付帯することもあって他財との量的な比較が促される状況が生じ，ものの間の差異を数によって調整する操作がしばしば求められる．ミミカによるイクワィエの民族誌は彼らの「無限の感知」を描くことで，ものを数の観点から考える意義をあらためて教示してくれた．

イクワィエが神話，ジェンダー，両性具有，親族と縁組，人を表象する指，四肢を包摂する身体などを総動員して「無限」を具体的に経験するとき，彼らは際限なく連続して増殖する自分たちを「まさしく同じ」イクワィエとして確認する．しかし，自分たちを数える場合と同じ手順で子安貝を数えても，「まさしく同じ」にはならない．数える主体は，自分の帰属する集団＝範疇の個々の元をどこまでも「まさしく同じ」存在として増大させるが，ものの範疇に関しては，数え上げによって元どうしの同一性を生みだしたりはしない．数は個々の元と離れた抽象的な水準で，まさに「数」という独立した範疇の元として，数え上げの対象となる別の範疇の各元との間に，一対一の対応をつくるだけだ．

ものと数との関係は，個別と一般，具体と抽象のように相容れないもののように思える．しかし，ものが自身の帰属する範疇の元として，数という範疇の元との一対一の対応をしりぞけないかぎりは，ものと数の間につながりが生まれる．同一の範疇に属する他財との差異が消えなくても，ものは一つの数を付されてマイナンバー――数え方の数だけあるのだが――のリストに収納される．

ものと数の関係は当然ながら，他財との差異の調整によってずっと密になる．異なる「数ともの」どうしのアナロジーに比べて，「ものともの」と「数と数」とを符合させる手法の利点については先に検討したが，数え上げはマイナンバーと結びつくことでこの手法を先取りしているのである.「ものともの」「数と数」の符合は，科学技術によってぐっと密度を増した．ここで符合を形成する「もの」は，私たちの想定する個別のものの構成に関与する諸要素であり，「数」はある特定の範疇に属しつつ別の範疇の数と対応し合って，いわゆる関数を形成するのが一般である．

率直にいって，ものの質的な側面に力点を置くのは研究の王道にちがいない．ものは現代の情報のように数に置き換わることも，反復複製を完遂させることもないからである．ものの固有で過程的な性格は，「数ともの」どうしのアナロジーからは距離を置くし，「ものともの」と「数と数」の符合に対しては大規模な制約を課している．とはいえ，アナロジーとの距離を別のアナロジーによって詰める試みは繰り返されていくだろうし，ものと数の対応関係にいたっては累乗的に精緻化して，ものの概念自体を変容させる勢いすらみせる．二つの方法の組み合わせも加速度的に発展することだろう．したがって，数とものの関係はものの研究の外縁に位置するのではなく，ものの研究を今後とも中央に据え続けるための必須テーマとして理解するべきである．

注

1）ミミカからの私信によれば，原題の‘intimations’という語は，イクワィエが無限を明確にテーマ化していないにもかかわらず，人間の思考に内在する無限を想起させることを念頭に置いて，黙示的な性格をあらわすために選択したのだという．ワーズワースが幼少期を回想した詩「オード」の副題“Intimations of Immortality”から採られている．類義語では‘glimpse’が一番近いということなので，「感知」と訳した．

2）オセアニアの数や測量や計算などについて，1700年代から近年に至るまでの記録を網羅した貴重な資料集として，Goetzfridt（2007）を挙げることができる．

3）とくに西高地のメルパで大々的に開催された「モカ」について，多くの人類学者が言及してきた．モカの代表的な民族誌としてStrathern（1971），またモカの再分析の試みとして拙論（春日 2016）を参照のこと．ニューブリテン島トーライの人々について，ムシロガイのものとしての性質を度量衡と関連づけた貴重な研究として，深田（2011）がある．

4）この他にも，左手の小指から出発して，手首，肘，肩，首，顔面の各部位を経由したのち，右側に移って方，腕，指へと降りていく数え方が報告されている．詳細な既述としてStrauss（1990：7）を挙げることができる．

5）アンガ地方を代表する民族誌にGodelier（1982）やHerdt（1981）があり，それぞれに創世神話が重要な役割を果たすと論じているが，神話の内容は全く異なる．オマリセの神話はイクワィエ独自のものである．

6）この点を含む数に関する概説書といえば，Dantzig（2007［1930］）をしのぐ書はいまだ登場していない，と思われる．

7）ミミカは無限の議論をさらに進めて，超限数ωの性質がイクワィエの数にみいだせる，と指摘する（Mimica 1988：111，122）．しかし論拠とするのは，一つの数が大宇宙つまり無限全体を感知するという点だけであり，超限数の議論としては不十分なので本章では割愛した．

8）これについては，ダンツィックの指摘（Dantzig 2007：8–9）に依拠する．

9）代表的な解説書として Holyoak, K. & P. Thagard（1996）を参照のこと．

引用文献

Dantzig, T.（2007［1930］）*Number : The Language of Science*. edited by J. Mazur. Penguin Group.

深田淳太郎（2011）『パプアニューギニア，トーライ社会における貝貨の使い方の人類学』，博士論文，一橋大学大学院社会学研究科．

Godelier, M.（1982）*La production des grands hommes*. Librairie Arthème Fayard.

Goetzfridt, N. J.（2007）*Pacific Ethnomathematics : A Bibliographic Study*. University of Hawai'i Press.

グレーバー，D.（酒井隆史監訳）（2016）『負債論：貨幣と暴力の5000年』以文社．

Herdt, G.（1981）*Guardians of the Flutes : Idioms of Masculinity*. The University of Chicago Press.

Holyoak, K. & Thagard, P.（1996）*Mental Leaps : Analogy in Creative Thought*. MIT Press.

春日直樹（2016）「贈与と賠償：アナロジーの双方向性と非対称性」春日直樹編『科学と文化をつなぐ：アナロジーという思考様式』東京大学出版会，177–93頁．

レヴィ＝ストロース，C.（竹内信夫訳）（2005）『みる　きく　よむ』みすず書房．

Mimica, J.（1988）*Intimations of Infinity : The Cultural Meanings of the Iqwaye Counting and Number System*. Berg.

Rospabé, P.（1993）Don archaïque et monnaie saugave. *MAUSS : Ce que donner vuet dire*. Édition la découverte.

Strathern, A.（1971）The Rope of Moka : Big-Men and Ceremonial Exchange in Mount Hage, New Guinea. Cambridge University Press.

Strauss, H.（1990）*The Mi-Culture of the Mount Hagen People, Papua New Guinea*. translated by B. Shields. Department of Anthropology, University of Pittsburgh.

第11章

河合香吏

五感によって把握される「もの」
——知覚と環境をめぐる人類学的方法試論

KEY WORDS
環境, 五感, 生態的参与観察, 経験の共有, 共感

1 「身の回り世界」と知覚

人間を含む生きものたちはさまざまな「もの」たちに囲まれ，直接的，間接的に，それらから影響を受け，またそれらに影響を与えて生きている．こうした人間や生きものを取り巻く身の回りの「もの」たちの世界，相互作用を及ぼしあう「もの」たちの総体を一般に「環境」と呼ぶことができよう．本章では，さまざまな「もの」たちによって構成される「身の回り世界」としての環境を取り上げ，それが人びとにどのようにとらえられているのか，あるいは，とらえられうるのかを考えてゆく．ここでは，民族動物学や民族植物学に代表されるエスノ・サイエンス（民族科学）の対象として扱われてきたような，環境に在る，主として非人間の「もの」たちに関する知識の体系や認識の成り立ちではなく，むしろそうした知識の体系や認識の成り立ちの根拠ともなる人びとの経験の現場に着目し，すなわち環境ないし環境に在る「もの」たちを「知覚する」という営為について考えたい．

以下，本章は，いわゆる物質文化研究にとどまらない議論を目論む「ものの人類学」の新たな展開——とりわけ本章の所収された本書第4部「新たなもの概念」——に向けての試論であり，主としてその研究対象の拡張および方法論的側面から，いくつかのアイディアを提示し検討する研究ノートといった趣の内容となることをあらかじめ断っておきたい．

2 背景——「音」のもの性についての試論

本書に先行する前書『ものの人類学』（床呂・河合編 2011）は，東京外国語大学アジア・アフリカ言語文化研究所の共同研究課題「『もの』の人類学的研究：もの，身体，環境のダイナミクス」の成果論集であった．その本において，筆者は，いわゆる「もの」，通常イメージされるような「もの」らしい「もの」，端的に言えば物体（object）としての「もの」を取り上げることを，あえてしなかった．そうではなく，「もの，身体，環境のダイナミクス」という共同研究課題の副題のほうを強く意識し，「もの」概念をより広くとらえる可能性を探究することを目指して，人びとの生活環境を満たす「音」について記述し，「音」と身体との関係を考察したのである．そこでは，「音」に対する身体の受動性，つまり，身体的存在である以上，ひとは自らの周囲，すなわち環境にある「音」という聴覚刺激から逃れることはできないことを指摘した．そして，「音」はインタンジブルであり，目に見え，触ることのできる存在ではないが，ひとが環境に生きるかぎり，必然的に，身体的に接する事象として取りあげられうるとし，「音はものか？」という「音」のもの性，ないし「音」の物質性に関する萌芽的な問いを提出した（河合 2011）．

具体的には，ケニアの牧畜民・チャムスの人びとが日々の生活の中でどのような音に接し，あるいは囲まれ，それによって何を認識し，どのような世界を生きているのか，また，それらについてどのような評価をしているのか，といった生活世界における音について紹介した．なかでも，彼らの生業である牧畜活動の中心であり，日々の生活のほとんどの時間が費やされる放牧の場において，自らが身を置く空間（これを「放牧空間」と呼んだ．アカシアのブッシュやウッドランドという半乾燥帯に属する環境）を満たす蝉の声，とりわけその集合体としての「蝉時雨」に着目し，「チャムスの蝉時雨：音・環境・身体」というタイトルを付した論文を寄せた．

チャムスでは，放牧活動を一人きりで行うことが少なくない．したがって，放牧の場は「孤独」な場でもあるのだが，その「孤独である」という感情，あるいは「孤独感」といったある意味で外在的に押し寄せる情動のようなものは，放牧空間を満たす蝉時雨の大音響——それは思考を停止させてしまうほどの，その空間に身を置くかぎり逃れられない大音響だとも言われるが——，そうしたいわば暴力的な「音」によって，「孤独」をよりいっそう強く感じさせられるという，「音」と感情ないし情動との関係について記述した．そのなかで，「音」は，「聞く」とか「聞こえる」

といった聴覚だけでなく，触覚，つまり空気の振動として皮膚感覚としても感じ取られるものであることについても触れた．その上で，音は，視覚的に知覚される存在，すなわち目に見え，手に取ることのできる「もの」のようにタンジブルな固体（solid）あるいは物体（object）ではないという意味で「物質的な存在」ではないかもしれないが，聴覚や触覚によって知覚・感知されうるという意味では，物理刺激を人間に与える「物理的（physical）な存在」であるといえる，と結論した．そして，そのような物理的存在もまた，ひとが日々関わりあう環境に在る「もの」の一つとして扱えないかといった問題提起をした．

その後，この発想を発展させるかたちで，研究の方針として二つのことを考えた．これについて，次節で述べる．

3　五感をめぐる二つの視点――五感の統合性と五感の共鳴

五感の統合性

まず，「もの」という言葉によって示される対象を，人間の知覚機能のすべて，すなわち，いわゆる五感――視覚，聴覚，嗅覚，味覚，触覚／皮膚感覚――によって感知されるすべてに拡張することを考えた．人間の周囲に在る環境をかたちづくる「もの」たちのすべてを対象とするということだが，それらは目に見え，触れることのできる視覚や触覚の対象である固体（solid）や物体（object）に限らない．聴覚によって感知される「音」が「物理的な存在」として，人びとが日々関わりあい，相互に作用しあう環境に在る「もの」の一つとして扱いうるのと同様に，嗅覚によって感知される「匂い」や，味覚によって感知される「味」もまた，広い意味における「物理的な存在」として，環境に在る「もの」として扱ってもよいのではないか．「匂い」や「味」には，それらをもたらす根拠（素）となる「なにものか」――それは目に見えたり手で触れたりはできないが，何らかの刺激を身体に与える――があり，これをもって「物理的な存在」と呼びたいのである．より正確に言うならば，この「なにものか」は「化学的（chemical）な物質」であり，これらが化学的な刺激として嗅覚や味覚という知覚の機能によって感知される過程が，「匂い」や「味」を知覚するという身体経験なのである．このような意味において，五感によって感知されるものはすべて環境をかたちづくる「もの」たちとして，同等の資格をもって存在していると考えたいのである．

こうした試みは近代以降の，とくに西洋近代における視覚優位の認識に異議申し立てをするものになりうると考える．同様の試みは1980年代半ば以降，聴覚に着目した研究として，人類学の分野では，スティーブン・フェルド（1988）の『鳥になった少年：カルリ社会における音・神話・象徴』やマリア・ローズマン（2000）の『癒やしの歌：マレーシア熱帯雨林にひびく音と身体』などに代表される，すぐれた民族誌的研究として蓄積されてきた．また，サウンドスケープ（「音の風景」，「音風景」などと訳される）と名付けられた概念がカナダの作曲家であるマリー・シェーファー（1992；2006）によって提唱されている．風景には音が欠かせないことに立脚し，日常生活や環境の中でひとは音を「風景」としてどのようにとらえ，それとどのようにかかわっているのかを考究する研究領域である．だが，筆者は，先行研究としてこれらの議論も参照したが，「チャムスの蝉時雨」では註で触れるにとどめた．それは，これらの議論が，西洋近代にとりわけ特徴的な視覚優位の認識に代わるものとしてこれまであまり注目されてこなかった聴覚を据え，その重要性を説いたという以上の論理的展開が明瞭でないように感じられたからかもしれない．言いかえれば，理論的にも方法論的にも極めて困難な試みであることを承知の上で，視覚，聴覚といった個別の知覚ではなく，五感のすべてによって統合的に知覚される対象の全体に目を向けたいと，このときすでに考えていたためであるように思われるのである．

このように，五感によって感知されるすべてを対象とする際，第一に，五感を総動員させて環境を知覚するという「人間の身体」の営為を考えたい．つまり，環境を五感で受け止める際の，人間存在の，どうしようもなく身体的なあり方を理解するためのとりかかりとして，この「総動員」ということについて考えたいのである．たとえば先の「チャムスの蝉時雨」の場合は，五感のうち，主として聴覚によって「音」が知覚されているが，同時に空気の振動として皮膚感覚つまり触覚によっても「蝉時雨」が知覚されている．さらに言えば，そのとき「音」とともに，蜃気楼や引き水のようなゆらゆらとした熱い空気の動きが視覚によってとらえられていたかもしれない．このように，五感の間にはしばしば連携・連関して刺激を感知する機能が備わっているように思われる．そうした機能について事例が集められないかと考える．

ただし，ひとは自らが知覚した対象について常に言語化というかたちで表象するわけではないため（むしろ言語化されないことのほうがはるかに多いかもしれない），これをデータとして集めることにはかなりの困難が予想される．第4節に後述するように，データの収集方法を開拓していく必要があるだろう．

なお，五感の間の連携・連関，すなわち「五感の統合性」については，他の学問領域においても，たとえば哲学における「共通感覚（コモンセンス）」，あるいは心理学や精神医学における「共感覚（シネステジア）」などとして研究が進められてきた概念に通じるものであるといってよいだろう．この概念は，古くはアリストテレスが「センスス・コムニス（共通感覚＝五感の統合態）」として，身体機能の側面から，個々の個別感覚を統合する高次の感覚機能として提示したのが最初であるといわれる（中村・木村 2000）．中村（2000）は次のようにも言っている．すなわち，コモンセンスには「社会的な常識」，つまり社会のなかで人びとが共通（コモン）に持つ，まっとうな判断力（センス）という意味があり，現在ではもっぱらこの意味に解されているけれど，もともと〈コモンセンス〉とは，諸感覚（センス）に相わたって共通（コモン）で，しかもそれらを統合する感覚，私たち人間のいわゆる五感に相わたりつつそれらを統合して働く総合的で全体的な感得力（センス），つまり〈共通感覚〉のことだったのである，と．

こうした身体機能を備えた人間が，有形・無形の事物や事象の存在をとらえる際に，いかなる知覚を主要なものとしてとらえているのかを考えてみたい．具体的なデータに基づいた事例をここで挙げることはできないが，思いつくままにいうならば，たとえば「野生動物」に対しては，目を凝らし，耳を聳たせ，漂ってくる空気の匂いを嗅ぐというように，視覚，聴覚，嗅覚といった少なくとも三つの感覚機能によってその存在が感知されているのではないかと考えることができよう．あるいは，たとえば「風」という気象現象に対しては，皮膚に触れる空気の流れ，運ばれてくる何らかの匂い（匂いの変化），そして木々や草原の揺れるようすや，その際に生じる木々や草の揺れ擦れ合う音によってその存在を感知するというように，触覚と嗅覚と視覚と聴覚といった四つの知覚間の連携・連関が想定できよう．

五感の間には上記のような連携・連関が認められる一方で，それぞれの知覚間でいろいろな差異も認められると考えられる．たとえば，「遮蔽度の違い」といったこともその一つである．視覚は目を閉じればほぼ完全に遮蔽されるが（明暗については感覚が残るのは確かだが，視覚「像」はほぼ遮蔽されよう），聴覚や嗅覚は耳や鼻をふさいだとしても，完全には遮断されるものではないだろう．かすかに漏れ聞こえる音やほのかに薫る匂いというものを，素朴な経験としてわれわれはよく知っている．こうした知覚間の差異といったことにも着目して，差異が発現する場面をとらえることも重要であろうと考える．

五感の共鳴

五感によって感知されるすべてを対象とする際，第二に考えるべきは，上で述べたような経緯で知覚された「内容」を同じ環境にともに生きる他者と共有する方法がいかなるものであるのかということである．同じ環境に生きる他者，具体的には家族や仲間や隣人といった同じ生活の現場にともに生きる相手とのあいだで，個々人によって知覚された内容が，どのように人びとの間で共有されうるのかを考えたい．その根拠は，人間は基本的に同じ身体構造をもち，その機能も互いに似通ったものであるということに，筆者が立脚している点にある．つまり，人間は，基本的に，同じ諸知覚機能をもつ（と信じられている）身体的他者と互いに社会的交渉をしながらともに生きているということに着目したいのである．これを少し大げさに言うならば，「五感」に基づく知覚世界の社会的共同性のありかたということになろうか．もちろん，視覚や聴覚をはじめとする知覚に障害をもつ人びとがどの社会にも一定数存在することは事実である．そしてそれらの人びとが無視できない存在であることもまた確かである．だが，本章では，こうした人びとをも含んだ議論を展開するだけの余裕がないため，それは今後の課題としたいと思う．

したがって，着目点としては，上で述べた,「もの」と知覚の関係という意味で，五感のすべてによって把握される実在，とくに身の回り世界としての環境について，それが人びとに身体的および精神的にどのように統合的に受け取られているかという問題，そして，これから述べていく，環境の知覚が人びとの間でどのような共同性をもっているのかという二点となる．以上の問題は，日常的な生活世界，とりわけ社会生活のありようと分かちがたく関連していると考えられるが，(1)個体にとっての知覚の統合性という問題と，(2) 人びとの間での知覚の共同性という問題，この2点について，両者を区別しつつ連結させて追究していくことができないかと考える．なお，ここでいう「環境」とは，ユクスキュルのいうウンヴェルト *Umwelt*（ユクスキュル・クリサート 1973）をあてるのがよいかもしれない．一般に「環世界」と訳されることの多いこの言葉を，筆者はしばしば「身の回り世界」と呼んできた．簡単に言えば，生物がそれぞれに備えている（生物種ごとに異なる）感覚器官によって「身の回り」のさまざまな「もの」を知覚することを通して，それぞれに異なった世界としてとらえられるような，そしてその中に存在する「もの」たちと相互に関係しあいながら当該生物がさまざまに行動するような，そうした意味のある環境のことである．

上で述べたように，おそらく人びとは言語的，非言語的な諸活動を通して，きめ細やかに「身の回り世界」を経験しているのだろうと考えられるが，そうした「身の回り世界」の経験が，人びとがともにいるその現場，つまり同じ地域，同じ「もの」たちをその諸要素とする環境に「ともに生きる」人びとのあいだで共有されている可能性についても考えたいと先に述べた．つまり，環境の知覚それ自体を問題とすることに満足することなく，人びとの間で知覚が共有されることに着目して，人類の社会性（sociality――すなわち，「他者とともに生きる」方途）の生成について考察する材料としたいと考える．同じ場所にいて，同じ「もの」たちに囲まれ，少しずつずれたり重なったりしながらも基本的には同じような感覚を同じ五感の能力によって感じ取る．そうした経験が，ひとが「他者とともに生きる」ことの実感をもたらし，「他者とともに生きる」ことの基盤となると思われるからである．

もちろん同じ場所，同じ「もの」たちをその諸要素とする環境に身を置いているからといっても，人びとがまったく同じ知覚経験をしているとは言い切れないだろう．知覚の内容や強度といったものには個人差もあるだろう．したがって，知覚の共有，共鳴に失敗するといった事態も出てくると思われる．ある人が知覚した内容に関する「つぶやき」や「同意を求める発話」に対して，周囲の人びとがそれを無視したり，非同意的な（反対）意見を発したりすることもあるだろう．そうしたいわば知覚の共鳴の失敗事例もまた，注意深くデータとして採取して，性や年齢，その場，その環境への接近の度合いの違いといったことをあわせて，つまり発話者と周囲の人びととのさまざまな属性の差異を見極め，個体差が齟齬を生じさせた可能性を検討することも意味のないことではないと思われる．ただし，そうした個人の属性に還元してしまうことについては注意も必要である．ひとはそれほど揺るぎない自信を持って自己の知覚を経験しているわけではないと思われるからである．その場のやりとりをコミュニケーションの流れとしてとらえ，人びとがさまざまなやりとりをしてゆくなかで，知覚の共鳴が発動し，人びとの間で知覚の共同が達成されゆく過程を見ることができると思うのである．

チャムスの「蝉時雨」の事例から推測する限り，環境を感知する，知覚するという身体経験が共有されていなければ，「蝉時雨」という聴覚刺激および触覚刺激が「孤独である」「孤独感に襲われる」といった感情や情動と結びつけて語られることはあり得ないと考えられる．つまり，「個」のレベルにおいて五感の統合作用によって感得された「身の回り世界」，すなわち環境に在るさまざまな事物や事象――タンジブルであったりインタンジブルであったりする「もの」たちのいずれも――が，いかなる回路によって他者と共有されているのかへと問題はシフトしていくのである．五感の諸機能とその統合性は，自明のことではあるが，人類の自然的，すなわち進化的な基礎である（このことについては第5節に後述する）と同時に，文化・社会的構築でもある．それは，同じ五感という身体機能を備えた身体的他者と社会的交渉をするための基盤になると考えられる．こうした複数個体間（複数の人びとのあいだ）に生じる「五感の共鳴（リソナンス）」，つまり，諸知覚の共同性の成立機序という身体的，社会的現象に着目して，人びとが他者と共有する環境の全体像を描くことができないだろうか．

とはいえ，五感を構成する個々の知覚間には，他者と知覚内容を共有する際の，共同性のあり方に差異があることも予測される．たとえば，視覚や聴覚の対象は一般に身体の外部に存在するため，より客観的で誰にも同じように知覚されやすいという意味で共同性が高いのではないかと思われる．他方，たとえば，味覚は身体内部で知覚されるため，より主観的な状態にとどまりがちで，誰もが同じように知覚しているか否かの確信が得られにくい，という意味で共同性が低いのではないか，といったことが考えられる．だが，味覚に関しては，この予想に反し，思いほか共同性が高いといった事例もあるようだ．たとえば，「苦み」の検知・認知がほかの味覚の程度よりも高く，また人びとの間の差があまり出てこなかった，つまり，どのような味を苦いと感じるのかについて，同じような環境に同じような生活様態でともに生きる共同体の人びとの間に高い相関が認められるということがあるようなのである．こうしたことにも留意すべきであろう．

以上をまとめ直して言うならば，「共感」という回路の基盤としての感性は，五感に基づく認知機構を前提としている，したがってその解明のために知覚に着目することは，あながち的外れなことではないのではないかということである．

ただ，こうしたことを追究していく上で，真っ先に挙げられる問題点としてただちに立ちはだかってくることとして，既に指摘したように，知覚なるものはそうそうは語られないということである．知覚は非言語的な経験を多分に含んでいるため，言語表現を媒介としてそれを提示したり，共有したりすることが，想定する以上に難しい．「チャムスの蝉時雨」については，チャムス社会の中に構築されていた――つまり，チャムスの人びとの間で広く共有されていた――知覚と知覚対象との間をみごとに架橋するエピソードを筆者が感知することができたという僥倖に恵まれ，こうした貴重な事例を報告するにいたったと言ってよい．だが，一般に知覚のそれぞれについて，そうした知覚と知覚対象とを繋ぐエピソードが構築されている事例は多くないかもしれない．その意味で，現状では，困難な道のりが待っているといわざるを得ないように思われる．

4 知覚を扱う方法論――生態的参与観察

自らを取り巻く「もの」たち，すなわち，環境の諸要素を感知することをいかにとらえ，示すことができるのか．「知覚はそうそう語られない」という事態に対し，どのような方法でこれに接近することが可能なのだろうか．

フィールドにおいて，「チャムスの蝉時雨」のような事例に出会うことは稀なことだと述べた．言語学的な調査を徹底したり，神話や伝説や物語や歌などを片っ端から集めたりして，そのなかに「知覚」に関する語や言い回しを探すという方法もあるとは思う．だが，筆者はもっと日常的な，しばしば無意識ですらあるような，行動や行為の中に息づいている「知覚」を，ひとが生きて生活しているということの中で，それ自体として主題化できないかと考えている．

チャムスの「蝉時雨」は，確かに慣用句として使われる「*etama nliiyo*（リイヨが食う）」という発話に基づいて，さらなる調査をしつつ，考察を進めたものであった．「リイヨ」というのは「蝉」を表す言葉であるとともに，「*etama nliiyo*（リイヨが食う）」という言い方で「孤独を感じる」「孤独感に襲われる」といった意味を表す．だが，そうした言い回しを，それを発した当該の人びとの経験に寄り添って，すなわち特定の同じ場に居合わせ，同じ「もの」を同じように知覚する（知覚は感覚器官を通した身体的機能によって得られるものであるとともに，文化社会的な構築でもあると考えられるため，それなりのトレーニングが必要になると思われるが）という経験を通じてとらえることこそが肝要なのであり，網羅的に知覚語彙を含む慣用句や言い回しを，たとえばインタビューなどによって集めることは，それなりの意義はあるものの，筆者が求めているものとはずれが生じてしまうことになりかねない．「知覚」に関わる事象は日常生活の中で言語的に表象されないことも多いため，現在の文化人類学において主たる手法となっているインタビューやヒアリングによってアプローチすることには限界があるように思われるのである．

そこで採りうる次善策は，人類学における現地調査のもう一つの方法である参与観察を積極的に採用することである．とにもかくにも徹底的に人びとと行動をともにする．人びとと同じ環境に身を置き，身の回り世界を共有することから始めるということである．筆者の研究対象である牧畜民を例にとれば，集落内で過ごす時間はもちろん，放牧や給水などの生業活動をはじめ，水汲みや薪採り，よその集落の訪問などに出かける人びとともに行動し，作業現場や経由地である任意の場所で，環境が五感によってどのように受けとめられているのかをつぶさに読み取る，聞き取るという作業をする．言説的なデータももちろん採取する．言説的データというのは，つぶやきとか，語りかけとか，同意を求める発話とか，人びと同士の会話などのことだが，「暑いね」とか「いい風だね」とか「ああ，やかましい」などといった発話を注意深く聞き取ることも大切であろう．そしてその時の環境条件を，その時の人びとの経験を，調査者自身も共有する．調査者も同じように経験し，それをきちんと記録する．できれば客観的なデータとして気温，湿度，風力，音量等が測れればよりよいだろうが，最低限，調査者自身の知覚の経験を，できる限り客観的な表現で記述しておく必要があるだろう．以上は，人びとと行動をともにするなかでまずやるべきことだが，そうした言説データのほかに，非言語的データとして，ジェスチャーや人びと同士の身体接触をはじめとする相互行為なども，そのときはそのままでは役に立たないデータにすぎないかもしれないが，そうした身体的データも着実に把握し，記録しておくことが，いろいろな意味で，だいじであると思われる．

おそらく，人びとの生活世界は，非言語的な経験，すなわち言語化されずに留め置かれてしまう経験に加えて，言語化された経験の表出を含めて構成されているのであろうし，言いかえれば，極めて当たり前で，指摘するのも躊躇してしまうほどに陳腐なのだが，人びとの生活世界は，非言語的な身体経験と言語表象の統合として成り立っているのだろう，と思われる．ただ，このあまりにも当たり前の当たり前さについて，その具体的なありようを詳細に示すことができれば，つまり人びとがどれほど極め細やかに環境を感知しつつ，それを他者と共有して生活しているのかを明瞭に示すことができるならば，それはそれで人類学的に意味のあることといえよう．

なお，この「徹底的に人びとと行動をともにする」という方法について，一つ，つけ加えておきたい．この方法は，本書の共同執筆者である霊長類学者の黒田末寿が霊長類学の方法論として提唱している「生態的参与観察」（黒田 2002：84–86）とほぼ同じものと考えてよい．黒田はこの方法について，以下のように説明する．「サルについて歩き，サルと同じように行動する．つまり，サルと同じように動き，食べ，休む」．これは，サルが生き物として利用している環境を，同じやり方でわれわれが利用することを意味する．サルのこうした行動の中には，環境への働きかけ（環境への作用）が含まれているという．また，サルの生活をなぞり，活動を同調させることにより，その社会生活を擬似的に経験することができるのだとも，黒田は記している．身体の動かし方や生活のための空間利用の類似（「重ね合わせ」）がここでは重視されているのである．ただし，感情や「心」が重なるかどうか，感情的に共感されるかどうかは要請されていないともいう．参与観察は，行為や経験に焦点を当て，これを同調させる，ということをしているのだが，観察者が自らサルと同じ環境で行為し経験することで「わかる」ことがあるという．同じ環境に身を置き，同じ環境との相互作用の働きの中でともに生きることにより，ここがだいじな点なのだが，「意図せずに現れるかすかな一致の感覚がもたらされる」という（傍点筆者）．こうした感性を信じて，この方法を徹底することが肝要であると考える．

5 「五感」に基づく知覚世界とその社会的共同性（五感の共鳴）の普遍性に向けて

これまでの議論は「チャムスの蝉時雨」に代表されるように，先ずは「チャムス」など特定の民族集団を念頭に置いたものであった．すなわち，個別の社会の中で，いわば日常的に出会いを繰り返し，対面的に相互交渉を交わすような人びとの間で共有される，そういった意味で個別社会の次元において構築される知覚の共有のありようについて論じてきたといってよい．前節で述べたような方法を試みながら，第3節「五感をめぐる二つの視点――五感の統合性と五感の共鳴」において述べた事柄について，先ずは特定の（任意の）個別的な文化・社会において事例を集め，議論・検証していくことが第一にあることは人類学的に正しい方法論（常識的な順序）であるといってよいだろう．

だが，その一方で，五感の統合性や人びとの間における五感の社会的共同性のあり方（五感の共鳴）を，人間に普遍の問題として考察していくことができないかと考える．その根拠は，先述のとおり，筆者は，人間がさまざまな差異を抱えつつも，基本的には同じ身体構造と生理機能をそなえた存在，つまりは似たような知覚機能を持った存在であるということに立脚したいと考えていることにある．五感の統合性については人間身体の知覚機能の共通性を認めるということから，ある程度は説明できると考える．他方，五感の共鳴という現象についてもまた，個別の文化・社会的な次元を超え，一生物種としての人間（ヒト＝ホモ・サピエンス）に共通する特性として考えてみたい．ここでは，「共感」という人間に共有される能力，人間が普遍的に持つ能力が五感の共鳴を可能にしていると仮定し，「共感」の進化的基盤としてのミラーニューロン研究のアイディアを援用する．

ミラーニューロン研究とは，脳神経科学／神経生理学の分野における細胞レベルでの「共感」に関わる発見であり，ニホンザルと同じマカク属のサル（ブタオザル）を研究対象とした実験で特殊な働きが発見された脳細胞をめぐる研究のことである（リゾラッティ・シニガリア 2009；イアコボーニ 2009 など）．ミラーニューロンと名付けられた一群の脳細胞は，他者の行動を「知覚」するだけで，発火する．たとえば，サルが食べ物を食べるためにつかんでいたときに活発に放電する一群の細胞は，人間の実験者が食べ物を食べるためにつかんでいるところをサルが観察（目撃）したときにも，やはり活発に放電する，というものである．あるいは，サルがカップに入った飲み物を飲むときに放電する細胞は，人間の実験者が同じようにカップに入った飲み物を飲む場面をサルが観察／目撃したときにも同じように放電する．

これらの細胞，すなわちミラーニューロンは，他者の心理状態の理解に関わる重要な神経機構をもっており，私たちに他人の意図を理解させるのだという．ここで紹介した実験では，視覚（他者の行為を見ること）に特化しているが，「音」に対しても同じような実験結果が得られているという．サル自身が音の発生する行動を実行しているときに発火する細胞は，他人の行動に伴って発生した音を聞いただけでも放電する．つまり，私たちが音を認識するというのは，その音を発生させる行動をそっくり自分の脳内でシミュレートすることに他ならないともいうのである．こうした聴覚入力に対するミラーニューロンの反応は，ミラーニューロンと言語の間に進化上のつながりがあるとする仮説を裏付ける証拠にもなっており——言語はそもそも音声として始まったとされているため——，進化に興味をもつ筆者のような者にとってはたいへん面白い事象であるが，これ以上の深入りはここでは控えることとする．

いずれにせよ，こうした実験結果がヒトと系統的に近い大型類人猿——チンパンジーとかボノボとかゴリラとか——ではなく，進化的にはより古い時代に分岐したマカク属のサルで認められたということ，それは，「共感」がこれまで考えられていたよりも，進化的にずっと古い時代からわれわれ人類に備わっていた能力であることを示しているといってよい．類人猿の共感能力については，ミラーニューロンなどを持ち出すまでもなく，類人猿たちが示すさまざまな行為，すなわち，他個体への気配りとか，他個体を欺く行為などが観察されることによって，かなり以前から明らかにされてきた．

このように「共感」をとらえることによって，共感の能力と社会性の進化との関係を考えることもできるかもしれない．人類の社会性，すなわち「他者と同所的にともに生きる方途」の中核にあると思われる共感とはいかなるものなのか．「他者とともに生きる」ということを通じて考えてみたい．こうしたことも含めて，人類が霊長類という群居性動物の一生物種であるという進化的な基盤にも思いをはせたい．群居性動物の一生物種として，集団をなして環境を生きる人間存在のあり方を考えてみたいのである．

6　結びにかえて

阿部健一（2015）は，その名も『五感／五環：文化が生まれるとき』という本を編集・出版している．阿部は前書きで，五感ではなく「五環」という見慣れない語をあえて使ったのは，ひとの感覚，すなわち五感が環境に通じること，われわれの感覚とわれわれをとりまく自然との出会いを強調しておきたかったからだと言う．こうした叙述があまりにも素朴(ナイーブ)に過ぎるという指摘はあってしかるべきだろう．ただ，「五感が環境に通じている」という言い方は，人間が五感を環境に対して常に開いた状態にしていると言いかえることができるだろうか．そうであるならば，それを掬いあげたいと筆者は思う．身体をもって環境に生きているのである以上，人間は環境からの刺激（働きかけ）に対して受動的な存在としてあるということは，身の回り世界としての環境を満たす「音」から逃れられないという意味で人間が環境に対して受動的であることを指摘した「チャムスの蝉時雨」における中心的な議論でもあったからである．本章で述べてきたことは，そうした身体的な存在としての人間と，さまざまな「もの」たち——目に見え，触れられるタンジブルな存在だけでなく，音や匂いや味を含む，五感によって感知される存在のすべて——によって構成される身の回り世界としての環境との関係のありように，どのようにアプローチできるのかという問題提起であった．それは，さまざまな「もの」たちが五感の総動員によって把握され，人びとの間に共有されていくありかた，すなわち，五感の統合と五感の共鳴という二つの視点によって人間と環境の関係をとらえる方法を採用することの可能性を探る試みであった．

謝辞

本章のもととなったチャムスの現地調査は日本学術振興会科学研究費補助金（課題番号：15K03034）によって可能となった．また，本章は東京外国語大学アジア・アフリカ言語文化研究所の共同利用・共同研究課題「社会性の起原：ホミニゼーションをめぐって」の研究会における議論に一部，基づいている．研究会に参加してくださった共同研究員のみなさまをはじめ，関係各所に謝意を記したい．

参照文献

阿部健一監修（2015）『五感／五環：文化が生まれるとき（地球研叢書）』昭和堂．

イアコボーニ，M.（塩原通緒訳）（2009）『ミラーニューロンの発見：「物まね細胞」が明かす驚きの脳科学』早川書房．

伊谷純一郎（1980）『トゥルカナの自然誌：呵責なき人びと』雄山閣．

河合香吏（2011）「チャムスの蝉時雨：音・環境・身体」床呂郁哉・河合香吏編『ものの人類学』京都大学学術出版会，343–362 頁．

黒田末壽（2002）『自然学の未来：自然への共感（シリーズ「現代の地殻変動」を読む—5）』弘文堂．

シェーファー，R. M.（1992）（鳥越けい子・若尾裕・今田琢匡彦訳）『サウンド・エデュケーション』春秋社.
――――――――――（鳥越けい子訳）（2006）『世界の調律：サウンドスケープとはなにか』平凡社（平凡社ライブラリー）.
中村雄二郎（2000）『共通感覚論』岩波書店（岩波現代文庫）.
中村雄二郎・木村敏監修（2000）『講座／生命／4/2000』河合文化教育研究所（河合出版）.
フェルド，S.（山口修・山田陽一・藤田隆則訳）（1988）『鳥になった少年：カルリ社会における音・神話・象徴』平凡社.
ユクスキュル，J. J. B.・クリサート，G.（日高敏隆・羽田節子訳）（1973）『生物から見た世界』思索社（岩波文庫版，2005 年）.
リゾラッティ，J.・シニガリア，C.（柴田裕之訳，茂木健一郎監修）（2009）『ミラーニューロン』紀伊國屋書店.
ローズマン，M.（山田陽一・井本美穂訳）（2000）『癒やしの歌：マレーシア熱帯雨林にひびく音と身体』昭和堂.

Column 4

金子守恵

使い終えた授業ノートをめぐって

ゴミとして識別されていく過程を人－「もの」関係としてとらえる試み

KEY WORDS

授業ノート，ゴミ，人－「もの」関係

1. 使われずにとどめ置かれた授業ノート

エチオピア西南部にある調査地で，最近筆者が気になりはじめた「もの」の一つに使い終えた授業ノートがある．寄宿していた家では，世帯主が5人の子どもたちが使い終えた授業ノートを穀物袋のなかに入れて，母屋で客人をむかえる部屋に置いていた．また，友人の家を訪ねたときには，納屋に使い終えた授業ノートが置かれていた（図1）．筆者から見ると，持ちだされることのないそれらのノートは，日々の生活には使われず行き場を失った「もの」と見えた．持ち主にそれをゴミかとたずねると，ゴミではなくノートであると回答した．

このコラムで対象とするアリ人の母語であるアリ語には，ゴミと表現する言葉はない．不用な「もの」を表現するときには，19世紀後半から浸透した外来語であるアムハラ語のコシャシャ（*koshasha*）という用語を用いる．アリ語で，コシャシャに相当する表現としてダカリ（*dakari*）をあげることができるが，それは「悪い」という意味で多義的に使われている（例：食べ物が「腐っている」，「不適切な」振る舞い）．他方，アリ人の日常的な振る舞いを観察するなかで特徴的であるのは，用不用に留意して「もの」を表現することは少なく，行為の産物として「もの」を表現する場合が多いことである．たとえば，室内外を掃き集めた「もの」をコシャシャ（ゴミ）とは表現せずアツマ（*atsuma*，アリ語で掃き集めた「もの」の意）と表現する．

図１●納屋にある使い終えた授業ノート（エチオピア西南部Ｊ市，2013年撮影）

レノは，ゴミをめぐる概念が，メアリー・ダグラスの提起した「場違いなもの（Douglas 2002）」としての不浄さと強く関連づけられていることを指摘する（Reno 2014：4）．廃棄物については，都市計画などから多くの研究が行われているが，工学的な知見にたって廃棄物をあつかう研究においても，それが人びとの汚れにまつわる思考や文化と密接にむすびついていることを指摘する（リンチ 2008：34）．加えて，廃棄の定義を考えたときに，それ自体が有用性をもった資源であるかどうかが基準になるのではなく認識の問題であること，そのなかでは文化社会的な文脈の重要性が指摘される（リンチ 2008：37）．

使い終えた授業ノートは，アリの人びとのあいだではゴミとして認識されてはいないが，だれかに使われることもなく日常生活のなかにとどめ置かれている．このコラムは，「もの」が使われずにとどめ置かれる過程を，ほかの「もの」の物質としての循環と比較しながら検討し，そこから見いだされる諸特徴が「もの」論においてどのような視座を提供しうるのかを考察する．

2. 日常生活における紙の利用——学校の授業ノートに注目して

エチオピア西南部に暮らすアリの人びとにとって紙は貴重な「もの」である．定住的な農耕活動を行う彼らは，換金作物を販売して得た収入で，古新聞やノートを村の商店で購入するほか，教会を介して聖書を入手したり，学校を介して教科書を手にしたりする．古新聞は室内の壁紙として利用される場合が多い．彼らは，身分証明書，裁判所からの通知など，公的な拘束力をもつ「もの」としての紙の特質も認識しており，それらを木箱などに入れて保管している．

エチオピア西南部は，19世紀後半にエチオピア北部に暮らすアムハラ人によって侵入・統治され，そのときに，エチオピア正教会を拠点にした識字や神学の教育がはじまった．宗教や民族にかかわらず，万民に教育の機会があたえられるようになったのは，1974年にはじまった社会主義政権の時代であった．しかし当時子どもは，換金作物であるコーヒー収穫における貴重な労働力であり，学校に通わせる親はほとんどなかった．その後，学校教育を修めたものが政府系の仕事に着任し，それが一つの生業活動として村人のあいだで認知されはじめるようになると徐々に就学者が増加し2013年には就学率100%を達成した．

エチオピアでは1〜4年までのあいだは5教科を，その後10年生までは10教科を学習する．学生やその親は，新学期がはじまるまでに，教科毎に1冊ずつノートを購入しなければならない．ジンカ市に寄宿する47人の生徒（12年生1人，10年生18人，9年生18人，8年生8人，7年生1人，5年生1人）に，使い終えた授業ノートの管理の仕方についてインタビューを行った（2013年3月7，8，12，13日）．聞き取りを行ったのは，おもに10年生と9年生である．

その結果，5年生からノートを保管する傾向があることがわかった．ノートを保管しはじめるようになった経緯については，ほとんどが試験勉強をする際にノートを見直すために自らの判断で保管しはじめたと回答した（教師が英語で講義をはじめるのも5年生からである）．生徒のなかには，1〜4年生のときはその重要性がわかっていなかった（子どもだった）と回答した（見返しておぼえる，という必要性を感じていなかった）．インタビューを行った生徒のなかでは，使い終えたノートを用便の際に利用しているという回答は少なかった．加えて，ノートを捨ててはいないが，家のなかにおいておいたら，弟や妹が紙をめくって遊んだりしてばらばらになりそのままなくなってしまった，という回答が多かった．

冒頭に紹介した事例は，世帯主がノートを置いておくことの重要性を認識して子どもたちのそれを穀物袋にいれておいたのかもしれないし，納屋においてあったノートの事例は，高等学校へ進学した生徒が初等，中等学校に在籍しているときに保管したものを納屋に数年間置いておいたと考えることもできる．

3. ダカリ(悪い)とワンナ(よい)——物質の循環を促す実践知

使い終えた授業ノートのように使われることなく長い間置いておかれることは，アリの人びとが日常的に関わっている「もの」の物質としての循環と比較しても特徴的である．たとえば，主食であるエンセーテ(*ensete ventricosum*)や主要な調理具である土器については，アリの人がそれらの「もの」に関与することによってその物質としての循環を促進している．

エンセーテは，バショウ科の植物でエチオピア南部でのみ栽培されている．3〜12 年に一度開花する．アリの人びとは，植物体としての更新サイクルを待たず，開花するまえに根茎部から不定芽を誘導して栽培する．どの段階においてもエンセーテをコシャシャと表現することはほとんどなく(図 2)，根茎部などが腐っているときにダカリと表現される．

エンセーテをコシャシャと表現しない背景の一つとして，アリの人びとが，エンセーテの植物としてのサイクル（繁殖し，生長し，成熟して収穫され，土に返るという循環）に積極的に関与（実践知）し，その結果としてエンセーテに見いだされるさまざまな有用性をワンナ（*wanna*，アリ語で「よい，適切である」の意）とダカリ（悪い，適切ではない）と判断していると指摘できる．その際に，重要視される行動の一つは，エスカン（*eskan*，アリ語で「知っている」の意）という表現である．エスカンとは実践できることを意味し，見て記憶したこととは区別される（金子 2011a).

土器もまた，コシャシャと表現されることはほとんどない．アリの人びとは，平均して一世帯あたり 12 個以上の土器を所有している(金子 2011b).土器にひびがはいるなどして調理具としての機能を失っても，その形態に応じてあらたな用途を担って再び日常生活の場に登場し，最終的には洗濯粉や歯磨粉として砂になるまで使いつくされる．土器もまた，アリの人びとの関与によって，その循環（粘土から土器が製作され，壊れて別の用途に利用され，最終的に土器片が粉になって土に返る）が促進されている．絶えずあらたな用途が付与され続けその有用性が担保されているからこそ，土器の破片がコシャシャとして表現されて放置されることはなく，砂になるまで使いつくされている．土器の製作は，女性職人によって行われているが，彼女たちは経験に基づいた実践知によって製作し，女性職人の手の善し悪し（ワンナ／ダカリ）で土器が評価される．

使い終えた授業ノートはコシャシャとして生徒によって積極的に処分されているわけではない．一方で，それらのノートは，物質としての有用性を維持し続けているが，アリの人びとは授業ノートの物質としての循環（別の用途につかわれて，最終的に土に返る）を促すような関与はしていない．むしろ，日常生活の場にそれらをとどめ置くという関与の仕方をしている．そこには，ノートに記載されている知とそれに対するアリの人びとの対処の仕方も作用している．

図２●使い終えたエンセーテの葉が市場に散乱していても，アリの人たちはそれをコシャシャとは表現せずエンセーテの葉とよぶ（エチオピア西南部Ｍ市場，2008年撮影）．

4.「もの」がとどめ置かれる状況が示すこと

アリの人びとは，自らの身体をつかって経験したこと（知っている）をもとに，「もの」の善し悪し（ワンナ／ダカリ）を判断している．その一方で，学校でうけた教育は，蓄積されてきた科学的事実をもとに体系化された知を記憶していくことに力点がおかれ，生徒たちは，善し悪しに関わる判断を発動しにくい．このように考えると，室内に使い終えた授業ノートがある状態は，不用な「もの」としても，よいもの（ワンナ）としても判断されていないことを示している．

このコラムでは，使い終えた授業ノートが日常生活の場にとどめおかれているという状況に注目し，エンセーテと土器との関わり方とそれらの物質的な循環という点に留意しながら，使い終えた授業ノートのそれと比較検討してきた．これまでアリの人びとは，自らの身体をつかって経験したこと（知っている）をもとに，ワンナ（よい，適切である）とダカリ（悪い，不適切である）という判断を行い，エンセーテと土器を不用な「もの」として認識することはなかった．その過程では，経験に基づいた「もの」に対する実践的な知が作用している．一方，使い終えた授業ノートは，従来の実践知をもとにした有用性の基準でも，また用不用の基準でも判断できず，その「もの」への関与の仕方を決めかねている状況ととらえることができる．

この状態は，ゴミという概念が定着している（用不用で「もの」との関係を決めることのできる）世界においても，類似した例を見いだすことができる．たとえば，アイディアを記録したメモ，過去の会議の資料，そして子どもが描いた絵などである．そこには，人びとの日常的な実践が反映されている場合が多く，用不用では判断がしにくい「もの」としての性質をおびていると考えることができる．

最初からゴミである「もの」はない．多様な物質性をもった「もの」が最終的には不用な「もの」，つまりゴミとして識別され生活の場面から消滅されることを期待される．この過程を検討することは，本書が目指している「有用性」や「不活性の物質（客体）」というニュアンスの範囲を超えた「もの」の概念を拡張していく可能性を秘めている．さらには，ゴミそのものだけではなく，「もの」と行為の不可分な関係を，経験に依拠した個人のレベル，その「もの」に共通に関与するようなコミュニティのレベル，さらには社会的な制度というさまざまなレベルにおいて検討することを可能にする．

参照文献

Douglas, M.（2002）*Purity and Danger-An Analysis of Concepts of pollution and Taboo*. Routledge.

金子守恵（2011a）「土器つくりを知っている」床呂郁哉・河合香吏編『ものの人類学』京都大学学術出版会，133–156頁.

――――（2011b）『土器つくりの民族誌』昭和堂.

ケヴィン，L.（有岡孝，駒川義隆訳）（2008）『廃棄の文化誌』工作舎.

Reno, J.（2014）Toward a New Theory of Waste : From ‘Matter out of Place’ to Signs of Life, Theory. *Culture and Society*. Vol. 31（6）: 3–27.

第V部……ものの人類学を超えて

動物研究と哲学からの視線

第12章

中村美知夫

「人間」と「もの」のはざまで
──「動物」から人類学への視点(パースペクティブ)

KEY WORDS

動物の視点，存在論的転回，非人間，
「自然」と「文化」，「普遍」と「特殊」

1　動物は「もの」を超える?

この第Ⅴ部では「ものの人類学を超え」ることになっている．ただし，そのようなことが本当に私にできるのか甚だ不安である．序章でも述べられているように，本書における「もの」の概念自体が相当に広い．場合によっては，人間や物質的基盤を持たない存在すらも「もの」に含まれうるのだ．そのように広い対象を相手とする「ものの人類学」を超えることは，はたして原理的に可能なのだろうか．

このように拡張された「もの」概念を用いて本書が到達しようとしている「脱人間中心主義」というテーマは，私の理解が正しければ，近年の文化／社会人類学における「存在論的転回」や「多自然主義」といった動きとも密接な関わりがあるようだ．そこで本章では，「動物」の視点からこうした人類学の動向について検討することを試みる．

しかし，なぜ「動物」なのか──．

一つには，動物は人間と「もの」の中間的な存在だと──おそらく一般的な感覚では──考えられているからである[1)]．人間は脊椎動物であるし哺乳動物である．また，その身体はタンパク質や脂質といった物質から構成されている．こうした初歩レベルの理科で教えられるような見解を根底から否定することはおそらく不可能

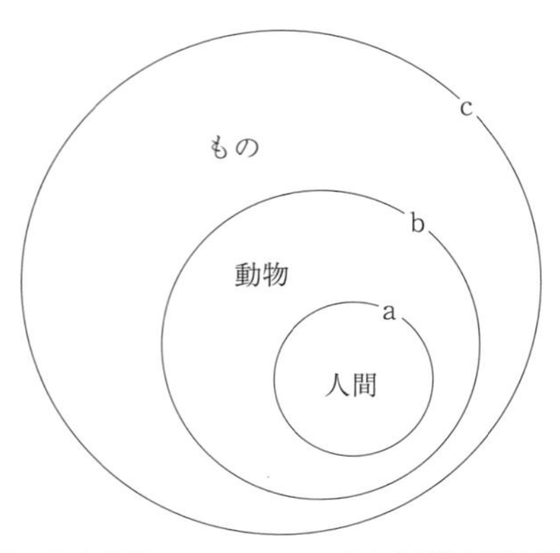

図 1 ●「もの」,「動物」,「人間」の包含関係. このシェマは, たとえば「人間は動物ではない」という言説と「人間は動物である」という言説のいずれにも用いることができる. 前者では, 線 b で囲われた領域の内部に着目して, 線 a による区分を問題にすればよいし, 後者の場合は, 線 a で囲われた領域が完全に線 b で囲われた領域の内部にあることが問題となる. 線 c は, 一般的感覚では物質と非物質を区分するものだろう.

である. 同様に, 動物もまた「もの」である（人間と同じように物質でできている）. ただし, 逆は真ではない. 全ての「もの」は必ずしも動物ではないし, 全ての動物は必ずしも人間ではない. つまり, 人間・動物・「もの」は図 1 のような包含関係にあると――あくまで一般的な感覚では[2)]――言えるだろう. ここでは, たしかに動物は人間と「もの」の中間の層に位置することになる.

一方で,「人間／動物」,「人間／もの」という背反図式も, 日常的に当たり前に用いられている. この場合も, 図 1 のような包含関係があることと矛盾するわけではない. たとえば線 b の内側の領域だけに着目して, 線 a によって区切られる二つの領域（内側と外側――この二つは背反的である）が「人間／動物」となる.「ものの人類学」は,「人間」領域と「もの」領域との境界を自明のものとしない（もしくは境界は揺れ動くと捉える）というスタンスであるから, この図でそもそもからして人間と「もの」の境界領域に位置している「動物」が検討に値しないはずがない.

「動物」に着目するもう一つの理由はもっと実際的なものである. それは, 私の研究対象がチンパンジーという動物だからである（この点については, 第 3 節でもう少し詳しく述べる）. 動物を研究している私は文化／社会人類学の中心にいないがゆえに, 議論が的外れになる部分もあるかもしれない. その点はご寛容頂くとして, それでも本章の議論が,「人間」だけではなく「動物」や「もの」にまでその関心の幅を広げようとしている多くの読者諸氏にとって, 何かしら建設的なものとして捉えてもらえるものと信じたい.

2 動物から人類学を見る

上述したように，昨今，文化／社会人類学において，「存在論的転回（以下「転回」）」という，何やら大きな動きがある．その中で「もの」や「動物」を含む「非人間」は重要な位置を占めているようだ．

たとえば，『現代思想』誌で2016年と2017年に出版された二つの文化／社会人類学の特集[3]（『人類学のゆくえ』と『人類学の時代』）にざっと目を通すだけでも，「動物」や「非人間」があちらこちらに登場するのを見て取ることができる．「多自然主義」（ヴィヴェイロス・デ・カストロ 2016）や「自然の人類学」（デスコラ 2016），「複数種の民族誌」（カークセイとヘルムライヒ 2017）といった新しい枠組みが紹介され，そのいずれでも重要な役割を果たしているのが動物（やその他の生物）なのである．こうした「転回」の中では，多様な視点（パースペクティヴ）が相対化され，自然科学的な視点だけが唯一正しいとする近代西洋的考え方へのアンチテーゼともなっているようだ．

本章では，こうした文化／社会人類学における「動物」や「非人間」をめぐる近年の議論について，動物の視点から語るという，少々無謀な試みをするわけである．以下で詳しく述べるが，「動物」の立場からしてみれば，腑に落ちない点もある．多様な視点が示され始めているとはいえ，想定されているのはあくまで「人間」の中での多様性であるようにも見えるのだ．重要なアクターとして登場したはずの動物たち自身の視点が丁寧に扱われているという感じは今のところしない．

さて，ここで言う「動物」とは，文化／社会人類学の通例に倣って，ヒトという動物を含まない[4]．このように定義すれば，全ての動物は，難解な科学論文も高尚な文化／社会人類学のテクストも，理解することはおろか，読むことすらできない．だから，動物がこれらの議論を読みこなした上で，自ら「動物の視点」を述べるわけではない．ここでは，動物の研究をしている私（中村）が動物を代弁することをお許し頂きたい．動物の研究者は，現地の人々をではなく，動物そのものを理解しようと，動物の社会に入り込むというフィールドワークをしている．その意味で，少しは動物自身に近いところから，これまでの「転回」の議論とは少々異なる視点が提供できるのではないかと思うのだ．

動物の立場から文化／社会人類学の議論に敢えて口を挟むのにはいくつか理由がある．一つは，本書がまさしく文化／社会人類学を中心として編まれているということである．もちろん，本書の元になった研究会には文化／社会人類学に限らない多様な周辺分野の研究者が参画していた．私もまたそうした周辺の一人と位置付けられるはずである．こうした周辺の研究者が招集されていた意図は，中心から周辺に支配を及ぼしたいということではないだろう．重要なのは，まさしく文化／社会人類学が旧来からそうしてきたように，「周辺による中心の相対化」（久保 2016a：192）ということなのだろうと思う．

もう一つの理由は，「動物」のことが問題になっているのだから，当然動物自身にも発言権はあるだろうというものだ．後に述べるように，こうした発想はあまり文化／社会人類学の内部からは出てきていないように思われる．それでも，「動物が発言するわけがない」などという反論は，単一自然主義を堅持する自然科学者からはありえても，文化／社会人類学の側——とくに「動物が語り」，「動物は人間だ」といった発言をし，それらはアナロジーではないと主張する「転回」の論者たち——からはあろうはずもないと信じたい．

また，たとえばB. ラトゥールが「科学」を対象化した（ラトゥール 1999）ことを評価する文化／社会人類学者たちならば，きっと人類学自体もまた別の誰かによって対象化されうるのだということは織り込み済みだろう．ここではその誰かが動物だというだけのことである．

3　人間と非人間のはざまで——サル学者の「捻れ」た立場

「転回」の議論に入る前に，代弁者となる私自身の立場を少し明確にしておこう．そもそも，私自身の立場はかなり「捻れ」ている．

前の節で，私は自身のことを「動物の研究者」であるといった書き方をした．だが，普段私は，自分の専門は「人類学」だと公言している．研究分野の記入が求められるような場合，迷わずに「人類学」と書く．広い意味で，人間とは，ヒトとは何かを知ろうと考えて研究をしているからである．ただし，私は文化／社会人類学者たちのように，人間[5)]を直接的な研究対象にしているわけではない．冒頭でも書いたように，実際の研究対象は野生チンパンジー（の一集団）である．なので，正確を期せば，私は「チンパンジーを対象とした人類学者」を自称しているということになる．

「人間を対象としていないのに人類学？」と，すでに訝しく思い始めている読者がいるかもしれない．実際，文化／社会人類学者たちから，私が他称として「人類学者」と呼ばれることはまずなく，「霊長類学者」とか「動物の研究者」と言われることがほとんどである[6)]．もちろんいずれの他称も間違いではない．私自身も，状況に応じて，わかりやすくするために，そうした呼称を用いることはある．

私が「霊長類学」という呼称をあまり用いたくないのは，そう言ってしまった途端に「霊長類学⊂動物学⊂生物学⊂自然科学」と位置付けられてしまうからである[7]．たしかに現在，多くの霊長類学者は，自らを「自然科学」の下位分野に位置付けている．私が，『現代思想』誌における『霊長類学の最前線』（傍点は中村による）という特集の中で敢えて「サル学[8]」という語を用いたのもそのためであった（中村 2016）．念のため言い添えておくが，自然科学がだめだと思っているのではない．人類学は，「自然」と「文化」の両方を含みうる（そして含むべき）研究領域であり，最初からどちらかに限定してしまうのは面白くないと考えているだけである．

伝統的な日本サル学（自然科学の下位分野と自己規定する現在主流の霊長類学ではなく）では，そもそも対象としてヒトとサルを区別しない．対象だけでなく，研究テーマもまた，およそ通常の自然科学で扱われるようなものではない．たとえば，サル学の創始者である今西錦司の研究主題は生物の「世界」であり，「社会」であった（今西 1941）．そして，実質的にサル学を遂行してその地位を不動のものとした伊谷純一郎は，まさしく，霊長類が「社会科学としての独自の方法論と理論を構築しうる対象でもある」（伊谷 1985：傍点は中村による）と述べている．また，彼らがかなり早い段階から人間以外の動物に文化（カルチュア）の存在を認めていた（今西 1952；伊谷 1991）ということも忘れてはならないだろう．

つまり，日本サル学は「自然／文化」という区別を設けることなく，現在霊長類学が位置付けられる「自然科学」の枠組みにも最初から収まっていなかったのである．後続のサル学者たちは，70 年近くになる研究史の中で，次第に自然科学に親和性を持ち，「科学的」であることを良しとするようになっていく（中村 2015 も参照）．そして間違いなく，そこで置き去りにされ，「霊長類学」の中で扱われなくなっていったものがあるように思う．私が，「霊長類学」という——いまや自然科学の下位分野と扱われている——呼称を用いず，「自然」や「文化」の付かない，裸の「人類学」を用いるのはこうした理由からなのである．

実際，私がチンパンジーに面する際，私にとって彼らは単なる自然科学的な研究対象ではない．彼らにはそれぞれ個性があり，互いに社会的にふるまう存在者である．そうした社会の中で形作られる行動の中には，集団の中では共通しているが，集団間では異なるような交渉のパターンがいくつも見出される．ここまでは，現在主流の霊長類学でも認められているが，その説明では常に個体や，さらに究極的には遺伝子に還元することが求められる．そうでなく，社会のレベルで説明しようとすれば，擬人主義のレッテルを貼られるか，「何を言っているのかわからない」，「そんなものは科学的ではない」と一蹴されるのがオチである．

だからと言って，人間の文化や社会を研究している人々の側に受け入れられるわけでもない．多くの場合，人間の側の研究者は，チンパンジーの社会の話などそもそも気にしていないか，よくても研究をいくつか紹介した上で，次のような結論を下す．「人間は，チンパンジーのような単なる『群れ』ではなく，相互依存的な分業体制を伴った本当の意味での『社会』を形成することができる」（山口 2005：193，傍点は中村による）．たしかに，チンパンジーには明確な分業体制はないので，それを基準にするならばこの言説は正しい．だが，そうするといくらチンパンジーの社会について語ったとしても，最終的には「本当の意味での『社会』」ではないからと言われて終わりになる．おそらく「文化」についても同様で，人間の文化を研究している人たちが，本当の意味でチンパンジーに「文化」があると考え，たとえば人間の文化と比較をするようなことはほとんどないだろう．

私の立場が「捻れ」ていると言う理由はここにある．自分では両側に足を置いているつもりであっても，実際にはいわゆる自然科学としての霊長類学（「自然」の側）からも文化／社会人類学（「文化」の側）からも，「あちら側」と見なされうるのだ．

4 「転回」と人類学

本題に戻ろう．

不勉強ながらも，文化／社会人類学者たちの間で話題になっている「転回」に関するいくつかの論考に目を通してみた．共通している点を乱暴にまとめるならば，それは，断絶した「自然」と「文化」[9]をなんとか調停しようとする作業であるように思われる．

むろん，「転回」も一枚岩ではない．たとえば，「『存在論』は今ブームと化して」いて，多くの文化／社会人類学者が「知の新しい潮流にただ身を任せ」ている（出口 2017：168）とか，「結局すべて認識論に過ぎず，文化相対主義とどう違うのか」（春日・檜垣 2016：168，対談における春日の発言）とかいった批判もある．私自身も今のところ，何がこれほど多くの文化／社会人類学者たちを興奮させているのかは正直よくわからない．だが，批判も含めてこれだけの反応があること自体が，その影響力の大きさを示しているとも言えるのだろう．

文化／社会人類学での盛り上がりとは対照的に，「自然」を扱う側の生物／自然人類学では，まったくと言ってよいほど「転回」について語られない．先に紹介した『現代思想』における二つの文化／社会人類学特集と時期を前後して，二つの生物／自然人類学寄りの特集も編まれている（2016 年の『人類の起源と進化』と 2017 年の『変貌する人類史』）のだが，確認できた限りでは，その中で執筆している第一線の生物／自然人類学者たちが「転回」に触れている箇所はない．

生物／自然人類学を「『自然』を扱う側」と言ったが，実際にはそれほど単純ではない．これらの特集の中には初期人類の文化（門脇 2016；長沼 2016）や文化進化（三中 2016；田村 2017）などの主題を扱っている論考もある．これらは，まさしく「自然」と「文化」を繋ぐようなトピックのはずだが，いずれでも「転回」の話題は出てこない．反論や批判すらもないところを見ると，まったく知らないのか，完全に無視しているのかのいずれかであろう．

そうすると，「転回」というのは，「文化」の側が一方的に「自然」と「文化」の断絶を調停できた（できる）と主張しているだけなのだろうか．だとすると，この「転回」は本当に転回と言えるのだろうか．「自然」と「文化」という線引きを克服するという主張であるならば，生物／自然人類学者にとっても重要であるはずだ．その主張が妥当ならば受け入れられてしかるべきであるし，妥当でなければ反論があっていい．それとも，凝り固まった「自然主義」の人々には，もはや何を言ってもまったく伝わらないのだろうか．

「転回」がもし，人類学内部での「自然」と「文化」という亀裂の両側をすら取り持つことができないとすれば，より大きな範囲での「自然」と「文化」の調停がはたして可能なのだろうか．おそらくこれからなのだろう――本当の意味で「自然」と「文化」の調停が果たされることになるのは．

5 「非人間」について

以下では，動物の視点からとくに気になる点をいくつか見ていくことにしよう．

まず，こうした「転回」の中で当たり前に用いられる「非人間 nonhuman」という語についてである．P. デスコラや E. ヴィヴェイロス・デ・カストロにとって，「非人間」の典型は動物であるようだ．だが，生物／自然人類学者や霊長類学者たちがヒト以外の動物に触れる際に，「非人間」という言い方はしない．ヒトと区別するために，「nonhuman primates（ヒト以外の霊長類）」とか「nonhuman animals（ヒト以外の動物）」といった言い方がされることはあるが，「nonhuman」が単独で用いられることはない．つまりこの語は極めて狭い範囲で用いられている特殊な用語なのである．

「非人間」という語は，一般的な日本語としては明らかにネガティブなイメージを喚起する[10]．調べた限りでは，「非人間」という語そのものは辞書に載っていないが，類似の「非人」は江戸時代に最下層の身分に置かれた人々を指す差別的な語であるし，「非人間的」という形容動詞は「冷酷で無慈悲」という意味を表わす．

図２●マハレのチンパンジーのオオアリ釣り．棒に付いている黒い点がオオアリである．

『現代思想』の一連の人類学特集の中で，「非人間」という表現自体の是非に言及していたのは，おそらく一箇所だけであった（カークセイとヘルムライヒ 2017：106）．しかも，それはその著者ら自身の意見としてではない．スーザン・レイフ・スターによる私信として，「非人間」という表現が，「非白人」のようで，何かが欠けていることを示唆しているように聞こえるという見解が紹介されている．この私信を紹介して，カークセイとヘルムライヒは「『非人間』という範疇もまた，人間例外主義……（中略）……愚かな考え――に基礎づけられている」（同）と認めるのだが，ただその後も彼らは，とくに躊躇する様子もなく，論考の中で「非人間」という語を用い続けている．「愚かな考えに基礎づけられた」範疇をなぜ使い続けられるのだろうか．

すでに「非人間」という語がこうした分野では定着してしまっており，多くの論者は――おそらく若干の語感の悪さは認めながらも――共通の学術用語として使っているようだ．学術用語ということは，少なくともその語をプラクティカルに用いれば，現象を記述しやすいとか，理解がしやすいとかいったメリットがあることになるだろう．だが，実際に「非人間」を対象とした研究にこの語を当てはめようとすると，必ずしもそうはならないことが明らかになる．

たとえばチンパンジーが細い棒を使ってオオアリ釣り（道具使用）をしているところを想像してほしい（図２）．このシーンを人間が観察している場合，たしかに「人間（＝観察者）」と「非人間（＝チンパンジー）」の関係としてこの場を捉えることは不可能ではない．ただ，たとえば文化／社会人類学者が他文化の人々の道具使用を観察して記述する場合，「人間（＝観察者）」と「人間（＝道具を使う人）」との関係として捉えることはそれほど多くないように思われる．通常，観察者である人間は背景に消え，「人間（＝道具を使う人）」と「非人間（＝道具）」の関係として描かれることが多いはずだ．この路線で行けば，チンパンジーのアリ釣りは，「非人間（＝

チンパンジー)」が「非人間（＝道具)」を使って「非人間（＝オオアリ)」を釣ると描写することになってしまう．こんな描写がはたして有効であろうか．

J. デリダ（2014）は，「動物 l'animal」という単数定冠詞付きの語の中に，多様な動物たちが，あたかも「人間」と根底的に対立しているかのように含められることに異議を唱えている．「非人間」という言い方は，そうした対立性をさらに際立たせるものではないか．「動物」ですらもあまりに多様であるというのに，「非人間」にはさらに多くの異なる存在者たちが含まれうる．「動物」という語ならば，純粋にそこに含められる要素同士の共通性だけで定義することが可能だが（その場合，ヒトも「動物」に含まれることになるが)，「非人間」の場合，「人間ではない」という否定の共通性以外に定義は不可能である．

アリ釣りの話に戻れば，人間はチンパンジーのようにアリ釣りをすることができるから，最初の「非人間」は簡単に「人間」に置き換えることができる．一方，小さなアリの巣穴に人間を挿入することはできないから，二つ目の「非人間」とは置き換えられない．だからこれらの「非人間」が実際には等価でないのは自明であろう．

もちろん，動物たち自身はそもそも何と呼ばれようがけっしてそのことに文句を言うことはない．自分たちが「人間」だなどという視点を語ることもない．だから，実際に「非人間」という用語に抵抗を感じるのは「非人間」たち自身ではなく，「非人間」研究者である．それでも，文化／社会人類学者たちは，「他者の見解を『真剣に扱うこと（taking seriously)』」（久保 2016a：194）を実践しているのだから，そうした他者の見解を真剣に扱ってくれることを期待しよう．

文化／社会人類学者は，暗黙のうちに持ち込まれる差別構造や自文化中心主義に敏感であり，自分とは異なる他者に対しても，できる限り相手の立場に立って，そうした相手に言及する用語の選択にも気を遣ってきた．だから，本気で「非人間」を「人間」と対称的に扱おうというのであれば，きっと今後何かよい解決策を見出してくれるであろうことを期待したい．

6 動物の主体性なるもの

「転回」の中では，動物が主体的なエージェントとして描かれる．

たとえば，ヴィヴェイロス・デ・カストロ（2016：43）は「ジャガーは血をマニオク酒として」見ると言う．さらに，これは「知覚対象（パーセプト）について文字通りに言及しているのであり」，アナロジーではないと言う．そしてこう述べる．「つまり，動物は人である」と.

誰が誰の「知覚対象」について「言及」しているのだろう．むろん，ヴィヴェイロス・デ・カストロの研究対象であるアマゾニアの人々が，ジャガーの知覚対象について言及しているのだ．このこと（アマゾニアの人々がそのように言及すること）自体は，ヴィヴェイロス・デ・カストロ自身の経験に裏打ちされているはずで，きっとその通りなのだろう．だが，よくわからないのは，人類学者自身にとってジャガーはどう現れるのか，ということである．当然ながら，アマゾニアの人々がそのように言及することは，必ずしもその言及内容が，人類学者にとっても妥当であることを意味しない．文化／社会人類学者にとって「自らにとって異質な他者が生きる世界の有様をまずもって全面的に肯定」（久保 2016a：191）することが重要なのは言うまでもないが，一方ではそうした「世界の有様」は現地の人々が語る内容だけではないのもまた当然のことだろう．彼らの言及内容が本当に彼らの存在論なのかどうかについては注意深い検討が必要であろうと思う．

正確には，人類学者は「ジャガーは血をマニオク酒として見る」とは言えないはずで，言えるのは「アマゾニアの人々（とくにシャーマン）は『ジャガーは血をマニオク酒として見る』と述べる」ということであろう．なぜなら，人類学者自身にジャガーの知覚を確認することはできないと思われるからである．どれだけ優秀な動物学者であれ，人類学者であれ，哲学者であれ，そしてアマゾニアの人々であれ，自分以外の存在者があるものをどのように「見る」のかということを知ることは原理的にできない[11]．さらには，「血がいったい何に見えているか」とジャガーにインタビューすることも，またできないはずだ．なので，「ジャガーは血を……」という言説は，じつはジャガー自身の視点ではない．やはり，アマゾニアの人々がそう語っている，アマゾニアの人々の視点である．

もう一つ，動物の立場からしてみれば簡単には納得のいかない例を挙げよう．それは，人間の獲物となる動物が「自らの身を捧げる」といった言説である．

たとえば，P．ナダスディ（2012：292）によれば，動物は自らを猟師に捧げ，そうした「贈り物」を受け取った猟師は儀礼的実践を通して返済する必要がある．北方狩猟民の多くは，そう認識している．そして，これらの動物は「人の言語を解し，使うことができる」（同：330）．さらには，こうした先住民の動物観は「単なる文化的構築物ではない[12]」（同：296）．

ナダスディの意見には賛同できるところも多い．たとえば，文化／社会人類学者が人間の絶対的な独創性を前提としてきたという指摘をしていること（同：320）や，「自動機械としての動物」という考えを却下する（同：323）といったことなどである．ただ，それでも全体としては読後に強い違和感が残った．「動物側の観点を考慮する必要」性を唱えている（同：333）にも関わらず，とてもそうなされているとは思えなかったからだ．

ナダスディは，これまでの文化／社会人類学が「人の側………（中略）……にのみ注目し……（中略）……動物の側を無視している」（同：312，傍点中村）と批判する．だが，彼自身の実践としてはどうか．この論考では，自身の研究対象であるクルアネの人々の言説は充実している．一方で，彼自身が具体的に動物に関わった事例は二例[13]しか掲載されていない（同：302；338–339）．最初の例では，ウサギを罠にかけ，その首の骨を折らなければならなくなる．「結果として，その動物は苦しみ，私はみじめな気持ちになった」と言う．この直接的経験は，「そんな風に考えてはいけない」というクルアネの女性の言葉に上書きされ，二例目では「ウサギが私に自らを捧げようとした」（同：338，傍点中村）と感じるようになる．

これは，あまりにも「人間」側の意見に引きずられすぎではないか．「動物の側を無視している」と批判するナダスディが，以前は感じていた「動物の苦しみ」を，なぜ簡単になかったことにできたのだろう．彼が人間と動物とを調停する立場にあるのだとすれば，あまりに一方の言葉だけに依拠して判決[14]を下してしまってはいないだろうか．

ナダスディはさらに，T. インゴルドが「参与的および対話的な技法を動物に応用しても有効ではないと論じている」（同：326）ことを批判する．ということは，こうした技法は「有効だ」と言っているのだと思うが，ならばなぜ彼自身は狩られる動物の側にも参与し，動物と対話する（ナダスディの見解によればそれは可能なはずだ）という実践をしないのであろうか[15]．

人類学は直接対象と出会い，自分自身の目で見て，自分自身の耳で聞いて，対象の存在者たちの世界を自分のものとして理解しようとする学問なのだと思う．「非人間」が人類学に登場し，「非人間」と「人間」とが対称的であると言うならば，人類学者は「人間」と同じように「非人間」にも出会う必要があるのではないか．たとえば，猟師に追われ，パニックに陥り，フリーズし，いきなり撃たれ，それでも必死に生きようともがく動物の経験を，動物の立場で真摯に理解しようとする努力は不可欠だろう（真の意味で参与することは無理だとしても）．そうした上でなお，簡単に「動物は身を捧げる」などと言えるのだろうか．

おそらく動物の研究者は，「転回」の中で批判ないしは相対化される単一自然主義の側にカテゴライズされる．たしかに動物を対象とした研究のほとんどは，いわゆる自然科学の枠内でなされている．その狭量さは，文化／社会人類学者が足を踏み入れたくないと思うような類のものなのかもしれない．それでも，動物に長期間寄り添い，言語を持たない彼らが「語る」声を理解しようとしてきた研究者たちもいる．そうした研究者たちがいかに動物を代弁するのかについても，もう少し耳を傾けてみてもよいのかもしれない．

7 「自然」と「文化」

「転回」の中で多くの論者が述べるように，「自然」と「文化」が実際には切り分けられないという主張自体は正しい．しかし，こうした論考の多くでは，どちらかと言えば「自然」を「（人間の）文化」の側に包摂しようともがいているようにも見える．

この点を強く感じたのは，たとえば「人新世」という語の援用である．この語もまた，「転回」の議論の中では頻出する（カークセイとヘルムライヒ 2017：98；大村 2017：228；鈴木ほか 2016：202；ツィン 2017：134）．もともと，「人新世」という概念は，人間の（文化的）活動が地質という「自然」にも長期的に刻まれるネガティブな影響を与え始めているということに警鐘を鳴らすためのもののはずである．なのに，この語を用いる文化／社会人類学者たちは，どこかポジティブに捉えているようにも読めてしまう．もはや純粋な自然などない，文化は自然をも凌駕するのだ，と．

環境を大きく改変するのは人間だけではない．たとえば，ゾウはブルドーザーのように木々をなぎ倒し，環境を大幅に改変する．アフリカの原野には，ゾウの歩いた痕跡（いわゆるゾウ道）が縦横に刻まれている．もっと重大な改変は，人間が登場するはるか昔，小さな生物たちによって引き起こされている．いわゆる葉緑体を持った光合成生物が出現したことによって，大気中に大量の酸素が放出されることになった．それまで主流であった嫌気性の生物にとって，高濃度の酸素は猛毒である．その後，この猛毒を逆に利用する好気性の生物が繁栄するようになり，その末裔の一種がヒトである．A. R. ツィン（2016）が言うように，「攪乱」がある種の生物（ツィンの例ではマツタケ）が繁茂するための好条件を造り出すこと自体は，生態学ではよく知られた現象である．そして，そのように改変された環境が，巡り巡って改変のきっかけとなった動物（ヒトも含む）の行動や食性などに影響を与えていくということもよく知られている．

「自然」と「文化」の断絶を乗り越えようとする「転回」の議論の中では，最初から「文化」は人間のものだと考えられてはいないだろうか．「自然」の側に配置されている動物が，文化を持つ可能性についてはほとんどと言っていいほど触れられることはない．動物が文化を持つことは，古くは今西（1952）によって予言され，その後日本サル学の中で数々の実例が示されるようになった．この考え方は欧米の霊長類学にも「静かな侵入」（ドゥヴァール 2006）を遂げ，チンパンジーの文化に関する研究で国際的にも認められることとなる（Whiten et al. 1999）．

もちろん，チンパンジーの文化と言っても，現時点では，遺伝的変異や環境の差異によらない地域間での行動変異がリストアップされたものにすぎない．しかも，道具使用のように，ある一定のパターンとして人間の観察者が取り出しやすい行動でなければそもそもピックアップすらされないという問題もある．こうした行動変異のリストを「文化」や「民族誌」といった用語で語ることには，文化／社会人類学者側から強い拒否反応がある（たとえば Ingold 2001）．もちろん，そうした批判にはもっともなところもある（中村 2003 も参照）．チンパンジーの文化と人間の文化がまったくイコールであるとも思わない．それでも，本気で「自然／文化」の断絶を乗り越えようとするならば，文化が自然を変えていくといった議論の一方で，文化が自然の中に存在しているのだといった点についてももう少し注目をしてもよいのかもしれない．

「自然」と「文化」の対立は，ときに「普遍（単一性）」と「特殊（多性）」（ヴィヴェイロス・デ・カストロ 2016：41–42）との対比に置き換えられる．だからこそ，その対応を逆転させ，「転回」を図った．しかし，「自然」をたくさんにすればそれで済むのだろうか．自然も，その自然に向かう身体やハビトゥスの違いによって多元的であるという考え方は，動物の視点からすれば，決して新しいものではない（古典的には，ユクスキュルとクリサート 1973 を見よ）．

文化／社会人類学は，対象の人々の特殊性——とくに近代西洋から見ると異質な側面——を強調する傾向にある．たとえば，カナダの先住民であるカスカの人々が狩猟した「クマの目玉をくりぬく」という儀礼（山口 2016：229）を考えてみよう．カスカの人々は，通常はクマを狩猟することを禁忌としているが，どうしても食べなければならないときにはその目玉をくりぬき，調理する様子を見えなくするらしい．当然，こうした儀礼自体は特殊なものであり，その背景にあるその文化の人々特有の考え方やロジックなどが議論の対象となるわけである．すでに死んだクマの目は，自然科学的な常識からすれば，すでに機能しない（見えていない）はずなので，それが人間の調理する姿を見ると考えるのは自然科学とは異質の視点だろう．たしかに近代西洋とは異なる存在論がある．

しかし一方で，この儀礼には人間の認識の普遍的な側面も含まれている．たとえば，この儀礼は，「目には見る機能がある」という理解がなければ成立しない．こうした理解は，自然科学に慣れ親しんだ私たちにとってはあまりにも当たり前のことに思えるが，異なる視点を持つ人々が同じように考える必然はない．おそらく，自分自身の身体をモデルとし，自分とまったく同じではないが似たところもある身体を持つクマとの間に，何らかの形で共通性を見出しているのであろう．目という構造やその機能は「自然」に属するはずである．「たくさん自然が存在する」にも関わらず，目が何なのかという点については自然科学の存在論でもカスカの人々の存在論[16)]でも共通しているのである．たくさんの視点がありえても，どこかで人間の視点には普遍的な部分もある．自然科学者が自然の普遍性を強調するのと対照的に，人間の研究者は通常，人間の多様性に焦点を当てているように思われる．その意味では，「転回」もまだ多様性の側に張り付いたままである．人間も動物も，最初から「普遍（単一性）」と「特殊（多性）」との双方を兼ね揃えている．

8　人類学者という「われわれ」?

動物の視点から見て，もう一つ気になるのは，「転回」の中でしばしば言及される「われわれ」である．たとえば，先出の文化／社会人類学特集でも，「われわれがなじんでいる人類学＝人間学」（ヴィヴェイロス・デ・カストロ 2016：45）とか，「私たち自身の存在論」（久保 2016a：195）とか，「近代社会という呪縛からわれわれをただちに解き放ってくれる」（檜垣 2016：306）とか，「《我々の》世界」（マニグリエ 2016：100）といった表現（傍点はいずれも中村による）がけっこう頻繁に見られる．つまり，「われわれ」の間ではその宇宙論なり存在論が共通していることが前提とされており，だからこそ，異文化の宇宙論なり存在論が「われわれ」のそれと異なることが強調されるのである．しかしそもそも，この前提は妥当なのだろうか．このときの「われわれ」とはいったい誰のことなのだろうか．

たとえば，「われわれの宇宙論は，人間と動物の間に，形而下の連続性と形而上の不連続性を仮定」している，とヴィヴェイロス・デ・カストロ（2016：59，傍点は中村による）は述べる．「形而下」「形而上」という語でヴィヴェイロス・デ・カストロが何を想定しているのかは私には厳密にはわからないが，もう少し簡単に「身体」「精神」と言い換えてやっても大きな齟齬はないだろう．だとすれば，少なくとも私個人は「人間と動物の間に，形而上の不連続性を仮定」しているつもりはない．私は近代に属し，おそらくヴィヴェイロス・デ・カストロよりは自然科学に近いところで，研究という極めて近代的な営為を行っているにも関わらず，である．動物にも心や精神が存在すると考え，様々なアプローチで，それらがどのように人間のものと連続しているのかを明らかにしようと考えている研究者もいる（たとえばCorbey 2005 はまさしく「形而上」という語を類人猿に使っている）．研究者以外であっても，たとえば動物園の飼育者であったり，ペットを飼っていたりする人にとっては，動物は心を通わせることができる存在であり，人間に対するのと大きく変わらないやり方で接するような相手であるだろう．こうした人々もまた近代の住人である．

なので，ヴィヴェイロス・デ・カストロや「転回」の論者たちが「われわれ」という形で措定する範囲は，少なくとも近代に住む全員ではないし，自然科学に携わる人たち全員というわけでもない．では「われわれ」とは，近代の文化／社会人類学者たちだけに限られるのだろうか．だとすれば，やや範囲が狭いように思われる．

文化／社会人類学者は，西欧を中心とした自文化中心主義や自然科学をベースとした近代的思考などを相対化して見ることができる．しかし，自分自身（もしくは文化／社会人類学者という集団）をも相対化することはできるのだろうか．そうしたときに，文化／社会人類学者は，誰を「最終的に代表することを望むのか」（マニグリエ 2016：108）という指摘は重要である．

9 人類学のゆくえ

結局のところ，「自然／文化」の断絶を作ったのはほかでもない人類学自身なのだろう．「転回」は，そうした自分自身が掘った深い溝を埋め立てようという宣言なのかもしれない．残念なことに，まさしくそうした宣言を紹介する中ですら，（暗黙のうちに）新たな溝が掘られうる．たとえば，石倉（2016）による「今日の人類学地図」（特集の見開きページに掲載されている）には，霊長類学はおろか，いわゆる生物／自然人類学の分野は影も形もない．もちろん，石倉自身が人類学にそうした分野があることを知らないわけではなく，文中のはじめのほうでは「ヒトという種」とか「自らの起源となる生命史との関係を探り」とかいった表現が出てくる（石倉 2016：311）．だが，「自然」と「文化」の調停を掲げる「転回」に至った「今日の人類学」にはなぜか生物／自然人類学は含まれていないのだ．

人類学が人間を理解しようとする学問である以上，ある程度人間中心主義的になってしまうことは避けられないと私は思う．重要なのは，どこかで人間中心主義的になってしまうことは認めつつも，そのことに対して真摯に向かい合っていくことかもしれない．「動物は人間だ」といった，「転回」後によく見られる言説は，一見人間中心主義を克服したかのように語られるが，動物の視点からすれば，その姿勢自体がおそろしく人間中心主義的である．主客構造を脱却し，「人間」と「非人間」とを対称的に扱おうとする構図が，皮肉にも実際には非対称性を生み出しているのである．

現在,「自然」サイドと「文化」サイドのそれぞれで「自然」と「文化」の調停がなされ始めている.これは歓迎すべきことである.今後の課題はこの二つの調停作業の間での調停をすることなのかもしれない.一方では文化/社会人類学が人類学地図に生物/自然人類学を入れず,他方では生物/自然人類学が「転回」のような動きについてまったく無関心であるといった現状は,なんとか打破していく必要がある.

自らの手で「自然」と「文化」の二つに分裂してしまった人類学はもう一度一つになる必要があるのかもしれない.それぞれが「われわれ」の内部だけで議論を進めるのではなく,月並みな言い方になるが,相手に自分を理解してもらい,互いの視点を尊重していくという実践が必要なのだろうと思う.その時に,ひょっとしたら「動物」はよいトリックスターになれるのかもしれない.「動物」を「非人間」だと位置付けてしまえば,たんに彼らの視点が増えることになる.だが,「人間」もまた「動物」なのだということを認めれば(これは決して唾棄すべき単一自然主義ではないと私は思う),「人間と動物の」ではなく,「人間も含めた動物の」人類学が可能になる.もちろん,この時の動物は,かつてデカルトが考えた自動機械のような存在ではない.これまで「自然/文化」の名で切り裂かれてきた普遍と特殊を併せ持った存在である.

冒頭で不安を述べたが,やはり本章が「ものの人類学を超え」ることにはならなかったように思われる.それは,本章で述べた問題意識が概ね編者らが序章で触れているものと重複しているからでもある.少し異なるとすれば,それはやはり「人間」ではなく,「動物」の視点からこの問題を捉えようとしたことにあるだろうか.

再び冒頭の図1を見ていただきたい.「ものの人類学」とは,人間の領域(線aの内側)から動物や「もの」の領域へと視野を広げることで,線aという境界の妥当性を問うようなものだと言えるだろう.ある時に人間は線aの外側にはみ出していくかもしれないし,逆に外側の「もの」が線aの内側に侵入してくることもありうる.線自体が不可視化してしまうことすらあるのかもしれない.こうした作業に徹する限りにおいて,動物と「もの」の間にある線bは,それほど問題にならないのかもしれない.だからこそ,「非人間」という領域(線cの内側全てから線aの内側を除いた領域)を軽々と想定することが可能になる.

だが,ヒト以外の動物は最初から線aの外側にある(少なくともこの図[=一般的な考え]では).本書に通底するような問題意識からすれば,人間の領域にとって線aが重大な関心事であるように,動物の領域(線aと線bの間の領域)にとっては線aと同様,線bもまた重要な問題になるはずである.この線は「人間も含む動物」(線bの内側全て)と「非動物」とでも言うべきもの(線bと線cの間の領域)の境界をなすわけだが，その妥当性を問うことは可能だろうか．そこまで行くことができれば，たしかに，「ものの人類学」をも超える議論になりうるのかもしれない．ただ，それはもはや，「人類学」ですらないのかもしれないが．

注

1）ただし，一般的感覚だけではなく，哲学においても動物は「もの」と人間の中間に置かれることはある．たとえば，M. ハイデッガー（1998）は，「無世界的」である石（物質的な物）と「世界形成的」な人間の中間に「世界貧乏的」な動物を位置付け，まさしく中間的であるという理由から動物の世界貧乏性について詳細な考察を行っている．

2）ちなみに，注1におけるハイデッガーの石・動物・人間は，必ずしもこのような包含関係にはなっていない．

3）表面上は何も付かない「人類学」の特集であるが，実際には明らかに文化／社会人類学の特集である．

4）本来，文化／社会人類学の内部ではこんな弁明は不要である．文化／社会人類学で「動物」と言えば，何の説明もなくてもヒトは含まない．ただし，本章では後に，文化／社会ではない人類学にも言及し，そこではヒトも動物の一種と捉えられるので，敢えてここで説明を加えておく．

5）一般的には人間全体ではなく，人間の一文化，もしくは一民族．

6）このことは，この第V部の副題を見てもわかる．

7）私が現在所属している研究室は，組織上は理学研究科生物科学専攻動物学教室の下にあるので，そう位置付けられるのも無理はないのだが．

8）私の研究対象のチンパンジーは狭義のサルではないので，この名称もそれほどお気に入りなわけではない．

9）誰が引いた線引きなのかという点は後に論じたい．

10）このことは，ラトゥール（2007）の訳者である川崎（2007）も認めており，いわゆる「非人間的」という際と区別して，nonhuman の訳を「非・人間」（非の後にナカグロが入る）にするという苦肉の策を用いている．

11）ひょっとすると，こう言うこと自体が単一自然主義的発想なのかもしれない．たしかに，自然科学的にそれが証明できないとしても，たとえば神や霊などを実際に経験する人はいるだろうと思う．ただ，彼らが彼ら自身の（たとえば神についての）知覚を直接的に語ることはできても，彼らが彼ら以外の存在者（たとえばジャガー）の知覚を直接的に語ることはできないように思う．

12）文化的構築物であることをナダスディが必死に否定するのは，それが「現実ではないという含みがある」（ナダスディ 2012：295）からである．だとすれば，裏を返せば，科学的認識は「疑いようのない現実だ」とナダスディは考えているのだろうか．私としては，近代西洋の科学的認識であっても北方狩猟民の認識であっても，等しく文化的構築物であって構わないと思う．もちろんいずれの文化的構築物も，それぞれの文化共同体において，現実との関わりの中で有意味だとされるものだけが生き延びるのだろう．

13) それでも,「情報提供者の言説があるばかり」(菅原 2017:341) という状況よりはましではあるが.

14)「判決」というアナロジーで,狩猟民が動物を殺して食べることを断罪するつもりはまったくない.ただ,人間が生き物を殺す際にある種の罪悪感が伴うという点は無視するべきではないと思う.日常的に動物を殺す必要がある人々は,何らかの認識論的防御装置でこうした罪悪感を無化,もしくは軽減しているはずだ.そうでなければ,毎回生き物を殺すことに耐えられなくなってしまう.

15) ナダスディが別の論考ではもっと動物の側への参与経験を記述している可能性はある.ただ,実際に狩られて殺されるところまで動物側に参与したということはそもそも不可能である(参与していたら,到底この論考を書くことはできなかったろう).狩って殺す人間側には明らかに参与しているのだから,その意味ではナダスディも人間と動物を等価に扱えているわけではない.そうした根源的な非対称性が不可避的に存在するにもかかわらず,簡単に人間と動物を「対称」だと言い,その上で「動物は身を捧げる(アナロジーでなく)」と言い切る点に私は違和感を覚えるのである.

16) 山口自身は「カスカの存在論」という言い方はしていないのだが,こうした事例は「転回」の議論と親和性が高いのは言うまでもない.

参照文献

Corbey, R.(2005)*The Metaphysics of Apes*. Cambridge University Press, Cambridge, UK.

出口顯(2017)「ブリコラージュ,進化,メーティス:文化と自然の統合」『現代思想』45(4):151–169.

デスコラ,P.(矢田部和彦訳)(2016)「自然の人類学:コレージュ・ド・フランス教授就任講義[2001年2月29日(木)]」『現代思想』44(5):26–40.

ドゥヴァール,F.(2006)「静かな侵入:今西霊長類学と科学における文化的偏見」『生物科学』57:130–141.

ハイデッガー,M.(川原栄峰・ミュラー,S. 訳)(1998)『ハイデッガー全集 第29/30巻 形而上学の根本諸概念:世界—有限性—孤独』創文社.

檜垣立哉(2016)「アンチ・ナルシスの射程:ヴィヴェイロス・デ・カストロ『食人の形而上学』に寄せて」『現代思想』44(5):306–310.

石倉敏明(2016)「今日の人類学地図:レヴィ=ストロースから『存在論の人類学』まで」『現代思想』44(5):311–323.

今西錦司(1941/2002)『生物の世界ほか』中公クラシックス.

———(1952)「人間性の進化」今西錦司(編)『人間』毎日新聞社,36–94頁.

Ingold, T.(2001)The use and abuse of ethnography. *Behav. Brain Sci*. 24:337.

伊谷純一郎(1985)「サル学事始めの頃と今日の課題」『霊長類研究』1:5–14.

———(1991)「カルチュアの概念:アイデンティフィケーション論その後」西田利貞・伊沢紘生・加納隆至(編)『サルの文化史』平凡社,259–278頁.

門脇誠二(2016)「揺らぐ初期ホモ・サピエンス像:出アフリカ前後のアフリカと西アジア

の考古記録から」『現代思想』44（10）：112–126
カークセイ，S. E.・ヘルムライヒ，S.（近藤祉秋訳）（2017）「複数種の民族誌の登場」『現代思想』45（4）：96–127.
春日直樹・檜垣立哉（2016）「新たな〈現実〉を描く：『静かな革命』以降の人類学と科学・自然・人間」『現代思想』44（5）：162–176.
川崎勝（2007）「訳者あとがき」ラトゥール，B.（著）『科学論の実在：パンドラの希望』（川崎勝・平川秀幸訳）産業図書，407–415 頁.
久保明教（2016a）「方法論的独他論の現在」『現代思想』44（5）：190–201.
———（2016b）「非人間への生成：非連続的思弁と連続的実践の狭間で」『現代思想』44（22）：194–209.
ラトゥール，B.（川崎勝・高田紀代志訳）（1999）『科学が作られているとき：人類学的考察』産業図書.
ラトゥール，B.（川崎勝・平川秀幸訳）（2007）『科学論の実在：パンドラの希望』産業図書.
マニグリエ，P.（近藤和敬訳）（2016）「形而上学的転回？：ブルーノ・ラトゥール『存在様態探求：近代の人類学』について」『現代思想』44（5）：98–112.
三中信宏（2016）「文化系統と文化進化：継承のパターンからプロセスを推論する」『現代思想』44（10）：178–187.
ナダスディ，P.（2012）「動物にひそむ贈与：人と動物の社会性と狩猟の存在論」『人と動物の人類学』奥野克巳・山口未花子・近藤祉秋（編）春風社，219–360 頁.
長沼正樹（2016）「考古学から見た人類活動の変化：旧石器時代の物質文化を中心に」『現代思想』44（10）：127–139.
中村美知夫（2003）「チンパンジー文化研究を問う」『エコソフィア』12：55–61.
———（2015）『「サル学」の系譜：人とチンパンジーの 50 年』中公叢書.
———（2016）「『サル学』の視座：人間以外の社会を理解するとは」『現代思想』44（22）：76–90.
大石高典（2016）「民族霊長類学からみた人間と非人間の境界：コンゴ盆地北西部を事例として」『現代思想』44（22）：224–233.
大村敬一（2017）「絶滅の人類学：イヌイトの『大地』の限界条件から『アンソロポシーン』時代の人類学を考える」『現代思想』45（4）：228–247.
清水高志（2016）「幹–形而上学としての人類学」『現代思想』44（5）：250–265.
菅原和孝（2017）『動物の境界：現象学から展成の自然誌へ』弘文堂.
鈴木和歌奈・森田敦郎・クラウセ，L. N.（2016）「人新世の時代における実験システム：人間と他の生物との関係の再考へ向けて」『現代思想』44（5）：202–213.
田村光平（2017）「文化進化研究の展開：過去と現在，考古遺物と実験室をつなぐ」『現代思想』45（12）：205–217.
ツィン，A. R.（藤田周訳）（2017）「根こそぎにされたランドスケープ（と，マツタケ採集という穏やかな手仕事）」『現代思想』45（4）：128–150.
ユクスキュル，J., von・クリサート，G.（日高敏隆・野田保之訳）（1973）『生物から見た世界』思索社.
ヴィヴェイロス・デ・カストロ，E.（近藤宏訳）（2016）「アメリカ先住民のパースペクティヴィズムと多自然主義」『現代思想』44（5）：41–79.

Whiten, A., J. Goodall, W. C. McGrew, T. Nishida, V. Reynolds, Y. Sugiyama, C. E. G. Tutin, R. W. Wrangham, & C. Boesch（1999）Cultures in chimpanzees. *Nature* 399：682–685.

山口裕之（2005）『人間科学の哲学：自由と創造性はどこへいくのか』勁草書房.

山口未花子（2016）「動物を夢見る：北方狩猟民カスカにおける動物への畏れからみる対称性」『現代思想』44（5）：226–234.

第13章

檜垣立哉

〈もの自体〉を巡る哲学と人類学

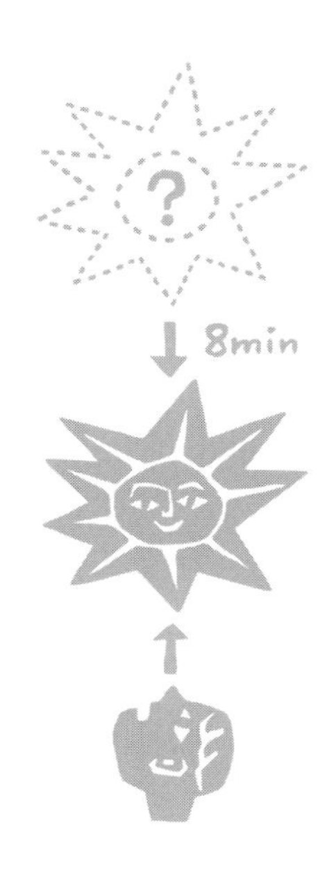

KEY WORDS
思弁的実在論，もの自体，メイヤスー，大森荘蔵

1 〈「もの自体」の形而上学〉

「もの自体」，ドイツ語でいえばDing an sichという，しかつめらしい概念が現在，哲学の世界を席巻している．その理由は，フランスの哲学者カンタン・メイヤスー（Quentin Meillassoux）の提唱した「思弁的実在論」なるものが，英米系をもまき込みながら一つの潮流を形成しており，そのなかでは，「もの」の実在に関わる形而上学的な議論がおおきな位置を占めているからである．

もちろんメイヤスーの，『有限性の後で』（2016年）は相当に哲学的な著作であるし，そこで提唱されている「思弁的実在論」が何処までの思想的な深みをもつのかについて，いまだ定まった評価はない．なおかつメイヤスーの思想が英米系で影響をもつにつれ，どちらかといえば「思弁的実在論」という標語のもとに多様な発想からでた議論が入り乱れて，現象学に関連した流れなども生じている．それゆえ，一連の「思弁的実在論」の議論がどこまでの拡がりを今後もちうるのかについては，現状ではわからないとしかいいようがない．とはいえ，この流れが「もの」を論じる現在のさまざまな議論におおきな問題提起をなしていること，さらには，オブジェクト指向の哲学や，新唯物論などの関連的した複合的な流れも形成され，現在的な一つの思想傾向を形成していることは確かである[1]．

まず「思弁的実在論」を巡るおおきな動きのなかで,「ものへの回帰」という事態が鮮明に提起されていることがある. これは,「思弁的実在論」の側でいえば,「相関主義」への批判として示される. 哲学史的・思想史的にいって,「もの」とは人間との関わりのなかで存在するのであり, そこでは「もの自体」は不可知とされながらも, 人間との関わりこそが重要であるという主張が主流を占めてきた. しかしながら, 一種の文化的な解釈主義とも親近性のある（そして哲学史的にいえば, 20 世紀の言語学的転回をおおきな契機とする）こうした発想は, ものの「主観化」の一変形にほかならないともいえる. 20 世紀の現象学が, いかに間主観性を強調しようとも, それはものの自律性を, 人間の認識能力の側にのみこんでしまう議論の設定にしかならない. これに対して, メイヤスーは人間の認識能力とは関わりない「もの自体」がどうなっているのかを問いだすのである. こうした「非相関主義的」な「もの自体」への問いは, 一面きわめて愚直にも見えるが, 思考としては正面突破的なものである. それは人間との関与なき「もの」とは何かを率直に問いただしているからである.

第二に, この流れは, ヴィヴェイロス・デ・カストロ（Eduardo Viveiros de Castro）などに代表される多自然主義の流れと共振するものである. カストロにおいて重要なのは, 言語的な解釈主義を軸とした多文化主義から,「もの自体への回帰」を軸とする多自然主義への転回という主張にほかならない（こうした転回のさまざまなあり方は, 第 12 章の中村美知夫や第 3 章の久保明教の論考で論じられているが, これらについてはのちに言及したい）. カストロと「思弁的実在論」とは一緒くたに論じられるべきではなく, またブルーノ・ラトゥール（Bruno Latour）のアクター・ネットワーク・セオリー, あるいは新唯物論の議論などもこれに関連させるならば, そのコンテクストはさらに多重化するが, しかしこれら一連の議論のあいだに, 何らかの共振関係があることは確かであると思われる.

その背景に, ドゥルーズ（Gilles Deleuze）およびドゥルーズ＝ガタリ（Gilles Deleuze et Félix Guattari）の哲学が, 何らかの意味で共有されていること, とりわけその意義を明確にすることによって議論が一層深まるだろうが, ここではそれぞれが, 初期ドゥルーズの「差異」をベースにしてドゥルーズ＝ガタリ的な「生成」にまつわるアイデアに触発されていることに言及するにとどめざるをえない（この文脈では, ドゥルーズ＝ガタリ『千のプラトー』後半の議論との「三角測量的」試みが重要である[2]）.

とはいえ第三に, これがこの論考の主題となるのであるが, メイヤスーの『有限性の後で』で提起されている問題が, それ自身として（上記のようなコンテクストをとりさっても）きわめて斬新な「もの」に関する視点を提起しているということがある. メイヤスーの論考そのものは, ヒューム的な懐疑をへたあとでの数学的な形式性の擁護，その上での科学的世界のあり方の根源的な偶然性におよんでおり，きわめて形而上学的としかいいようがないが，とりわけ第一章において論じられる「祖先以前的」（ancestral）あるいは「人類消滅後」の世界への思考は，つまりは認識する当のものとされる超越論的主観性の「事実上」の発生以前や，その死滅以降の「もの」の実在を問うていくことは，「もの自体」を巡る魅力的な思考実験にほかならない．この問いは，ある種極限的な思考実験であるがゆえに，観察者と被観察者との関係性や，そのパラドックス性についても，これまでになかった蹴手繰りのような課題を提示するものとなっている．

人類学者を中心に行われている本書の趣旨としては，「思弁的実在論」がラトゥールやカストロと共振する側面を検討するのがおそらく正当だろう（カストロの文脈であれば，さらにマリリン・ストラザーン（Marilyn Strathern）やロイ・ワグナー（Roy Wagner）との関連も射程に入れられる）．しかしそれを十全に提示する紙幅はない．それゆえここでは，「思弁的実在論」において提起されてきた「もの」に対するいくつかの哲学的問いを紹介し，それが人類学における「もの自体への回帰」にどう連関するのかをまとめるに終始せざるをえない．ただし，「もの自体への回帰」という発想が，理論のみならず人類学的なフィールドワークやその現場にどう関わるのかについては，「思弁的実在論」がそれ自身けっして思弁にとどまる試みでないことを踏まえれば，検討を要することであるだろう．

2 思弁的実在論ともの

「思弁的実在論」は，現代人類学の方向と重なりつつ，「もの」への問いを刷新していく．われわれ（哲学者あるいは人類学者）が何か探求をするとき，「もの」に触れるとする．しかしそれは本当の「もの」であるのか，という問いは不可避的に生じてくる．

どうしてか．答えは比較的簡単である．われわれが触っているもの，見て感じ，ある意味で味わうところの「もの」は，まさにわれわれの身体のあり方に規定された一つの世界の現れ方にほかならない（この点は，本書第 11 章に所収されている河合香吏の感覚を重視するものの議論との関連もあるだろう）．身体には深く刻み込まれた習慣があり，そもそも生理的に設定されている環境がそれをとり巻いている．人間の生理性は，民族でさほどかわるものではないとしても，風土的環境的な連関のなかで多様であることは間違いがない．同時に，言語をもった人間は，認識において言語の知をいかなるかたちであれ介在させている．

ところが「もの」を中心にとらえてみると，これに対して疑念が生じうる．はたしてここで私は「もの自体」を見ている，あるいはそれに触れているといえるのだろうか．それは身体と関連した，まさしく相関主義的な一側面しか見ていないのではないだろうか．こうした思考のおおもとはカント（Immanuel Kant）にあり（もの自体については，われわれは認識などなしうることではなく，それを感性と悟性の形式のもので把握するのみである），さらに道具的存在者として存在するものを理解する（そして存在そのものを存在者との差異において規定する）ハイデガー（Martin Heidegger）などに引き継がれていく思考である．こうした考え方はある意味で一般常識に近いともいえる．だがそれは，そこでの主観にいかに歴史性や間主観性を織りこもうとも（現象学の流れはこのことに熱心であった），「もの」を人間が見ているにすぎない側面へと縮減させるのみである．「もの自体」とはそうした把握の外部にあるのではないか．

メイヤスーはそこで，「もの自体」に対する「非相関主義」，人間の側の事情と，もの自体との決定的な「断絶」を主張する．これ自身は，実際にはカント的な構図の引きうけそのものでもある．表象として示される人間的な存在にとっての「現象」（Erscheinung）と，「もの自体」（Ding an sich）とはそもそも位相が異なっており，人間はそれこそ人間の感性的・悟性的な把握に即した「現象」は把握できるが，その段においてもの自体をとらえることはできない．カント自身は周知のように，『純粋理性批判』において展開された認識に関する議論と，『純粋実践批判』において示される倫理の理論を峻別し，後者において「もの自体」の世界との関連を探っている．詳細は論じえないが，現代フランス思想の哲学者であるメイヤスーは，一面ではヒューム（David Hume）に依拠し，他面では数学的形式性の議論をもちだしてカント的な構図を越えた場面を考察していくことになる．メイヤスーはもの自体の位相をそのままにとらえ，われわれはものを思考するとき，それに対してどう接近できるのかという発想を，カントとは違った仕方で推し進めているといえる．

とはいえ，後との連関でいえば，カストロ的な多自然主義を論じる仕方とこの議論とは確かに共振している．もちろんカストロの場合は，あくまでも人類学の視点から形而上学に接近するのであり，そこでは主観のとらえ方が相当にメイヤスーとは異なっている．だがカストロの議論の軸が，多文化主義という，文化的解釈による「もの」の理解に対する拒絶であり，それをベースとした思考全般に対する批判と関連していることは，メイヤスーとのつながりを想定させざるをえない[3]．

さらに人類学との関連においても（いささか言葉のうえで逆接めくことは承知でいえば）重要であるのは，メイヤスーが，「非相関主義」の主張において，主観なき世界を強調することである．これも，あらゆる「もの」をエージェント化するラトゥール以来の発想と複雑な関連をもつだろう．無論アクター・ネットワーク・セオリーはあくまでもネットワーク論であり（素朴に考えればそれは相関主義的発想にほかならない），メイヤスー的な「断絶」と直接的には一致しない．しかしものの位相を一種人間的なものと対等に置くという側面で——たとえそれがものの人間化ではという疑念があるにせよ——両者の関連を探ることは有用である．

主観なき世界の問題はきわめて形而上学的であるが，それ自身が面白い発想と思えるため，少し詳しく述べてみたい．ことはメイヤスーが「祖先以前的」あるいは「消滅」と関わる論脈で「もの自体」は何なのかを述べることにつながっている[4)]．

3　祖先以前的な「もの」

繰り返すが『有限性の後で』で論じられている主張はヒュームやデカルト（René Descartes），さらには偶然性の議論その他に多岐にわたる広い射程をもっている．「祖先以前性」に関わる議論は，その発端に置かれるにすぎない．しかしながらこの問題系は，哲学的にも，そしてものを巡るさまざまな考察にとっても根幹的な問いかけを含んでいる．それは，カント的ないい方ではなく，現代的な言葉をつかえば，観測者なきものの世界とは何か，ということをえぐり出していくからである．現在的な物理学の知見は，宇宙論について確かにさまざまな面白い知見を提示してくれている．宇宙人類学という分野の形成もある．だが根本的にいえば，それもまた科学者が「人間」を通して見るだけのものにやはりすぎない．そこには目新しさはあれど，観察を巡る議論にとって，哲学的にさしたる新味を提供してくれるとはおもえないし，それゆえこの問いはけっして回避されないだろう．何よりも現代思想は「観測者」と「もの」との相関については熱心であった．それとはまったく関係のない問いかけがなされているのである

カントやフッサール（Edmund Husserl）のように，ある種の超越論的な主観を想定するにせよ，また現象学の流れの中で主観そのものの歴史性や共同性を問うように事情が変容したにせよ，いずれにしても「もの」のあり方はそうした主観に依拠し転変してきた．その場合，20 世紀の初頭において語られていた主観客観の区分の廃棄をなしたとしても，そこではより純粋な知覚そのものがとりだされうるのだが，やはり「もの自体」がどうなっているのかは問いの外に置かれていた．20 世紀後半において，環境世界や，もののエージェント性が語られるようになり，むしろ人間的な主観も，同様の仕方で相互に関わっていると考えるならば，「もの自体」の自律性はやはり重要なはずである．

それは，主観である人間的存在がいまだ不在の世界，あるいはそれが消滅した世界とはどう考えられるのかという問いに連関する．これはものについての極限の問いであるといってもいいだろう．

メイヤスーの問いかけは，科学哲学を一つの主題とするが，しかし根本的に形而上学的である．たとえばわれわれは，40億年前に地球ができたことについても語るし，宇宙のビックバンについて語ることさえもできる．また太陽が膨張しいずれ地球全体をのみこむような事態についても語りうる．無論これらの言明は，厳密にいって過去の知覚でも未来の知覚でもなく，現在の観測データから算出される想定であるだろうし，その意味でいえば現在の人間との相関性の上に成り立つものでしかない（新しい観測データが見つかり，考古学や宇宙の年代があっさりと変更されることはよくあることである）．ただ，そうであるとはいえ，現在のこの世界が成り立っていることを考えるとき，過去の世界がなかったともいえないし，その知を部分的には信用してもいる．そうしたとき，メイヤスーの問いかけは確かに虚をつくものがある．観測者と「もの」とを巡る問題において，「観測者なき」もの自体はどうなっているのか．そして，これはメイヤスーの問いではないが（「思弁的実在論」の横への拡がりを考えると）そうした水準でのものをとらえなおさないと，人間もものも同等のエージェントであるという議論等の根本が描けないのではないか．

このことについて，メイヤスーが述べていることを少し引用してみる．

「ところで明らかに，超越論は思弁的観念論ではないと主張するのならば，超越論的主観が，身体のなかで個体化することなしに存在するとは認められないだろう……（中略）……しかしこの場合，思考する身体が時間のなかで出現するという問題を提起するとき，私たちは同時に，例化の時間性の問題を，つまり，超越論的なものそれ自体が場をもつ＝発生することの条件の時間性の問題を提起しているのである」（メイヤスー，2016, p. 48. 強調部分は原著のもの．以下同じ）[5]．

ここでは主観に関する身体的条件との連関において，その時空的な存在の必要性が問われている．それはわれわれの身体が成立するために不可欠だが，しかしそれを認識する身体には知り得ない場面を問うものなのである．メイヤスーはつぎのように続ける．

「私たちは祖先以前性が，ある哲学的な問題を構成することを把握し始めている．それによって，カント以来，堅固であるとしばしばみなされてきた諸決定が，再検討の対象になるのだ」（メイヤスー 2016：49.）．

このあとで「祖先以前性」の言明が意味をもつのはいかなる条件のもとかを考えながら，メイヤスーの思考が経験科学の能力をどうとらえるかに議論は移行する．ところで，ここで類似の問いをたてた者として，もう一つの別の思想家の問いを想起せざるをえない．それは日本の科学哲学者，大森荘蔵である．

4　類似の問い——大森荘蔵

日本の科学哲学者大森荘蔵は，中期の論考『新視覚新論』(1982年）で，その題名からも推測可能なように，バークリーの議論を引きうけつつ，視覚的な認識について独自の思考を展開している．ある意味でヒューム的な懐疑論を下敷きにしたメイヤスーのそれとの連関も認められるが，ここで重要なのは，大森がメイヤスーとは異なるが，重なりあいの強い論題を提示していることである．

大森はこう問う．われわれは光速度が一定であり，これより早い速度が存在しないという世界に生きている（これは当時の大森にとっての思考の絶対条件である）．そのときわれわれが見ている太陽は，約8分前の太陽である．このときわれわれは今の太陽をみているといえるのだろうか．それは約8分前の太陽の「表象」であり，今の太陽の「もの」としての実在とは何ら関係のないものである．もちろんこの問いは，より視線を広くとれば，数億光年前の星雲の観測にも関係するし（現在，そんなところに星雲はおそらく実在しないだろう．では，われわれは星雲という「もの自体」をどうあつかえばいいのか），また大森自身は問いとしてたてていないと思われるが，どれほど近接した距離の知覚であれ同様のことがいえることになる（無論天文学的にミクロの数値なので誤差としかいえないが，いかなる近い対象でも距離があるかぎり，ある時間を経た対象の視覚しかありえない）．われわれはものを見ているようで，実際には見ていない．見ているのは光速度の限界があるので，ある時間的なズレをもった「表象」でしかない．ではわれわれは実際には何をみているといえるのか．

大森の相当特殊な結論は，これもまた異様なものであるが，彼は約8分前の太陽を今見ているという事実そのものをいわば丸ごと肯定し，そこにおいて約8分前という言明を示す科学的な知見を，知覚にはいりこんだ一つの描き方であるとみなしていく（所謂大森的な「重ね描き」の理論である）．この大森の発想をどう評価するかは別としても，光速度が有限である以上，われわれは原理的に今見ている太陽（約8分かかって到達した表象）は，太陽の実在ではない．今の太陽がどうなっているのかについては，光より早い速度が存在しないかぎり，そもそも解答不能である（まさに「もの自体」である）．たとえ今現在，唐突に太陽が不在になってしまったとしても，それは今の私の知覚にはいささかの関係もない（予徴がみられても，それはあくまでも約8分前の予徴でしかない）．この場合，現在の太陽や数億光年先の星雲の現在の実在を云々することは無意味である．

大森の解決は，最終的には「重ね描き論」になり，科学的言明を救うものである．そこで論じられている問題意識は，メイヤスーときわめて共通している．大森自身も，そもそも科学的知見でいえば絶対にその実在が確かめられないものを，どう科学の言葉であつかえばいいのかという問いの立て方を行っている（今の太陽の実在や観測などナンセンスなのである）．それはメイヤスーが「祖先以前性」と述べる議論――観測者の不在の主題をあつかうのであるから，やはりそこでのものには絶対に触れることも知覚することもできない――に類似する．大森は，少なくともこの時期には光速度に関する科学的知見（物理的知見）は前提としているが[6]，メイヤスーはヒューム的にさまざまな科学的言明を疑いつつも数学的な形式性を最低限救うという方向で論を進めているという相違はある．しかしながら，ものの実在にわれわれが「確かなもの」として「触れる」ということについては，両者とも決定的に形而上学的な視点から異議申し立てをしている．

これは空理空論めいた議論にもおもえるが，哲学が本来引きうけなければならない根幹的な問いに触れていることを改めて確認しよう．そしてそのことを通過しないかぎり，やはりもの自体に関する知を，さらにはそのエージェント性を本質的に論じることは困難になる．

5 非相関主義の射程

再びまとめてみる．メイヤスーの主張のポイントは「非相関主義」にある．20世紀以降の思考が，主観と客観の相関性を過剰に重視していたことに対し，本当に「もの自体」はそうした姿勢のもとでとらえられるかという指摘がその根幹をなす．そしてその背景には，「非人間主義」という「人間なき世界」，あるいは，人間と動物や事物を，世界を構成するエージェントとして対等に見るという論点が，さまざま学問分野を横断してひろがっているという事情が，複雑な関連をもちつつ共鳴する．繰り返すがこれは，解釈主義，言語学的転回，文化相対主義に席巻されてきた人文学（人類学も含む）に対するアンチテーゼとして機能している．

これらと素朴に混同されるべきではないにせよ，やはりカストロの議論を取り上げざるをえない．人類学的な議論であるとはいえ，そこで提示されている多自然主義は，ドゥルーズ，ホワイトヘッド（Alfred North Whitehead），ライプニッツ（Gottfried Wilhelm Leibniz）などの形而上学的洗練をうけており，他面ではラトゥールやそれに連関するミシェル・セール（Michel Serres）などとの関わりも含んでいる．メイヤスーの世代とはずれるものの，反文化的多様性の議論と結びつくことは明らかであるからだ．こうした文脈上の込み入った整理はいろいろと必要であるに違いない．またそこでのパースペクティヴ主義は，そもそも物自体の議論そのものをどう解釈するかについての種間の交錯ともの自体の問いにも抵触する[7)]．ここには，空間視覚的傾向が強いカストロの議論ともまた，複合的な線が引かれるだろう．

では，もの自体を巡るこうした探求について，どのような進展の方向や課題があるといえるのだろうか．

6 課題の総覧

ものは，われわれにとってはつねに主観的な感触や手触りの問題とともに考えられてきた．太陽はそれこそ崇高なものであっただろうから，手触りの対象ではないとしても，直視できない太陽のそのもの性については，信仰の対象として，人間的な崇高の範疇にはいるものであっただろう．

だがあらたな形而上学が示す「もの自体」についての知見はこれとはまったく異なってくる．それはもの自体を，人間の側の事情から解放することでもある．人間がものを見る・ものに触れるのではなく，もの自体は人間とはいささかの関わりもなくあり，しかしある場面でそれが人間に関わってくるのである．そこで提示される諸問題を考えるべきなのである．

人間の不在および人間の特権性をはなから剥奪しようというこうした試みが果たして「人類学＝人間学」に受けいれられるのかは，それ自身が逆説的な問いであるともいえるだろう．本書においても，中村美知夫（第 12 章）は文化／社会人類学において，サル学の立場から，発言者としての動物の立場を鋭く問うている．そこでは動物を論じるものが，エージントとしての動物を扱いつつもそれはやはり動物を代弁する人間の立場であることを指摘しつつ，「転回」のありようを考え直している．他方，久保明教（第 3 章）は，「転回」ポジティヴさについて，それを規定する「この世界に存在するものについての他者の見解（＝彼らの存在論）」と「この世界に存在するものについての人類学者や読者の見解（＝私たちの存在論」）が，しばしば明らかな齟齬を伴いつつ共立するという事態としてみなし，やはりそこで人類学者自身立場を問い直している．非人間や脱人間主義が問題になる論脈が，中村はサルであり，久保が AI であるという論点のズレは，それ自身がこうした議論が包括すべき多くの方向性をまとめているともいえるだろう．「転回」を考える時に，人類学そのもののあり方が大きな問題になることはいうまでもないことである．しかし多自然主義やパースペクティヴ主義が，ある種の人間の解釈者としての特権性をとりはずすことをポイントとするのであれば，自然のなかの一対象としての人間，同様に自然のなかの一主観としてのものという，一種逆対応的交錯へと議論を収斂させることはありうることだろう．「思弁的実在論」はおそらくこうした考察を遂行するスプリングボードにはならないか．

いまは結論に変えて，こうした脱人間主義が示す，ものにかんするヴィジョンに連関していくつかの課題を提示し，稿を閉じることにしたい．

まずは，人間なきものの世界，人間と同じ身分としてのもののあり方を論じることは，自然をエージェント化し，それにとって自律した位相を認めるということであり，その根底を探ることともつながっている．人類学は当初からある種の植民地主義と結びつきながらも，しかし次第に，観察する西洋人と観察される現地人という非対称性を自ら反省的に解体していった．そのことの先に，こうした自然，あるいはものというエージェントそのものの自律化を認めることに到るのは，いわば必然的ななりゆきであるともいえる．

しかしながら，人間というエージェントを特権視しないということは，同時に言語や，それを用いた解釈に依拠していきたある種の方法論，文化の多様性を自明視してきた議論が通用しなくなることを意味する．人間なき世界における言語的意味とは，端的にナンセンスである（サルやAIはやはり人間の言語は語らないがゆえに）．しかしながら，何事かを記述するということは，やはり言語を（ヨーロッパの言葉ではないとしても）用いて行わざるをえない．それはいかにして可能なのか．メイヤスーはこの領域において，数学的形式性を考えている．だがそれもまたきわめてヨーロッパ的な人間／文化に偏ったものではないか．そこでは，ある種の断絶の接続という様式を考えなければならない．

そして，もののエージェント性や自律性を考え，自然と人間との対象性を想定するとしても，その相互の絡みあいをどうとらえなおすかは再度問われるべきである．これはメイヤスー的な反相関主義を認めたうえで，それを再度相関させる作業に近いだろう（それは無関係と関係をどう考えるかということでもあるだろう）．そこでは，言語と解釈にまつわる構図は異なってくるはずである．またラトゥール的な「ネットワーク」（それはやはりハイブリッド的であれ相関である）との関連はここで再び考え直されるかもしれない．さらに，カストロがいうように，それは一種のねじ曲げとしての翻訳という作業をともなうものである．カストロが引用するベンヤミン（Walter Benjamin）がもつ特異な言語観（端的にいえば人間に帰属しない言語）や，パース（Charles Sanders Peirce）やホワイトヘッドなどの，これまでの言語主義や自然観とは異なった，まさにサルの振る舞いも含む自然的記号や人間の生みだした電子的記号を考える思想の流れがこの論脈で強調されるように，刷新したかたちでの，ものと観測者，自然と文化とのねじ曲がった関係性が示されてこなければならない．文化主義を越えて，あるいは自然と文化の彼方の議論（フィリップ・デスコラ（Philippe Descola）等）をもさらに越えた仕方での，ものへの対応の新たな模索が求められている．それは，形而上学転回以降の人類学のあり方に確かにむすびつくものだろう．

注

1）これらの流れ，すなわち思弁的存在論の一派生系ととらえられるグラハム・ハーマン（Graham Haman）（彼にはラトゥールに関する著作もある．Graham Haman,（2009）*Prince of Networks*, re-press, Melbourne）や，思弁的実在論とは関わりなく，ドゥルージアンであることから出発したマニュエル・デランダ（Manuel Delanda）によって提唱された新唯物論などについては，たとえば『現代思想』誌で組まれているいくつかの特集，とりわけ2015年1月号での千葉雅也への岡嶋隆佑のインタビュー記事など，雑誌で散発的に紹介されているだけである．だが，たとえばスティーヴン・シャヴィロ著（上野俊哉訳）（2016）『モノたちの宇宙　思弁的実在論とは何か』河出書房新社や，清水高志著（2017）『実在への殺到』水声社などは，それを一望するための参考になると思われる．ただし人類学との連関がさまざまに示唆されるものの，それ以上の深い考察はこれからである．

2）カストロの議論とドゥルーズ＝ガタリとの連関については，『思想』2017年12月号（岩波書店）所収の拙論「ヴィヴェイロス・デ・カストロにおけるドゥルーズ＝ガタリ」において，一定の整理を行っておいた．

3）カストロは『食人の形而上学』のなかで，対象Xとして規定されるもの自体を否定し，たとえば人間にとっての血と，ジャガーにとってのビールを，血／ビールと描くしかない「境界」として提示している．複数の自然があり，それらは多様体としての「境界」でしかないという主張は，最後の結論部分で考察する，もの自体と認識との再度の関係設定を描くときに，きわめて示唆的であるだろう．cf. Eduardo Viveiros de Castro（2009）*Métaphysiques cannibales*, Paris, PUF. p. 40.

4）いささか余談めくが，坂部恵は「もの」についての分析のなかで，日本語の「もの」の語感に触れ，それはむしろ魂や霊魂に近いという事実を随所で指摘している．「ものに憑かれる」「もののけ」「ものくるおし」ということで表現される「もの」は，はっきりと「あの世」ともつながる「彼方」の世界を示している．これもまた，位相の相違を充分にとらえるべきであるが，メイヤスーが，人間的相関性の断絶の彼方を述べることと重ねあわせうると思われる．この点については，本書の序論で，アニミズムと「もの」，そしてまさに日本語の「もの」の語源を検討している箇所も参照のこと．

5）この議論は，デリダ（Jacques Derrida）の超越論的主観と時間性との関連を巡るパラドックス的な関係――それ自身が主観の脱構築の議論につながっていく――を論じた初期の論考『フッサール現象学における発生の概念』（合田正人訳）みすず書房（2007）の，メイヤスーなりのパラフレーズあるいは極限化であるようにおもえなくもない．デリダが，ある種の時間的自己触発によって示される主観性の汚染を論じていた議論，そこでの主観がつねに「死んでいる」ことによって議論を進めていく主張（cf.『声と現象』（林好雄訳）

筑摩学術文庫（2005））を，さらに非人間的な場面まで極限化し，そこで現れてくる問題を解こうと試みたことには，メイヤスーが独自にデリダの問いを引きうけたことがみてとれる．

6）この間の事情は，中島義道の著作，『生き生きした過去』河出書房新社（2014）に詳しい．後に大森は物理的知見自身をも懐疑に付していくのであるが．

7）前注3を参照のこと．パースペクティヴ主義は確かに視覚的な交錯とおおきな関連がある．前注3の論点を考えることが，観測不可能なもの自体と，さりとてそこでさまざまな種がそれぞれの認知を行いつつ生きており，それぞれが重なりあっているという多様性をどう考えるのかという問題に光を与えてくれるだろう．かつては文化間のコミュニケーションに関わったこうした問いが，種を越え，またものの世界そのものへと拡張されてもいくことは，さらには（ついで）時間的・時代的に同時代を共有しないものたちの交錯の問いへも広げられる可能性をもっている．

参照文献

大森荘蔵（1982）『新視覚新論』東京大学出版会．
ドゥルーズ＝ガタリ（宇野邦一他訳）（2010）『千のプラトー』河出書房新社．
メイヤスー，Q.（千葉雅也・大橋完太郎・星野太訳）（2016）『有限性の後で』人文書院．

索　引

■事項

[マ行]

[ヤ行]

[ラ行]

[ワ行]

■人名

【執筆者紹介】

伊藤詞子（いとう　のりこ）
京都大学野生動物研究センター研究員
1971年生まれ．京都大学大学院理学研究科博士課程修了，博士（理学）．
主な著書に，『制度：人類社会の進化』（京都大学学術出版会，共著），“Mahale Chimpanzees：50 years of Research”（Cambridge University Press，共編著），『他者：人類社会の進化』（京都大学学術出版会，共著）など．

内堀基光（うちぼり　もとみつ）
一橋大学・放送大学名誉教授
1948年生まれ．オーストラリア国立大学太平洋地域研究所博士研究課程修了，Ph. D.
主な著書に，『死の人類学』（講談社学術文庫，共著），『森の食べ方』（東京大学出版会），『論集　資源人類学』全9巻（弘文堂，総合編者）など．

奥野克巳（おくの　かつみ）
立教大学異文化コミュニケーション学部教授
1962年生まれ．一橋大学大学院社会学研究科修了，博士（社会学）．
主な著書に，『ありがとうもごめんなさいもいらない森の民と暮らして人類学者が考えたこと』（亜紀書房），『たぐい　Vol. 1.』（亜紀書房，共編著），『Lexicon　現代人類学』（以文社，共編著），『ソウル・ハンターズ：シベリア・ユカギールのアニミズムの人類学』（亜紀書房，共訳）など．

春日直樹（かすが　なおき）
大阪大学・一橋大学名誉教授
1953年生まれ．大阪大学大学院人間科学研究科博士課程退学，博士（人間科学）．
主な著書に，『太平洋のラスプーチン：ヴィチ・カンバニの歴史人類学』（世界思想社），『〈遅れ〉の思考：ポスト近代を生きる』（東京大学出版会），『科学と文化をつなぐ：アナロジーという思考様式』（東京大学出版会，編著）など．

金子守恵（かねこ　もりえ）
京都大学大学院アジア・アフリカ地域研究研究科准教授
1974年生まれ．京都大学大学院アジア・アフリカ地域研究研究科博士課程修了，地域研究博士．主な著書に，“African Virtues in the Pursuit of Conviviality”（Langaa RPCIG，共著），“Gender-based Knowledge and Techniques in Africa”（The Center for African Area Studies，共著），『土器つくりの民族誌』（昭和堂）など．

河合香吏（かわい　かおり）

東京外国語大学アジア・アフリカ言語文化研究所教授

1961 年生まれ．京都大学大学院理学研究科博士後期課程修了．博士（理学）．

主な著書に，『野の医療：牧畜民チャムスの身体世界』（東京大学出版会），『集団：人類社会の進化』（京都大学学術出版会，編著），『制度：人類社会の進化』（同），『他者：人類社会の進化』（同）など．

久保明教（くぼ　あきのり）

一橋大学社会学研究科准教授

1978 年生まれ．大阪大学大学院人間科学研究科単位習得退学，博士（人間科学）．

主な著書に，『機械カニバリズム：人間なきあとの人類学へ』（講談社），『ロボットの人類学：二〇世紀日本の機械と人間』（世界思想社），『現実批判の人類学：新世代のエスノグラフィへ』（世界思想社，共著）など．

黒田末寿（くろだ　すえひさ）

滋賀県立大学名誉教授

1947 年生まれ．京都大学大学院理学研究科博士課程修了，理学博士．

主な著書に，『ピグミーチンパンジー：未知の類人猿』（筑摩書房・以文社），『人類進化再考：社会生成の考古学』（以文社），『自然学の未来：自然との共感』（弘文堂），『アフリカを歩く：フィールドノートの余白に』（以文社，共編著）など．

湖中真哉（こなか　しんや）

静岡県立大学国際関係学部教授

1965 年生まれ．筑波大学大学院博士課程歴史・人類学研究科単位取得退学，京都大学博士（地域研究）．

主な著書に，『牧畜二重経済の人類学』（世界思想社），『地域研究からみた人道支援』（昭和堂，共編著），『遊牧の思想』（昭和堂，共著）など．

小松かおり（こまつ　かおり）

北海学園大学人文学部教授

1966 年生まれ．京都大学大学院理学研究科博士課程単位取得退学．京都大学博士（理学）．

主な著書に，『沖縄の市場＜マチグヮー＞文化誌』（ボーダーインク），『食と農のアフリカ史』（昭和堂，共編著）など．

田中雅一（たなか　まさかず）

京都大学人文科学研究所教授

1955 年生まれ．ロンドン大学経済政治学院人類学博士課程，Ph.D.（Anthropology）

主な著書に，『供犠世界の変貌：南アジアの歴史人類学』（法藏館），『フェティシズム研究』（全 3 巻）（京都大学学術出版会，編著），『トラウマ研究』（全 2 巻）（京都大学学術出版会，編著），『癒しとイヤラシ：エロスの文化人類学』（双書 Zero，筑摩書房），『誘惑する文化人類学：コンタクト・ゾーンの世界へ』（世界思想社）など．

床呂郁哉（ところ　いくや）

1965年生まれ．東京大学大学院総合文化研究科博士課程中退．学術博士．東京外国語大学アジア・アフリカ言語文化研究所教授．専攻：人類学．

著書に『越境：スールー海域世界から』（岩波書店）．編著に『「もの」の人類学』（京都大学学術出版会，共編著），"An Anthropology of Things"（Kyoto University Press & Trans Pacific Press，共編著），『人はなぜフィールドに行くのか：フィールドワークへの誘い』（東京外国語大学出版会），『グローバリゼーションズ：人類学，歴史学，地域研究の視点から』（弘文堂，共編著），『東南アジアのイスラーム』（東京外国語大学出版会，共編著）など．

中村美知夫（なかむら　みちお）

京都大学大学院理学研究科准教授

1971年生まれ．京都大学大学院理学研究科博士後期課程修了，理学博士．

主な著書に，『チンパンジー：ことばのない彼らが語ること』（中公新書），『「サル学」の系譜：人とチンパンジーの50年』（中公叢書），"Mahale Chimpanzees： 50 Years of Research"（Cambridge University Press，共編著）など．

西井凉子（にしい　りょうこ）

東京外国語大学アジア・アフリカ言語文化研究所教授

1959年生まれ．京都大学大学院文学研究科博士課程単位取得退学．総合研究大学院大学文化科学研究科博士課程中途退学．博士（文学）．

主な書著に，『死をめぐる実践宗教：南タイのムスリム・仏教徒関係へのパースペクティヴ』（世界思想社），『情動のエスノグラフィ：南タイの村で感じる*つながる*生きる』（京都大学学術出版会），『社会空間の人類学：マテリアリティ・主体・モダニティ』（世界思想社，共編著），『時間の人類学：情動・自然・社会空間』（世界思想社，編著）．

丹羽朋子（にわ　ともこ）

国際ファッション専門職大学国際ファッション学部講師

1974年生まれ．東京大学大学院総合文化研究科博士課程単位取得退学．

主な著書に，『フィールドノート古今東西』（古今書院，共編著），『ものの人類学』（京都大学学術出版会，共著），『災害文化の継承と創造』（臨川書店，共著）など．「窓花・中国の切り紙」展（福岡アジア美術館他），「映像のフィールドワーク展」（生活工房）などの展覧会制作にも携わる．

檜垣立哉（ひがき　たつや）

大阪大学人間科学研究科教授

1964年生まれ．東京大学大学院人文科学研究科博士課程中退，博士（文学・大阪大学）．専攻：哲学／現代思想．

主要著作として『瞬間と永遠：ジル・ドゥルーズの時間論』（岩波書店），『ヴィータ・テクニカ』（青土社），『西田幾多郎の生命哲学』（講談社学術文庫），『食べることの哲学』（世界思想社）．

伏木香織（ふしき　かおり）
大正大学文学部人文学科准教授
1971 年生まれ．大正大学大学院文学研究科博士後期課程終了，博士（文学）．
主な著作・著書に，「「過平安橋」：シンガポールの広場に出現するゆるやかな公共性の場」（『往還する親密性と公共性：東南アジアの宗教・社会組織にみるアイデンティティと生存』（京都大学学術出版会）），“Potehi：Glove Puppet Theatre in Southeast Asia and Taiwan”（Taiyuan：Taipei, Taiwan，共編著），『「華人」という描線：行為実践の場からの人類学的アプローチ』（風響社，共編著），‘Nanyin and the Singaporean culture：The creation of intangible cultural heritage in Singapore and intergenerational contrasts’（“Transglobal Sounds：Music, Youth and Migration”（Bloomsbury））など．

ものの人類学 2

2019年6月5日　初版第一刷発行

編　者　床呂郁哉
　　　　河合香吏
発行人　末原達郎

発行所　京都大学学術出版会
京都市左京区吉田近衛町69番地
京都大学吉田南構内(〒606-8315)
電話(075)761-6182
FAX(075)761-6190
Home page http://www.kyoto-up.or.jp
振替 01000-8-64677

ISBN 978-4-8140-0233-7
Printed in Japan

印刷・製本　亜細亜印刷株式会社
装幀・イラスト　森　華
定価はカバーに表示してあります